职业院校教学诊断与改进制度建设与运行全流程操作实务

姜义林 李联卫 郭 磊 主 编
鹿 颖 姚原野 副主编

清华大学出版社
北 京

内 容 简 介

本书对淄博职业学院和全国职业院校教学诊断与改进试点工作进行了深入研究，通过理论研究与工作实践，总结了可供借鉴的实际操作经验。通过实践探索，持续完善职业院校内部质量保证体系，增强了可操作性和可复制性。本书详细介绍了如何构建内部质量保证体系、如何实施教学诊断与改进，对推进教学诊断与改进具有很强的指导意义。同时，对淄博职业学院和试点院校的智能校园管理平台架构进行了深入剖析，进一步明确了内部质量保证体系信息化平台的功能要求，反映了相关软件的应用成果，形成了可推广的应用模式。

本书可供开展教学诊改工作的职业院校作为参考，也可供职业院校管理者和教师阅读使用。

本书封面贴有清华大学出版社防伪标签，无标签者不得销售。
版权所有，侵权必究。举报：010-62782989，beiqinquan@tup.tsinghua.edu.cn。

图书在版编目(CIP)数据

职业院校教学诊断与改进制度建设与运行全流程操作实务 / 姜义林，李联卫，郭磊主编. —北京：清华大学出版社，2022.8
ISBN 978-7-302-61155-4

Ⅰ. ①职… Ⅱ. ①姜… ②李… ③郭… Ⅲ. ①高等职业教育—教学研究 Ⅳ. ①G718.5

中国版本图书馆 CIP 数据核字(2022)第 110671 号

责任编辑：王　定
封面设计：周晓亮
版式设计：思创景点
责任校对：马遥遥
责任印制：杨　艳

出版发行：清华大学出版社
网　　址：http://www.tup.com.cn，http://www.wqbook.com
地　　址：北京清华大学学研大厦 A 座
邮　　编：100084
社 总 机：010-83470000
邮　　购：010-62786544
投稿与读者服务：010-62776969，c-service@tup.tsinghua.edu.cn
质 量 反 馈：010-62772015，zhiliang@tup.tsinghua.edu.cn
印 装 者：三河市东方印刷有限公司
经　　销：全国新华书店
开　　本：185mm×260mm
印　　张：17
字　　数：362 千字
版　　次：2022 年 8 月第 1 版
印　　次：2022 年 8 月第 1 次印刷
定　　价：69.80 元

产品编号：097250-01

本书编委会

主　编：姜义林　李联卫　郭　磊

副主编：鹿　颖　姚原野

编　委：郑家刚　李良明　高　超

　　　　赵金生　高　兵　许　磊

前言

党的十八大以来，高质量发展和社会治理能力提升成为我国经济社会发展的重要理念。党的十九大报告指出要坚持质量第一，推动质量变革，增强质量优势，建设质量强国，实现高质量发展等重大命题，同时指出要完善党委领导、政府负责、社会协同、公众参与、法治保障的社会治理体制，打造共治共享的社会治理格局，不断推进国家治理体系和治理能力的现代化。

职业教育的发展也面临从规模扩张向内涵发展的转变，技术技能人才的培养质量日益成为社会各界关注的焦点。而通过提升学校内部治理水平促进办学质量提升也摆上了学校发展的重要议事日程。教育部开展职业院校教学诊断与改进试点工作(以下简称"诊改工作")，旨在推动职业教育的适应性，切实发挥职业院校的教育质量保证主体作用，不断完善内部质量保证制度体系和运行机制，激发内生动力，促进技术技能人才培养质量的持续提高。

淄博职业学院作为全国首批诊改工作试点单位，主动求变、勇为人先，率先在学校、专业、课程、教师和学生等层面全面开展诊改工作，在高职院校中发挥了示范引领作用。学校自2002年组建伊始，就提出了"质量立校、细节管理，建立高效运行机制"的质量管理理念，自2003年开始实施全面绩效考核，逐步形成了绩效考核导向的质量管理体系，对学校的发展起到了重要作用。学校居安思危，主动响应时代发展要求，将诊改工作视为学校发展的重要机遇，于2016年5月被列为全国首批27所高职诊改工作试点院校。诊改工作为学校的质量管理提供了新的方法和思路，通过持续规范的自我约束、自我评价、自我改进、自我发展，逐步建立起了全要素网络化具有预警功能和激励作用的内部质量保证体系，为不断完善治理体系和提升治理能力奠定了坚实基础。2019年5月，淄博职业学院首批通过全国高职院校内部质量保证体系诊断与改进复核。

推进职业院校教学工作诊断与改进制度建设、提升职业院校质量治理的能力和水平，是一项基础性工作。诊改工作复核结束后，淄博职业学院没有停歇，持续推进诊改制度的建立和建设，催生质量管理工作新形态：一是学校全体教职员工建立了质量主体意识，各部门、各岗位充分发挥主体作用，抓住"事前、事中、事后"三个环节推进各项工作，工作质量不断提升；二是建立了目标导向的内部质量保证体系，优化了绩效考核机制，自我诊改逐步成为质量提升的重要手段，构建了富有内生动力的常态化诊断与改进工作机制；三是学校信息化管理水平显著提升，与河南省风速科技有限公司进行深度合作，建成了"三中心一平台"智能校园管理平台，通过管理数据的"过程采集"和"实时采集"，确保数据及时、真实、准确及深度应用。

本书系统总结了淄博职业学院在诊改试点工作中的研究思考和经验做法，由姜义林、李联卫、郭磊担任主编，鹿颖、姚原野担任副主编。本书共七章，具体分工如下：姚原野编写第一章，李联卫编写第二章，鹿颖、姚原野、郑家刚、赵金生、高超、李良明、高兵、许磊共同编写第三章和第四章，李联卫、李良明共同编写第五章，李联卫、赵金生、李良明共同编写第六章，第七章由以下学校共同参与完成：黑龙江农业工程职业学院、烟台职业学院、湖南水利水电职业技术学院、咸宁职业技术学院、山东劳动职业技术学院、内蒙古电子信息职业技术学院、广西水利电力职业技术学院、山东中医药高等专科学校，其中，郭磊参与了信息化建设相关内容的编写。全书由姜义林统筹设计、审核定稿。

本书参阅吸收了大量文献资料，参考了很多专家学者的研究成果，列于书后的参考文献中，对相关作者表示衷心感谢。同时，本书得到了河南省风速科技有限公司以及在诊改试点工作中取得突出成绩的兄弟院校的大力支持，在此一并表示感谢！

由于时间仓促和水平有限，欠妥之处在所难免，恳请读者批评指正。

编　者

2022 年 4 月

目录

第一篇 内部质量保证体系构建

第一章 导论 ………………………………… 3
第一节 内部质量保证体系与高职院校治理 ……………………… 3
一、诊改推进管理向治理转型 ……… 4
二、诊改推进内部治理形态构建 …… 4
三、诊改推进治理手段变革 ………… 5
第二节 职业院校承担办学质量的主体责任 …………………………… 5
一、转变理念实施全面质量管理 …… 5
二、增强质量主体责任意识 ………… 6
三、建立过程控制与保障激励机制 … 7

第二章 目标体系与标准体系的建立 …… 9
第一节 建设的基本原则与误区 ……… 9
一、建设目标体系和标准体系的基本原则 ……………………… 9
二、内部质量保证体系建设应避免的几个误区 …………… 11
第二节 目标体系的构成 ……………… 13
一、目标体系的内涵 ………………… 13
二、目标体系的主要内容 …………… 13
第三节 标准体系的构成 ……………… 14
一、标准体系的内涵 ………………… 14
二、标准体系的主要内容 …………… 16

第三章 教学诊断与改进制度建设 …… 17
第一节 学校层面诊改工作制度 … 17
一、问题的提出 ……………………… 17
二、建设思路与具体做法 …………… 17
三、学校层面诊改工作制度选录 …… 18
第二节 专业和课程层面诊改工作制度 ……………………………… 21
一、专业和课程层面诊改工作背景分析 ……………………… 21
二、专业和课程分类建设指导意见 ………………………… 22
三、构建质量主体自我提升的质量改进螺旋 ……………… 23
四、专业和课程诊断指标体系设计 ………………………… 24
五、专业和课程层面诊改制度 ……… 28
第三节 教师层面诊改工作制度 … 29
一、教职工职业生涯规划指导意见 ………………………… 29
二、教师层面自我诊改工作办法 …… 34
第四节 学生层面诊改工作制度 … 35
一、建设思路 ………………………… 35
二、学生全面发展内涵界定 ………… 36
三、学生层面诊改工作制度选录 …… 37
第五节 信息化建设工作制度 …… 41
一、职业院校信息化建设中存在的问题 ……………………… 41
二、信息化建设制度设计规划 ……… 42
三、信息化工作主要制度概览 ……… 43

第二篇 内部质量保证体系诊断与改进

第四章 各层面诊断与改进工作……47
第一节 学校层面诊断与改进……47
一、建立有效的质量控制机制……47
二、发挥考核评价的指挥棒作用……48
三、学校层面诊改信息化平台的构建……49
四、组织实施学校各层面自我诊改工作……50
第二节 专业和课程层面的诊断与改进……51
一、专业自主诊改工作实施办法……51
二、课程自主诊改工作实施办法……52
三、实施专业和课程诊断与改进工作……53
第三节 教师层面诊断与改进……55
一、教师制定职业生涯规划……55
二、教师年度自我诊改工作……58
第四节 学生层面诊断与改进……58
一、明确工作思路……58
二、厘定高职学生全面发展目标……59
三、建立学生全面发展目标体系……59
四、健全学生全面发展标准体系……59
五、实施学生全面发展质量诊断……59
六、构建质量改进螺旋……60
七、建设学生全面发展信息化平台……60
第五节 现代信息化平台建设……63
一、建设目标……63
二、数据标准……64
三、数据采集……64
四、平台建设内容……64
五、结果使用……71
六、平台的技术实现……71

第五章 教学诊改工作机制建设……72
第一节 顶层设计诊改工作机制……72
一、组织领导……72
二、制定并发布指导意见……73
三、制订实施方案……76
四、开展"说诊改"活动……90
五、持续推进诊改工作……92
第二节 系统建立诊改工作机制……93
一、制订工作计划……93
二、定期调度研讨……100
三、建立检查通报机制……112
四、纳入年度考核……130
第三节 应用大数据开展诊改工作……132
一、筑牢诊改基础……132
二、实现诊改落地……133

第三篇 内部质量保证体系诊改工作案例

第六章 淄博职业学院诊改工作案例……139
案例一 "体系＋平台"建立常态化自主保证质量机制……139
一、整体设计，系统发力，构建内部质量保证体系……139
二、数据管理，服务诊改，打造智能校园管理平台……140
案例二 强化顶层设计，规划把控全程，促进学生全面发展……142
一、统筹安排，系统指导学生制定成长成才规划……143
二、建设学生发展中心，学生成长全程可视、及时预警……144
三、建立长效机制，学生成长分层次自主诊改成效凸显……147
案例三 岗位管理 项目运作：是推进高职院校部门诊改工作的有效方法……148

一、工作目标项目化，建立明晰的部门目标体系…… 148
二、工作标准制度化，构建完善的部门标准体系…… 149
三、线上线下紧密结合，优化部门工作质量改进机制…… 149

案例四 注重服务质量提升，助力优质校建设…… 149
一、案例实施背景…… 150
二、案例简介及创新点…… 151
三、案例实施…… 151
四、案例效果及启示…… 154

案例五 健全学生管理制度，改进学生违纪管理工作…… 154
一、工作目标明确，工作标准进一步完善…… 155
二、强化部署落实，以诊改促管理…… 155
三、强化教育引导，实行预警机制…… 155
四、将诊改理念融入日常工作，循环提升意识逐步强化…… 156
五、质量意识得到加强，突出问题得到改善…… 156

案例六 智能课堂在高职护理专业教学中的应用…… 157
一、智能课堂的优势…… 158
二、在高职护理专业教学中开展智能课堂的必要性…… 158
三、智能课堂在高职护理专业教学中的具体运用…… 159
四、具体案例…… 160

第七章 淄博职业学院诊改工作研究成果…… 161
成果一 基于诊改理念的高职院校智能课堂建设研究…… 161
一、诊改工作对课堂教学改革提出了新要求…… 162
二、建设智能课堂是自主保证课堂教学质量的有效途径…… 163
三、智能课堂建设的实施策略…… 164
四、智能课堂建设的保障条件…… 165

成果二 高职院校"诊改"制度建设引导管理变革…… 167
一、管理理念变革…… 168
二、管理体制变革…… 168
三、管理手段变革…… 169

成果三 高职院校诊改工作实施路径探析…… 170
一、高职院校诊改工作实施路径图设计——以淄博职业学院为例…… 170
二、高职院校诊改工作实施路径…… 172
三、高职院校诊改工作应避免的几个误区…… 174
四、结语…… 176

成果四 目标导向的高职学生全面发展质量评价机制研究…… 177
一、高职学生全面发展质量评价工作现状分析…… 177
二、新时代对高职学生发展质量评价提出了新要求…… 178
三、目标导向的学生全面发展质量评价机制的内涵…… 179
四、高职学生全面发展质量评价机制的重构路径…… 181
五、结语…… 183

成果五 高职院校图书馆质量文化建设探索实践…… 184
一、图书馆质量文化建设的内涵…… 184
二、图书馆加强质量文化建设的基本做法…… 184

三、图书馆质量文化建设的努力
　　方向 ····················· 185
成果六　质量管理螺旋在高职院校
　　　　纸介资源建设中的实践——
　　　　以淄博职业学院图书馆纸
　　　　介资源建设为例 ········· 186
一、静态螺旋的建立及运行 ······· 187
二、动态螺旋的不断改进 ········· 188
成果七　高职院校土建类专业内部
　　　　质量保证的问题与对策 ··· 189
一、高职院校土建类专业内部质量
　　保证存在的问题 ············· 190
二、建立高职院校土建类专业内部
　　质量保证的对策 ············· 191
成果八　培养与提高高职院校学生
　　　　职业素养的措施研究 ····· 192
一、职业素养的含义及主要
　　作用 ······················· 193
二、高职院校培养与提高高职院校
　　学生职业素养的措施 ········· 193
成果九　如何提高高职课堂教学
　　　　管理质量 ················ 195
一、前言 ······················· 195
二、高职课堂教学管理现状 ······· 195
三、高职课堂教学管理不力的
　　原因 ······················· 195
四、加强高职课堂教学管理的
　　措施 ······················· 196
五、结束语 ····················· 198
成果十　提高高职院校建筑工程
　　　　制图教学质量的有效
　　　　途径 ····················· 198
一、影响高职院校建筑工程制图
　　教学质量的因素分析 ········· 199
二、提高建筑工程制图教学质量和
　　教学效果的途径 ············· 199
成果十一　高职土建类专业内部
　　　　　质量保障体系的构建
　　　　　研究 ··················· 201

一、土木建筑专业群制度文化内部
　　质量保障体系构建的目标 ····· 201
二、当前教学运行中存在的问题和
　　不足 ······················· 201
三、土建类专业内部质量保障体系
　　构建和运行 ················· 202
四、结语 ······················· 204
成果十二　质量文化视域下的传统
　　　　　文化课程建设 ·········· 204
一、传统文化在质量文化建设中的
　　意义和作用 ················· 205
二、传统文化课程的现实思考 ····· 207
成果十三　高职院校学前教育专业
　　　　　《幼儿园语言教育活动
　　　　　设计与指导》开放式课堂
　　　　　教学模式探究 ·········· 210
一、突出学生主体地位，构建开放
　　教学目标 ··················· 210
二、科学合理、因材施教，培养
　　学生创新能力 ··············· 211
三、整合教育教学资源，采用开放
　　教学手段 ··················· 211
四、组建专业教师队伍，重视开放
　　实践教学 ··················· 212
五、创新专业评价方法，加强理论
　　实践结合 ··················· 213
成果十四　《考工记》之"质量意识"
　　　　　"技术标准"发微 ······· 213
一、注重人才队伍储备，是质量
　　提升的前提与基础 ··········· 214
二、国家政策扶持与从业者的职业
　　认同感是质量意识确立的关键
　　与动因 ····················· 214
三、严格、缜密的技术标准催生
　　"良工""良器" ················ 215
四、完善的生产经营、管理和监督
　　制度，是产品质量一流、卓越
　　的有效保障 ················· 216

成果十五　齐文化与特色质量管理建设研究……217
一、齐文化的人本思想与质量文化建设……217
二、齐文化的诚信思想与品牌文化建设……218
三、齐文化的卓越理念与工匠精神培育……220
四、齐文化的质量管理意识与发展品质提升……220

成果十六　高职院校诊改工作阻力分析与消解策略……221
一、诊改工作的主要阻力……221
二、诊改工作出现阻力的原因分析……222
三、诊改工作阻力的消解策略……224
四、结语……228

第八章　试点院校诊改工作典型案例……230

案例一　黑龙江农业工程职业学院案例……230
一、构建"三段两环"课堂教学质量改进螺旋……230
二、打造课堂教学质量的目标链和标准链……231
三、实现课堂教学全员、全程、全方位监测预警……231
四、促进课堂教学常态纠偏与质量改进……232

案例二　烟台职业学院案例……232
一、打造两链，明确自主保证责任……232
二、引擎驱动，激发诊改内生动力……233
三、打造平台，全面支持质量诊改……233
四、螺旋运行，全面推动质量提升……233

案例三　湖南水利水电职业技术学院案例……234
一、背景……234
二、主要做法……235
三、成效……236
四、改进方向……236

案例四　咸宁职业技术学院案例……237
一、完善体制机制，建设"四化两督一评"……237
二、推进常态化诊改，构建"四中心一平台"……238
三、配套诊改举措，引擎驱动推进见成效……238

案例五　山东劳动职业技术学院案例……239
一、案例主题与背景……239
二、典型做法与经验……239
三、改革成果与成效……242

案例六　内蒙古电子信息职业技术学院案例……244
一、诊改工作，设计为先……245
二、建设标准，质量为纲……245
三、数据互通，信息为王……245
四、全面提升，发展为本……246

案例七　广西水利电力职业技术学院案例……246
一、坚定"目标层层传导到人"的决心，实现个人目标达成助力学校发展目标达成的目的……246
二、坚定"一页纸项目管理"为抓手的信心，形成"目标化、特色化、信息化、常态化"的质量文化……247
三、坚定将"诊改工作融入日常工作"的初心，提升教师和学生个人目标达成的获得感和幸福感……248

四、坚定诊改工作动态监控、按需预警、常态化运行的恒心，保障学校各项事业持续改进提升……250

案例八　山东中医药高等专科学校案例一……252
　一、明确目标标准，找准课程诊改的起点……252
　二、搭建信息平台，推动课程诊改的运行……252
　三、借助视频监控，强化对课堂教学的督导……253
　四、总结诊断问题，提升课程诊改的成效……254

案例九　山东中医药高等专科学校案例二……254
　一、工作任务标准化，推动学校由任务管理向过程治理转变……255
　二、主体责任明确化，推动学校质量由被动向主动转变……255
　三、质量保证制度化，推动由零散向系统转变……255
　四、诊改运行数据化，推动诊改工作由主观向客观转变……256
　五、运行机制常态化，推动由一时向常态转变……256

参考文献……257

第一篇
内部质量保证体系构建

第一章　导论
第二章　目标体系与标准体系的建立
第三章　教学诊断与改进制度建设

第一章 导论

建立高职院校教学工作诊断与改进制度(以下简称"诊改工作")的实质是深入实施质量管理,其核心任务是建立并运行符合学校自身发展状况的内部质量保证体系。内部质量保证体系是高职院校为履行人才培养工作质量保证主体责任,结合自身发展实际,制定学校发展规划及专项规划,完善质量目标和标准,在学校、专业、课程、教师、学生等不同层面建立完整且相对独立的自我质量保证机制,实现全员、全过程、全方位育人的系列质量管理机制的有机整体。通过有效建立并运行内部质量保证体系,充分发挥高职院校的质量主体责任,建立常态化的质量控制与管理机制,为高职专业人才的培养质量提供切实的保障。淄博职业学院作为全国职业院校教学诊断与改进工作试点院校,大胆探索,扎实有效地实施了诊改工作,在高职院校内部质量保证体系建设与运行工作中取得了一定成效。

第一节 内部质量保证体系与高职院校治理

2015年6月,教育部发布了《关于建立职业院校教学工作诊断与改进制度的通知》,要求逐步在全国职业院校推进建立教学工作诊断与改进制度(以下简称"诊改"制度),全面开展教学诊断与改进工作。随后,又发布了《高等职业院校内部质量保证体系诊断与改进指导方案(试行)》,核心指导思想是引导高职院校切实履行人才培养工作质量保证主体的责任,建立常态化的内部质量保证体系和可持续的诊断与改进工作机制,不断提高人才培养质量,并在全国高职院校中遴选了27所院校开展试点。

建立职业院校教学工作诊断与改进制度是职业院校管理中的新生事物，更多关注的是教育质量问题，强调的是自主性和常态化。这就要求高职院校在管理理念、管理体制、管理手段等方面进行变革，适应诊断与改进工作机制运行的要求。高职院校如何进行管理变革以及面临的最大问题都是我们需要处理和解决的。

一、诊改推进管理向治理转型

管理是指一定组织中的管理者，通过实施计划、组织、领导、协调、控制等职能来协调他人的活动，使他人同自己一起实现既定目标的活动过程，是人类各种组织活动中最普通和最重要的一种活动。

"管理"与"治理"仅一字之别，却蕴含着深刻的思想、观念创新。通常管理手段主要有行政手段、经济手段、法律手段、思想政治手段；管理方式主要采取强制性的措施和绩效考核；管理决策主要依靠规章制度和管理者经验。相比于管理，治理是一种由共同目标支持的优化、良性、多元化、多角度的管理，不再是单一主体的管理，是一种提升，内涵更全面。治理与管理的最大区别是，主体从管理方与被管理方转变为共同的管理主体；手段从以强制命令为主导转变为以合作和协商为主导。管理具有强制性、利益性；治理具有自发性、服务性。管理是从上而下、一元单向的；而治理是行为主体的多元化、利益主体的多元化。因而，在治理中必须体现多元共治，治理内容从以"管"为主走向管理与服务有机结合。

"诊改"制度建设明确指出，职业院校履行人才培养质量的主体责任，强调自我改进和提升。也就是说，"诊改"制度建设不是靠外部力量，也不是靠评估和评价，而是学校自发的一种管理理念和行为。通过"诊改"制度建设，引导职业院校真正把"事事有人管，全程有人管，人人都是管理者"的全面管理理念落到实处。因此，"诊改"制度建设是全校性的、全员性的，学校教育质量的保证，需要学校把管理质量责任落实到每一项工作、每一个环节、每一个人。这就要求开展诊改工作，需要学校从"学校管理"向"学校治理"转型。从"学校管理"走向"学校治理"，不是管理由低级向高级转化、发展，而是思想理念的革命，是价值理念的革新，意味着学校从思想观念、管理方法到组织结构、制度机制等各个方面的深刻变革。提升学校治理水平，要破除"管"的思想，要以服务为宗旨，运用法治思维，增强自主办学意识，实行多元主体共同治理，促进教职工和学生及办学利益相关方一同参与学校事务，形成学校建设发展的合力。

二、诊改推进内部治理形态构建

学校的中心工作是教学工作，对教学工作的落脚点和提升教学质量的关键点"诊改"制度提出了相应的要求。"诊改"制度建设的基础是构建高职院校内部质量保证体系，核心目标任务就是以诊断与改进为手段,促使高职院校在学校、专业、课程、教师、学生不同层面建立完整且相对独立的自我质量保证机制,强化学校各层级管理系统间的质量依存关系,形成全要素网络化的内部质量保证体系。内部质量保证体系的基本框架是构建决策指挥、质量生成、资源建设、支持服务、监督控制五个纵向质量保证系统,把学校的发展目标、质量目标、质量标准层层落实到学校、专业、课程、教师、学生五个横向层面的质量保证主体责任。同时,"诊改"制度也明确地指出了教学工作的落脚点和教学质量的关键要素就是专业、课程、教师、学生。学校从上到下,各项工作、各类资源的配置都要围绕专业、课程、教师、学生这四个着力点展开。这就要求学校从制度层面围绕质量保证体系的建设要求,按照治理理念,以专业、课程、教师、学生为核心,对学校的管理体制和运行机制进行顶层设计,根据学校的发展目标、质量目标、质量标准对工作职责和工作流程进行再造,重点从工作流程、目标标准、组织实施、监督调控、考核激励等五个方面促进内部治理形态的转变。

三、诊改推进治理手段变革

当前,社会发展已经进入大数据时代。维克托·迈尔-舍恩伯格(Viktor Mayer-Schonberger)和肯尼斯·库克耶(Kenneth Cukier)在《大数据时代》开篇引言中对大数据时代进行了描述,"一场生活、工作与思维的大变革。大数据开启了一次重大的时代转型。就像望远镜让我们能够感受宇宙,显微镜让我们能够观测微生物一样,大数据正在改变我们的生活以及理解世界的方式,成为新发明和新服务的源泉,而更多的改变正蓄势待发……"大数据技术的战略意义不在于掌握庞大的数据信息,而在于对这些含有意义的数据进行专业化处理,通过"加工"实现数据的"增值"。大数据时代下的治理已经进入数据化治理时代,数据化治理将成为学校在实施以精细化管理、质量体系认证、绩效管理等先进的管理方式为基础的一种全新的管理方法和手段,使学校治理决策依据更加科学、精准、有效。"诊改"制度建设强调的是建立基于高职院校人才培养工作状态数据的自主"诊改"机制,依托现代信息化技术手段,构建信息化平台,实现数据共享、源头采集、实时采集。在数据分析的基础上,按照"PDCA质量循环",推进管理质量螺旋提升,逐步建立"让数据说话、用数据决策、靠数据管理"的数据化治理机制。因此,数据化治理将成为高职院校在"诊改"制度建设中的主要治理手段和方法。

第二节 职业院校承担办学质量的主体责任

一、转变理念实施全面质量管理

全面质量管理(total quality management,TQM)理论,于20世纪60年代初由美国著名管理专家米兰·菲根鲍姆(Milan Feigenbaum)首先提出，最初主要应用于制造业，后来西欧与日本的企业进行了应用与推广，有力地促进了企业的发展。20 世纪 80 年代，英美高校开始把全面质量管理引入高校质量管理中，并取得了显著成效。

全面质量管理有别于传统质量管理，是一个组织以质量为中心，以全员参与为基础，通过让顾客满意和本组织所有成员及社会受益，进而促进组织达到长期成功的管理途径，基本要求如下。

(1) 全过程的质量管理。就是对质量产生、形成和实现的整个过程进行管理，着重强调两个思想：一是预防为主、不断改进的思想；二是为顾客服务的思想。

(2) 全员的质量管理。组织中任何一个环节、任何一个人的工作质量会不同程度地直接或间接地影响产品质量或服务质量。全员的质量管理要做好三点：①抓好全员的质量教育和培训；②制定各部门、各级各类人员的质量责任制；③开展形式多样的群众性的质量活动。

(3) 全方位的质量管理。组织各管理层次都应承担并明确各自的质量管理活动内容，组织各部门的质量职能都要充分发挥，全价值链所有相关方协同的质量管理。

(4) 多方法的质量管理。影响产品质量和服务质量的因素非常复杂，因此质量管理活动广泛使用各种方法，基本要求是：程序科学、方法灵活、实事求是、讲求实效。

全面质量管理重点强调三个方面，即以顾客为中心、进行全面管理和以预防为主。"诊改"工作聚焦的核心问题是"质量"问题，质量责任的主体是职业院校，基础是建立内部质量保障体系，手段是建立诊断改进机制，方法是充分运用现代信息化手段，依据是院校管理运行的有效数据，目的是推进人才培养质量循环提升。因此，"诊改"工作是以学生为中心，把学生培养质量提升的关键要素落实到专业、课程、教师、学生四个层面，要求高职院校从上到下，各个部门、各个岗位、各项工作、各类资源的配置都要围绕专业、课程、教师、学生这四个点，建立目标体系、质量标准和预警机制，依据常态化管理数据进行自我诊断、自我改进，及时发现问题及时改进提升，充分体现全面质量管理的全过程的质量管理、全员的质量管理、全方位的质量管理、多方法的质量管理的基本要求。

二、增强质量主体责任意识

本世纪以来，国家大力发展职业教育，先后组织实施了两轮高职院校人才培养工作水平评估和示范校、骨干校建设项目，有力地促进了高等职业教育的快速发展。2014 年 2 月，国务院教育督导委员会印发了《深化教育督导改革转变教育管理方式的意见》，要求教育督导部门改进教育管理方式，深入推进管办评分离。2015 年 5 月，教育部印发了《教育部关于深入推进教育管办评分离促进政府职能转变的若干意见》，对深入推进教育管办评分离、促进政府职能转变提出了具体的要求。2015 年 6 月，教育部发布了《关于建立职业院校教学工作诊断与改进制度的通知》，要逐步在全国职业院校推进建立教学工作诊断与改进制度，全面开展教学诊断与改进工作。随后，又发布了《高等职业院校内部质量保证体系诊断与改进指导方案(试行)》。

从以上一系列的政策变化可以看出国家层面的教育管理理念正在转变，作为教育管理的主管部门，教育部不再采取以评促管的方式组织对各类学校办学水平的评价。教育管理主管部门的管理职能转向关注学校内部的管理质量提升和自我评价改进，强化职业院校人才培养质量的主体责任意识，要求职业院校建立完善的内部质量保证体系和机制，开展自我诊断和自我改进，确保人才培养质量持续循环提升。同时，将学校办学质量评价职能转向第三方评价，支持和培育专业教育服务机构及行业协会、专业学会、基金会等各类社会组织参与教育评价。

当前，高职院校开展的"诊改"工作的核心指导思想是引导高职院校切实履行人才培养工作质量保证主体的责任，建立常态化的内部质量保证体系和可持续的诊断与改进工作机制，不断提高人才培养质量。这就要求高职院校要把学校的发展目标、质量目标、质量标准层层落实到学校、专业、课程、教师、学生五个横向层面，建立起完善且相对独立的自我质量保证机制，确保人才培养质量的循环提升。因此，职业院校办学必须切实履行办学质量的主体责任意识，不再关注上级主管部门的评价，而是扎实搞好内部质量建设，主动开展自我评价，主动改进提升，用质量说话，用质量赢得社会各界的认可。

三、建立过程控制与保障激励机制

实施全面质量管理必须建立完善的制度体系，进一步明确学校的质量方针和质量目标，构建内部质量保证体系和质量控制体系。同时，推进全面质量管理需要激励制度作保障。管理制度与激励制度相互依附、相互影响，管理制度效率的产生基于跟它匹配、合理的激励制度创造的积极性，没有激励制度或激励制度不健全，管理制度就无法发挥作用，追求管理相当于舍本逐末。而激励制度作用的发挥也是基于科学完善的管理制度，管理制度不健全、不科学，再好的激励制度也不一定能成功。因此，推进全面质量管理必须理顺、统筹解决推进管理制度和激励制度建设。

"诊改"工作的基础是建立内部质量保证体系，这也是实施全面质量管理的基础。为什么叫"内部质量保证体系"，而不叫"内部质量保障体系"？"保证"与"保障"一字之差，却蕴含着不同的含义。"保证"强调的是主体内在的质量责任；"保障"强调的是外在的质量条件。"诊改"制度建设是学校自发的一种管理理念和行为，这就要求高职院校按照"诊改"工作的理念，对学校的管理体制和运行机制进行顶层设计，根据学校的发展目标、质量目标、质量标准对工作职责和工作流程进行再造，重点是从工作流程、目标标准、组织实施、监督调控、考核激励等五个方面促进内部管理形态的转变。因此，内部质量保证体系建设是对高职院校推进全面质量管理制度的完善，是绩效考核的基础，绩效考核是推动全面质量管理、内部质量保证体系建设及运行成效的重要保障。内部质量保证体系强调质量的循环提升，在最低标准基础上追求更加卓越的绩效。高职院校通过内部质量保证体系建设进一步完善全面质量管理制度，明确具体工作任务、流程和标准，通过考核评价引导各部门建立主动管理和自我改进，提升意识，不断追求卓越的绩效。

没有完善的管理制度，任何先进的方法和手段都不能充分发挥作用。但是，制度落实需要完善的工作机制，也就是落实制度的方法。淄博职业学院从 2004 年开始实施绩效考核，2008 年设立了质量控制与绩效考核专门机构，逐步建立了较为完善的质量控制机制和绩效考核体系，建立了工作通报、日常督导、专项督导、信息员制度等全方位收集管理信息的质量控制机制。这是一种自上而下的管理机制，通过对质量信息的收集，进而督导监督各部门改进完善各项工作，各部门管理职责履行是基于督导监督之下的被动管理。而内部质量保证体系建设则强调质量提升的自主性，是实行自下而上的主动管理机制，倡导管理部门主动开展管理工作和改进工作质量。淄博职业学院建立的年度常规工作清单制度是在"诊改"工作理念指导下的工作制度的完善，将部门年度常规工作列入清单，进一步明确了部门根据职责每年定期需要实施的工作任务，明确了工作任务实施的责任，不需要上级领导的部署和要求，由部门根据清单工作任务自主开展工作。因此，"诊改"制度建设是全校性的、全员性的，学校教育质量的保证，需要学校通过建立完善有效的工作机制，把各项管理制度落实到每一项工作、每一个环节、每一个人，引导各部门、教职工自主开展工作。

学校的管理既有静态管理，又有动态管理，学校人才培养质量循环提升更重要的是动态管理。但是，在管理工作中面临的普遍问题是管理信息衰减。一方面学校的管理制度、规定和决策在层层传递时出现偏差和遗漏，导致工作不能落实到位；另一方面基层管理工作状态信息在向最高管理层传递时也存在层层衰减现象，并最终影响最高管理层的决策。现代信息技术的发展，为动态管理和信息准确完整传递提供了技术保障。为了保障制度落实和工作机制按照工作程序、规则有机联系和有效运转，实时掌握动态管理数据，确保管理信息畅通和准确，必须建立管理信息系统。管理信息系统主要包括原始信息的收集、信息渠道、信息利用效率和信息反馈四个方面。淄博职业学院设计开发的质量管理平台是以"诊改"工作理念为基础的一个管理信息系统，也是开展自我诊断的一个平台。质量管理平台将部门年度常规工作清单、工作计划、工作通报、工作成果等工作信息整合在一起，实现了工作状态及成效网上实录化数据，帮助部门落实任务责任、任务完成率、任务完成成效，对工作状态实时监控、提醒。同时，质量管理平台可以依据绩效考核指标和部门工作完成状态以及成果，对部门年度工作进行绩效考核动态排名。部门可以通过查看绩效考核动态排名情况和自主发起评议的结果，分析工作差距和不足，帮助部门开展自主诊断和自我改进。学校领导和全体教职工可以通过质量管理平台对各部门工作状态进行查看，准确了解各部门的工作情况和成效，从而有效地对各部门工作进行监督、评价。

目标体系与标准体系的建立

构建目标体系和标准体系是实施高职院校诊改工作的逻辑起点。"职业院校需要树立属于自己的目标和标准,打造网络结构、相对独立、相互依存的目标链(体系)和标准链(体系),找准诊改的起跑点"。目标是动力源,标准是标尺,因此诊改工作需要系统梳理、科学制定学校的目标体系和标准体系。目标明确、标准透明,是诊改工作优先要解决的问题。要改变自上而下下达命令、布置任务的管理方式,由各质量主体依据学校总体发展目标和标准,自主制定各级目标和标准。需要说明的是,各级目标和标准的最终确定必须经由管理者和实施者共同讨论、达成共识,管理者具有指导和协助下属完成目标和标准的责任。

第一节 建设的基本原则与误区

一、建设目标体系和标准体系的基本原则

(一) 系统研究,顶层设计

诊改工作要求高职院校建立学校、专业、课程、教师、学生等层面自我保证质量的长效机制,涉及所有部门和全体师生员工。高职院校应进行深入研究与系统规划,制订符合诊改理念要求和学校实际情况的实施方案,设计有效的实施路径,尽量减少缺乏系统规划造成的损失和代价。诊改工作需要系统梳理已有的质量管理经验,以建立具有本校特色的目标体系和标准体系为起点,各级目标和标准既要依据学校总体发展规划制定,又必须由

各级质量主体根据自身实际情况自主制定，不能单纯照搬和套用。信息化建设是诊改工作顺利实施的重要支撑，可以将之作为推进诊改工作的重要抓手，重点是自主研发立足于本校实际情况的信息化管理平台，有的放矢地建立质量管理机制。

（二）详细计划，顶层推动

诊改工作是一项逐步建立自主保证办学质量系列制度的系统工程，不可能一蹴而就，适合采用基于长期目标的"费边战术"。"费边战术"，就是一种拖延迂回战术，是一种将决战转化成长期交手的策略。高职院校应将通过诊改复核视为诊改工作的推动力而非目标，戒除急躁情绪和急功近利的想法，系统规划、整体设计、分步实施、有序推进诊改工作。在制订整体诊改工作实施方案的基础上，还应制订详细的行动计划，将具体任务分解落实到每个学期，明确任务责任部门和完成的时间节点。只有当师生员工清楚地看到达到诊改工作目标的路径和计划时，才会增强信心、支持诊改工作。行动计划要找准诊改工作的切入点和抓手，如制定并实施五年事业发展规划、明确工作质量诊断点、构建质量改进螺旋、建设智能校园管理平台等。

（三）反馈沟通，动态调整

诊改工作要求改变以往的管理模式、行为习惯和行为模式，改变以往以上级工作指令为起点的工作方式，取得显著成效的过程可能是漫长的。诊改工作的实施进程充满各种变数，特别是实施效果往往与预期目标存在一定差距，短期内看不到立竿见影的成效。如果不能正确看待这种"预期差距"，就会在团队内部引起负面评价，这种负面评价会破坏对诊改工作的信心。因此在诊改工作实施的过程中，要理性地看待"滞后"现象，既要坚定不移地推进诊改工作，又要适当理解容错，通过耐心引导与帮助实现诊改工作各个阶段的具体目标。要正确审视诊改工作实施进程，善于发现问题、不断改进。应该建立完善的信息沟通体系，定期进行反馈和沟通，有效传达信息，应以经常性、规范的信息反馈及时有效发现并解决问题，消除误解、推进诊改工作。

（四）数据管理，信息赋能

诊改工作要求提升高职院校教育教学管理信息化水平，特别是要强化人才培养工作状态数据在诊改工作中的基础作用，进一步加强人才培养工作状态数据管理系统的建设与应用。学校管理信息化系统建设是开展诊改工作的重要基础，同时学校信息化建设水平往往又是制约诊改工作顺利开展的瓶颈。因此，学校的信息化系统建设必须与内部质量保证体系同步设计、整体规划，要结合目标体系和标准体系的建设，引导各部门提出合理需求，通过自主研发与技术外包相结合，总体统筹、分步实施，全面推进学校信息化建设。要树立"大数据"理念，深入挖掘人才培养工作中的数据需求，建设并应用适应学校诊改工作实际需要的智能校园管理平台，及时掌握和分析人才培养工作状况，随时进行诊断、反馈、改进和提高，全面支撑诊改工作深入开展。

二、内部质量保证体系建设应避免的几个误区

（一）忽视理念转变，被动开展诊改工作

将诊改工作视为上级行政部门布置的任务、缺乏开展诊改工作的主动性是目前存在的普遍现象。诊改工作是在国家要求"管办评"分离的大背景下，由教育部有关部门推动开展的一项重要工作，并作为国家优质校建设等项目的重要内容。很多学校未充分意识到此项工作的重要意义，没有充分做好相应的系统规划，也未有效建立学校内部的工作机制，只是应付式地开展诊改工作，比如任命某个部门副职担任诊改工作办公室主任，"小马拉大车"的结果必然是流于形式，不可能取得实效；又如，存在等待观望思想或畏难情绪，仅仅停留在派人外出培训、学习，没有结合自己学校实际开展系统、深入的研讨和部署，其结果必然是对诊改工作一知半解，甚至当成额外负担，使诊改工作无法有效开展。

高职院校必须主动响应时代发展要求，树立先进质量理念，依据学校办学理念、办学定位、人才培养目标，聚焦人才培养工作要素，查找不足、完善提高，建立能激发内生动力的质量管理机制，只有这样，教学工作诊断与改进制度才能够有效建立。

（二）存有项目情结，以通过复核为目标

很多高职院校未能充分领会诊改工作内涵，将之作为一个阶段性的项目进行部署。目前，根据《全面推进职业院校教学工作诊断与改进制度建设的通知》(教职成司函〔2017〕56号)要求，各省级教育行政部门正在大力推动诊改工作。有些高职院校基于通过上级行政部门复核的思路，急于下达目标、分解任务，或者直接将国家发布的"高职院校内部质量保证体系诊断项目参考表"作为本校诊改工作的指标体系，误解了诊改工作的内涵，忽视了质量主体自我保证质量的根本作用，使之成为变相的评估。

诊改工作是一项逐步建立自我保证办学质量系列制度的系统工程，不可能一蹴而就，也不是阶段性有终点的项目。因此，高职院校必须改变项目化的工作方式，将通过复核视为诊改工作的推动力而非目的。要戒除急躁情绪和急功近利的想法，系统规划、整体设计、分步实施，有序推进诊改工作，从而实现持续规范的自我约束、自我诊断、自我改进、自我发展。

（三）弄错逻辑起点，盲目开展诊改工作

有的高职院校的管理者想当然地将诊断作为诊改工作的起点，认为先对现状进行"诊断"再加以改进就是诊改工作；有的高职院校，简单地将国家发布的"高职院校内部质量保证体系诊断项目参考表"作为本校诊改的工作目标和任务，以此为起点开展诊改工作；也有的高职院校开展所谓的诊改试点，选取某项工作或某个部门率先开展诊改工作，

而不是系统全面地推动诊改工作。上述做法的错误缘于没有真正理解诊改工作的内涵。

诊改工作的实质是建立学校各个层面自我保证质量的长效机制，不同于通常的以上级工作指令为起点的工作方式。诊改工作需要总结已有的工作经验和基础，但绝不是以现有工作为起点。高职院校诊改工作的起点应该是系统的建立具有本校特色的目标体系和标准体系。需要特别强调的是，各级目标和标准必须是各级质量主体根据自身实际情况制定的，不能单纯的照搬和套用，否则诊改工作就会出现重大偏差，无法发挥自我保证质量的作用。

（四）缺乏特色意识，照搬模式或购买软件

诊改工作没有成功的模板参考，导致很多高职院校产生路径困惑，不知道为什么做、该怎么做。部分高职院校管理者没有甚至不愿意对诊改工作进行深入研究和思考，想走捷径，寄希望于照搬试点学校的模式或购买已经开发好的所谓"诊改平台"软件。这样，不仅不能有效解决本校的实际问题，而且会使诊改工作因缺乏有针对性的支撑与服务而误入歧途。这实际上是延续了"评估思维"，简单地希望依照一定的、固有的模板来开展诊改工作。

诊改工作与评估工作有着本质的区别。以往的评估是教育管理部门用相同的标准对不同的高职院校实施评价并给予结论，而诊改工作是高职院校在有效建立具有本校特色的内部质量保证体系的基础上，进行常态化的自我诊断、自我反思与自我改进，"一校一特色"是诊改工作的显著特征。因此，诊改工作必须立足于本校的发展基础和实际情况，有的放矢地建立质量管理机制，并且根据本校的实际需求自主开发信息化平台，支撑诊改工作的深入实施。

（五）僵化绩效考核，忽视考核机制改革

绩效考核是质量管理的重要内容，但很多高职院校不能正确对待绩效考核。有的学校当作灵丹妙药，将绩效考核而不是内部质量保证体系的建立与运行作为工作重点；有的学校视为额外负担，认为学校不适宜或者无法开展量化考核，因此轻视或者从未认真实施过绩效考核。实质上，过度依赖或轻视绩效考核都不利于诊改工作的顺利实施。

传统的绩效考核通常是自上而下开展、以考核结果为主，对于提升工作质量具有积极作用。但是在实施诊改工作的大背景下，不能简单地摒弃或者强化绩效考核，而是要立足自我诊断，对传统绩效考核进行改革，建立符合诊改理念的绩效考核机制。要对传统的绩效考核进行改造升级，重点是要求各级质量主体自主设定目标和标准，主动实施关注质量生成过程的自主监控、自我反思与自我改进，同时相关部门要将即时采集的原始数据作为考核依据，绩效考核全程化、透明化、标准化。强调通过诊断来改进工作，而不仅仅是简单的优劣排名和奖惩。

第二节 目标体系的构成

一、目标体系的内涵

目标是指个人或群体想要达到的境地或标准。目标管理是美国管理大师彼得·德鲁克(Peter F. Drucker)提出并倡导的一种组织管理模式，1954年，德鲁克在其著作《管理实践》中最先提出了"目标管理"的概念，他认为，并不是有了工作才有目标，而是有了目标才能确定每个人的工作，并且主张"组织的使命和任务，必须转化为目标"。

所谓目标管理是指组织的最高层领导根据组织面临的形势和社会需要，制订出一定时期内组织发展所要达到的总目标，然后逐级分解、层层落实，由组织内各部门主管人员直至员工根据总目标确定各自的分目标，形成一个目标体系，并把目标完成情况作为考核的依据。目标管理要求各部门和全体员工在获得适当资源配置和授权的前提下，积极主动地为各自的分目标而奋斗，最终实现组织的总目标。简而言之，目标管理就是让组织的各级主管人员和员工都参与组织发展目标的制订，并在工作中实行自我控制，进而努力完成工作目标的一种制度或方法。

组织的目标体系包括组织整体发展战略规划、组织年度计划、各部门目标计划、每个员工的目标计划。目标管理以组织的战略规划为前提，以组织年度计划为依据，将各种任务、指标层层分解到每个部门和每个员工。目标管理实施的关键是依据组织的整体发展规划，事先制定各部门合理的任务指标体系、考证因素分值体系、奖罚标准体系，事中进行过程管理、检查考评目标任务完成情况，事后按工作绩效和约定的奖罚标准及时兑现奖罚。目标管理使整个组织、每个部门、每个员工都事先有明确的量化指标，事中对照目标监控检查，事后奖罚兑现、反思改进。

二、目标体系的主要内容

建立目标体系是高职院校诊改工作的首要任务。诊改工作的逻辑起点就是学校目标体系的构建，从而实现高职院校发展使命的具体化，明确高职院校各项工作的指导方向。诊改要求高职院校在学校、专业、课程、教师、学生不同层面建立完整且相对独立的自我质量保证机制，在各层面树立自己的目标和标准。

全国高职院校诊改试点工作自2015年启动之际，是一项具有开创性的工程，没有现成的经验和模板，淄博职业学院自求变、勇于实践，首先从找准诊改工作的切入点着手推进诊改试点工作。淄博职业学院于2016年5月被列为全国首批诊改试点单位，而2016年又是"十三五"规划编制与发布年、启动年，因此学校以制定"十三五"规划、建立目标体系为切入点，安排全校各部门共同编制与完善规划，将诊改工作全面激活。

学校以"十三五"事业发展规划及其子规划为主要依据，构建由学校总体发展目标、各子规划目标、院系部发展规划目标、部门年度工作目标、专业建设目标、课程建设目标、教职工职业生涯发展规划、学生成长成才规划等构成的层级分明、内容关联的目标体系，如图2-1所示。

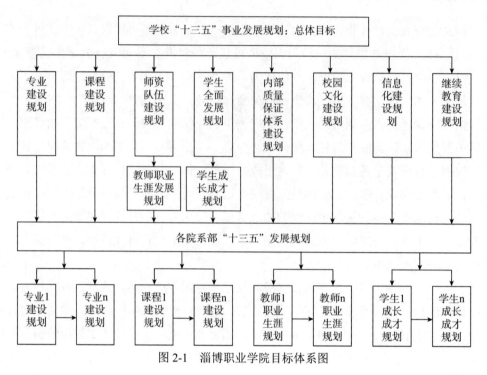

图2-1 淄博职业学院目标体系图

第三节 标准体系的构成

一、标准体系的内涵

（一）标准的含义

所谓标准，是指为了在一定的范围内获得最佳秩序，经协商一致制定并由公认机构批准，共同使用和重复使用的一种规范性文件。这是国际标准化组织(ISO)、国际电工委员会(IEC)、国际电信联盟(ITU)三大国际标准组织共同给标准下的定义。

标准具有以下7个特性：科学性、公共性、公开性、一致性、权威性、时效性、最佳化。

(1) 科学性。标准是一定的科技成果或对科研生产实践中经验的总结，并且经过归纳、分析、研究、提炼和概括，可以说是人类智慧的集成和浓缩。

(2) 公共性。标准涉及人类所有活动的方方面面，针对的是共同的、重复使用的问题，它是规范、是准则，甚至从某种意义上可说是法规，对于维护经济秩序和社会秩序起着非常重要作用。

(3) 公开性。标准是一定范围内的公共产品，其公开性是不言而喻的，至于公开到什么程度则要看标准发布机构的规定，一般来说，国际标准在全球公开，国家标准在各自国家公开，行业标准在行业内公开，但这也不是一概而论，而且公开并不代表免费。

(4) 一致性。标准必须在一定范围内达成一致，而不是某个或某些个体的行为，标准的制定过程有协商、共同起草的要求，其一致性要求在编制程序中充分体现了标准的民主性的原则。

(5) 权威性。标准的制定与发布必须经过公认机构或相关权威组织的审核，不是任一组织和个人所能为的。

(6) 时效性。标准在一定时期内有效，它随着标准所适用对象的变化而需要不断修订，尤其是技术标准，随着科学技术的发展、新材料、新工艺的应用需要不断更新。

(7) 最佳化。不论是标准的制定还是标准的实施，其目的都是为达到利益的最佳和秩序的最佳。

(二) 标准是文明成果的总结

标准是社会发展和科技进步的必然产物。远古时代，原始的自然人基于标准化活动形成统一的语言、文字、工具和建筑规格，这些标准化结果就是人类文明进步的成果。进入以社会化大生产和大规模机器生产为基础的近代标准化阶段，标准零部件、标准时间、作业规范及连续生产流水线就是基于标准化活动而获得的科技进步的成果。

标准是文明成果传播的载体。标准推动文明成果的传播。在经济社会发展过程中，依托标准载体，将各领域的科研成果、先进经验和实践总结应用于技术革新和社会进步，使得文明成果得以传承发扬。尤其是在生产制造、工程建设、医药卫生等领域大大提升了技术水平和社会生产力。

标准是人类改造社会的工具。在人类社会第一次农业、畜牧业分工改造中，由于物资交换的需要，以及公平交换、等价交换的交换原则，决定了度、量、衡单位和器具必须标准统一。当人类社会进入第二次产业大分工改造时，为了提高手工业和农业的生产率，提出了对工具和技术的规范化要求。标准在社会改造发展中的工具属性突显。

可见，标准的现代诠释是人类文明进步的成果，标准和文明，标准化和文明进步是相互促进、良性互动的关系。

所谓标准化，就是制定标准、实施标准并进行监督管理的过程。标准化的作用体现在方方面面：底线作用、规制作用、引领作用、支撑作用、通行证作用。

(三) 目标与标准的关系

目标是标准制定的主要依据，标准是目标的具象表现，没有明确的目标，就没有清晰的标准。目标是"8"字形质量改进螺旋的逻辑起点,而标准是衡量目标的标尺,是目标的具象体现,也是目标本质特性的显现。

目标若是没有标准支撑,仅仅停留在某种"境地"或"水平"的描述中,那就形同空泛的口号,照样起不了作用。在具体的工作中,应按"下有底线,上不封顶"的原则设置标准,可以参照"最近发展区"理论确定标准阈值,做到促发展与保底线并重。

二、标准体系的主要内容

依据学校目标体系,制定完善的各部门工作标准、各岗位工作标准、专业分类建设标准、课程分类建设标准、教师发展标准、学生全面发展标准等,确保呼应与支持相关层面的发展目标,构建由各层面工作标准构成的内容关联、相对独立的标准体系,即形成标准链,如图2-2所示。

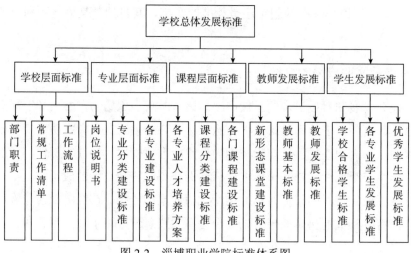

图2-2 淄博职业学院标准体系图

第三章 教学诊断与改进制度建设

诊改工作是以建立目标体系和标准体系为基础,在学校、专业、课程、教师、学生不同层面建立持续规范的自我约束、自我评价、自我改进、自我发展的全要素网络化的内部质量保证体系。以此为核心,制定并实施相关制度是诊改工作的重要基础。

第一节 学校层面诊改工作制度

一、问题的提出

淄博职业学院从 2004 年开始实施绩效考核,2008 年设立了质量控制与绩效考核专门机构,以质量控制与绩效考核专门机构为主导,逐步建立了较为完善的质量保证制度。教育部在全国职业院校推进建立教学工作诊断与改进制度、全面开展教学诊断与改进工作以前,学校开展的质量保证工作大多是一种自发性的探索活动,缺乏系统的政策指引和理论指导,因此,相应的制度建设不同程度地存在一些问题,比如在思想认识上,更多考虑的是应付上级下达的工作任务,缺乏主动性;在组织领导上,缺乏统筹设计;制定的标准不够统一;信息化应用不够深入,制度执行效率低等。

二、建设思路与具体做法

建立常态化的内部质量保证体系和可持续的诊断与改进工作机制,完善相应的质量保证制度是重要的保障。在做好学校内部质量保证体系诊断与改进工作的过程中,淄博职业学校始终重视诊改工作制度建设，发挥质量控制与绩效考核专门机构的领导作用，协调学校相关部门，按照"需求导向、自我保证、多元诊断、重在改进"的总体工作方针，以完善质量标准和制度，提高利益相关方对人才培养工作的满意度为目标，全面建立系统性、完整性与可操作性的学校层面质量保证制度体系。

(1) 建立目标体系。依据学校"十四五"事业发展规划及其子规划，构建由学校总体发展目标、各子规划目标、院系部发展规划目标、部门年度工作目标、专业建设目标、课程建设目标、教职工职业生涯发展规划、学生成长成才规划等构成的层级分明、内容关联的目标体系，即形成目标链。

(2) 建立标准体系。依据学校目标体系，制定完善的各部门工作标准、专业分类建设标准、课程分类建设标准、各专业建设标准、各课程建设标准、师资队伍建设标准、学生全面发展标准等，确保呼应与支撑相关发展目标，构建由各层面工作标准构成的内容关联、相对独立的标准体系，即形成标准链。

(3) 建立质量改进螺旋。依据学校目标体系和标准体系，各部门发挥主体作用，以服务对象需求为中心、以问题为导向，认真研究、主动创新，抓住"事前、事中、事后"三个环节推进各项工作，在工作中实时分析数据、发布预警、诊断问题、及时改进，向更高的目标发展，形成循环提升的质量改进螺旋。

(4) 建设"三中心一平台"的智能校园管理平台。建设基于大数据分析的智能校园管理平台，包括专业发展中心(含课程建设、课堂教学实施)、教师发展中心、学生全面发展中心、学校质量管理平台。逐步实施"过程采集"和"实时采集"，确保数据及时、真实、准确，注重对状态数据的深度应用，实现与学校各类数据平台(报表)的数据共享和全方位比较。

(5) 建立常态化诊断与改进工作机制。将学校绩效考核工作与诊改工作相融合，以考核性诊断促进内部质量保证体系的有效运行。不断完善质量保证制度，全程把控质量，强化长期动态的过程性诊断、前瞻性预测，关注人才培养质量生成过程，逐步构建富有内生动力的常态化诊断与改进工作机制。

(6) 形成富有高职和地域特色的现代质量文化。研究、传播其文化中有关工匠精神、质量文化等优秀成分，强化全员质量意识，贯彻落实全面质量管理观，推进质量立校战略的实施，构建"三维三全"文化育人体系，不断丰富内部质量保证体系的内涵，形成富有高职和地域特色的现代质量文化，全面提升人才培养质量。

三、学校层面诊改工作制度选录

基于学校层面的目标和标准，学校层面诊改工作制定或完善了以下制度：淄博职业学院质量督导工作条例、淄博职业学院教学质量管理与监控实施办法、淄博职业学院事业发展规划管理规定、淄博职业学院院长教学质量奖奖励办法、淄博职业学院高等职业教育质量年度报告制度等。下面选取部分制度作出说明。

(一) 淄博职业学院质量督导工作条例

为了保障学校质量目标的实现，加强过程控制，持续提高全校的服务质量、服务效率和服务水平，2012年5月11日学校发布了《淄博职业学院质量督导工作条例》(淄职院政办字〔2012〕16号)(以下简称《条例》)，对质量督导工作作出了详细规定。

《条例》明确了质量督导就是指对涉及学校质量的各项工作进行监督、检查、评估和指导。由质量控制与绩效考核办公室建立专职和兼职相结合的质量督导队伍，对各部门履行本部门主要职责情况、各部门执行学校规章制度情况、各部门执行学校质量方针和发展规划情况、各部门执行年度工作计划情况、各部门落实学校重点任务情况、党委会、院长办公会研究确定督办的事项、学校安排的专项任务或大型活动进行督导。

《条例》规定了督导的程序，包括科学、规范地做好督导前的准备工作，明确督导对象和内容，明确督导目标、任务、时限和责任人；重要督导任务需制订督导方案，详细设计督导记录表，有计划、有针对性地分步骤实施；督导员对督导情况做好记录，并进行综合分析，找出存在的问题，分析原因，提出改进的建议或处理意见；一般督导须向被督导对象通报督导结果，提出督导意见；学校安排的专项督导工作须向校领导通报督导情况，并提出意见和建议。

督导一般采用常规检查、随机检查、专项督导和专项评估等形式，通过听取情况汇报、查阅有关档案、资料、座谈会、个别访谈、问卷调查、测试、参加被督导单位的会议和相关活动等方式进行。

《条例》明确了督办与通报制度。绩效考核办公室对被督导单位存在的重要问题需提出限期整改的建议或要求，并对改进情况进行跟踪督办。被督导单位需将问题的改进情况以电子文档或书面形式及时反馈给服务对象和绩效考核办公室。绩效考核办公室对被督导单位存在的问题、问题整改情况及整改效率等进行评价，并视其情况进行通报。

此外，《条例》还对督导员服务业务水平、部门配合义务、定期督导会议的召开、撰写阶段性及综合性质量督导报告、建立督导档案等提出了相关要求。

(二) 淄博职业学院教学质量管理与监控实施办法

教学质量是高职院校生存和发展的立足之本，教学质量管理与监控是保证教学质量不断提高的重要手段。为适应新时期高等职业教育发展的客观需要，建立具有学校特色的内部教学质量保证体系，努力提高学校人才培养质量，学校于2009年12月30日制定并发布了《淄博职业学院教学质量管理与监控实施办法》(淄职院政办字〔2009〕54号)(以下简称《办法》)。

《办法》明确提出学校教学质量管理与监控的指导思想是：坚持教学质量是学校的生命线和以学生为本的指导思想，实施质量立校战略。重视各教学环节的教学质量，按照"需求导向、自我保证，多元诊断、重在改进"的工作方针，建立常态化的教学质量保证体系和可持续的诊断与改进工作机制，不断提高人才培养质量。

《办法》明确指出教学质量管理与监控要树立四个基本原则：一是目标性原则，要围绕人才培养目标，完成教学任务；二是全员性原则，完成目标任务要依靠全体师生员工的共同努力；三是系统性原则，要统筹教师、学生、教学设施等条件，学校、职能部门、教育教学部和班级等层次；四是全程性原则，做到事先监控准备过程，事中监控实施过程，事后监控整改过程。

《办法》规定教学质量管理与监控要围绕学校"培养学生就业竞争力和发展潜力"这一核心目标，构建教学环节的质量目标和质量标准，完善工作制度和工作流程，按照决策指挥、质量生成、资源建设、支持服务、监督控制等五个系统，从学校、职能部门、院系、教师、学生等五个层面，建立完整且相对独立的质量监控和保证机制，逐步形成全要素网络化的教学质量保证体系。

《办法》规定教学质量管理与监控主要涵盖人才培养目标监控、人才培养方案和课程标准管理与监控、专业设置管理与监控、教学过程管理与监控、教工及学生信息反馈管理与监控、教材质量管理与监控等 6 个方面的内容。

《办法》还对教学质量管理与监控的职责分工、教学质量管理与监控的方式等作出了详细规定。

(三) 淄博职业学院事业发展规划管理规定

为贯彻落实《国家中长期教育改革和发展规划纲要(2010—2020 年)》《山东省中长期教育改革和发展规划纲要(2011—2020 年)》和《淄博市职业教育发展规划(2014—2020 年)》精神，进一步完善学校事业发展规划体系，规范规划编制活动，提高规划的指导性和可操作性，促进规划的科学化、民主化和法制化，学校 2017 年 6 月 21 日发布了《淄博职业学院事业发展规划管理规定》(淄职院政办字〔2017〕29 号)(以下简称《规定》)。

《规定》明确说明，规划编制应当遵循自然规律、社会发展规律和经济发展规律，遵循法律、法规规定的权限和程序，应当公开透明，接受全体师生的监督。学校规划分为总体规划和专项规划两种，总体规划和专项规划期限一般为五年，以五年为期限滚动编制。

《规定》确定科技与规划发展处是学校总体规划编制和管理部门，主要负责学校总体规划的编制工作；负责总体规划任务的管理工作；联合相关职能部门总结提炼规划任务实施的先进经验和宣传推广优秀成果；统筹、协调解决实施中的共性问题；及时向学校党委会汇报总体规划执行情况。各职能部门和院系应积极介入学校总体规划的编制工作，并按照相关工作方案和规范性文件的规定，积极开展工作，保证学校事业发展规划的实施效率和质量。

《规定》对学校规划的编制部门、编制程序等作出了详细规定。明确了规划实施部门负责人的责任制，规划管理部门应当健全科学合理的发展规划实施工作机制，建立了规划实施的调度机制、建立了规划实施调整机制、建立了规划执行督导、检查和验收机制、设立了学校总体规划专项经费等。

第二节 专业和课程层面诊改工作制度

2015年，教育部印发了《关于建立职业院校教学工作诊断与改进制度的通知》(教职成厅〔2015〕2号)和《高等职业院校内部质量保证体系诊断与改进指导方案(试行)》启动相关工作的通知(教职成司函〔2015〕168号)，不断引导高等职业院校切实履行人才培养工作质量保证主体的责任。以人才培养工作状态数据为基础，开展教学诊断和改进工作，建立常态化的自主保证人才培养质量的机制，是推动高等职业院校全面建立完善内部质量保证体系的重要举措。其中，开展专业诊断与改进工作是教学诊断与改进工作开展的重点和难点。

开展专业诊断与改进工作，激励职业院校从制度层面关注教学工作，切实强化教学工作是学校中心工作的意识，加强教学管理，增加教育投入，强化专业和课程建设，以具体有力的举措将提高人才培养质量的要求落到实处。淄博职业学院为全国首批27所高职内部质量保证体系诊断与改进工作试点院校之一，通过选取专业建设关键性质量控制点，设计了诊断指标体系，建立了专业(课程)发展中心，系统实施专业(课程)自主诊断与改进工作，引导院系不断完善内部质量保证体系建设。

一、专业和课程层面诊改工作背景分析

教育主管部门加强顶层设计，从政策发展的角度来说，高职院校内部质量保证体系建设已经成为我国职业教育改革发展的重要内容。《高等职业教育创新发展行动计划(2015—2018年)》，明确提出"完善质量保障机制"以来，研究文献的数量及质量有了较大的提升，但现有研究中描述性研究最多，实证研究较少。实践经验的总结和实施方案的制订仍停留在"五纵五横一平台"搭建层次，宏观描述相对较多，而且内容呈叠加状态，难以形成具有广泛指导性的政策建议。今年国务院又发布了《国家职业教育改革实施方案》。这一系列文件不断地引导现代职业教育在改革中创新、在创新中发展。

近年来，以人工智能为代表的新一代信息技术不断赋能全产业、全领域、全行业，推动数字经济蓬勃发展。新技术发展驱动教育生态、教育思维模式和知识体系、教育能力、教育技术等方面都发生了深刻的变化，职业教育发展要面向国家重大战略需求，提供强有力的人才支持、知识支撑、技能技术支撑。所以，职业教育已经步入了内涵式发展的历史阶段，现代职业教育发展面临美好的未来。

淄博职业学院组建于2002年7月，2007年入选国家示范性高等职业院校建设单位，

2016年被确定为全国职业院校教学诊断与改进工作试点院校。建院14年来，学校虽然在专业建设方面取得了多项成果，但仍存在以下问题：①专业布局过于分散、专业间发展不均衡；②专业建设目标链和标准链存在脱节现象；③专业、课程、课堂层面质量改进螺旋建立存在差距；④专业建设、信息平台建设成效不明显等。为促进各专业建立常态化的自主螺旋循环提升的人才培养质量机制，引导院系不断完善内部质量保证体系建设，根据《淄博职业学院内部质量保证体系建设与运行方案》的要求，学校于2016年3月启动了第一轮专业诊断与改进试点工作。

二、专业和课程分类建设指导意见

根据《淄博职业学院"十三五"专业建设规划》和《淄博职业学院内部质量保障体系建设意见》的要求，对专业和课程实施结构优化和分类建设。

（一）专业分类建设指导意见

学校"十三五"时期计划建设"国家级重点专业"12个、"省级重点专业"17个、"院级重点专业"18个、"需求专业"19个(含2个中外合作办学项目)，合计66个专业(含2个中外合作办学项目)。各院系要在专业建设过程中，探索建立专业质量保证机制，通过持续规范的自我约束、自我诊断、自我改进、自我发展，构建有效的专业诊断与质量改进螺旋，不断提升办学活力和人才培养质量。

(1) 国家级重点专业建设项目以示范校重点建设专业、专业服务产业能力提升项目、实训基地项目、专业资源库项目等国家级项目为支撑，对国内同类专业(群)有较强的示范和引领作用。

(2) 省级重点专业建设项目以实训基地项目、专业资源库项目、品牌特色专业项目、优质校重点建设专业等省级项目为支撑，对省内同类专业(群)有较强的示范和引领作用。

(3) 院级重点专业建设项目以各类院级专业建设项目为支撑，对学校专业群内其他专业有示范和引领作用。

(4) 需求专业充分考虑专业群的建设要求，各院系进行合理规划和布局。

（二）课程分类建设指导意见

根据《淄博职业学院"十三五"课程建设规划》和《淄博职业学院关于推进内部质量保证体系建设的指导意见》的要求，制定《课程分类建设指导意见》，学校课程建设体系包括国家级重点课程、省级重点课程、院级重点课程和一般课程等4类。

(1) 国家级重点课程。国家级重点课程以国家级精品课程、国家级精品资源共享课程、国家级在线课程、国家级专业教学资源库及子项目为支撑，对国内同类课程建设有较强的示范和引领作用。学校拟培育国家级重点课程50门左右。

(2) 省级重点课程。省级重点课程以省级精品课程、省级精品资源共享课程、教育部高等学校教学指导委员会(全国行业职业教育教学指导委员会)精品课程、省级专业教学资源库及子项目为支撑，对省内同类课程建设有较强的示范和引领作用。学校拟培育省级重点课程100门左右。

(3) 院级重点课程。院级重点课程以院级各类课程建设项目为支撑，对院内相关课程有示范和引领作用。学校拟培育院级重点课程150门左右。

(4) 一般课程。一般课程充分考虑专业人才培养方案的要求，各院系进行合理规划和布局。

三、构建质量主体自我提升的质量改进螺旋

(一) 专业层面质量改进螺旋

依据学校总体专业建设目标和标准，建立健全专业层面自我诊改工作制度，至少每年度开展一次专业层面系统的自我诊改，保证学校总体专业建设目标的实现。各专业团队要根据不同专业发展目标和标准，建立各个专业自我诊断和改进机制，防微杜渐，实时监测专业建设过程，及时发现问题并妥善加以解决。各专业至少每年度开展一次系统的自我诊改，自主查找问题，制定改进措施，不断提升专业建设质量，形成各专业质量改进螺旋，如图3-1。

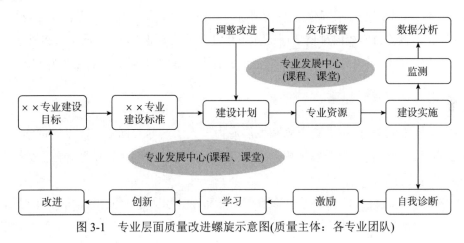

图3-1 专业层面质量改进螺旋示意图(质量主体：各专业团队)

(二) 课程层面质量改进螺旋

依据学校总体课程建设目标和标准，建立健全课程层面自我诊改工作制度，至少每学期开展一次课程层面系统的自我诊改，保证学校总体课程建设目标的实现。各课程团队要根据课程发展目标和标准，建立各门课程自我诊断和改进机制，防微杜渐，实时监测课程建设过程，及时发现问题并妥善加以解决。各课程至少每学期开展一次系统的自我诊改，自主查找问题，制定改进措施，不断提升课程建设质量，形成各门课程质量改进

螺旋，如图 3-2。

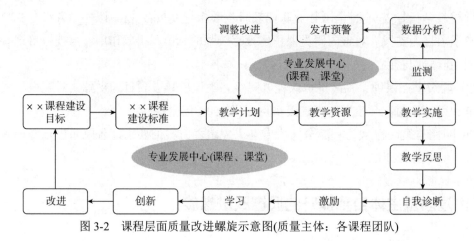

图 3-2 课程层面质量改进螺旋示意图(质量主体：各课程团队)

四、专业和课程诊断指标体系设计

(一) 思路与目标

根据学校专业建设理念和人才培养目标定位，聚焦专业建设质量、课程(课堂)教学、资源配置与使用、专业建设成效等要素，以企业用人标准和要求为依据，系统设计专业分类建设标准与要求。各院系以问题为导向，制定各专业分类建设目标，设定分类建设标准，不断建立"自我诊改"的自主螺旋循环提升保证体系。以智能校园管理平台和专业分类建设标准为依托，建设符合学校内部质量保证体系建设要求的专业发展中心平台，实现过程监控，及时发布预警，督促相关部门采取切实可行的措施，解决专业发展中存在的问题。

(二) 指标体系设计思路

根据学校"培养学生就业竞争力和发展潜力"人才培养目标定位，以促进学生全面发展为着眼点，围绕学校在专业发展规划、专业建设规划、课程建设规划等方面确定的目标和要求，设计专业诊断指标体系。

(1) 融入职业教育新理念。专业诊断指标体系设计引入了企业用人标准和要求，以职业教育"五个对接"作为指标体系设计的出发点，积极推进现代学徒制人才培养模式改革，强化工学结合课程开发模式，探索混合式教学模式，搭建创新创业实践教育平台，形成高素质技术技能型人才培养的有效途径。

(2) 突出问题改进与优化。根据专业建设目标和要求，以问题为导向，根据标准体系自我诊断，发现相关专业在人才培养过程中存在的薄弱环节，结合专业人才培养过程原因分析和专家复核建议，提出改进措施，实现专业人才培养工作的改进与优化。

(3) 突出学生的职业发展。专业诊断指标体系设计突出了学生的职业发展，设置学生职业发展和毕业生职业发展两个诊断要素，跟踪学生未来职业发展，面向学生职业生涯设计诊断点，将毕业生高水平竞争力作为衡量专业建设成效的一项重要内容。

(三) 指标体系设计原则

(1) 整体性与独立性相结合。指标体系设计抓住了专业建设的本质属性，全面分析制约专业质量提升的主要因素，按专业建设的要素整体进行设计；各诊断要素之间又要相对独立和衔接，避免诊断点的重叠设置。

(2) 刚性与柔性相结合。指标体系的"刚性标准"体现在诊断要素和诊断点的整体设计上，确保专业诊断的精确度和客观性，避免各专业在认识上的偏差；"柔性标准"体现在对每个诊断点只设计"影响因素参考提示"，不设置等级标准要求，给专业建设留下空间，各专业可根据自己的特点进行丰富和完善，容易形成特色。

(3) 前瞻性与可操作性相结合。指标体系设计体现了先进的教育教学思想，突出了职业教育专业建设的新理念，突出了现代职业教育构建的新要求；同时要建立在各专业建设的现实基础之上，保证每一项诊断点经过努力可实现。

(四) 专业和课程建设质量内涵要素

(1) 专业建设质量内涵要素。建立和完善专业建设标准要素，设计指标体系，系统梳理专业发展现状与建设水平。专业建设的指标体系主要由专业开发标准、专业条件标准、专业运行标准和培养规格标准等组成。

(2) 课程建设质量内涵要素。强化学生文化素质、科学素养、综合职业能力和可持续发展能力培养等要求，设计课程建设指标体系，规范课程建设与教学实施，实现学生更高质量就业和职业生涯的更好发展。根据课程建设目标，课程建设标准体系主要由课程开发标准、教学设计、教学运行标准和课程管理标准等组成。

(五) 专业诊断指标体系架构设计

以"抓住关键、提取特征、数字呈现"为专业建设标准体系编制指导思想，细化专业分类建设目标体系和标准体系，选取关键性质量控制点，形成建设指标，再针对每一指标进一步提取指标特征，分解产生特征性采集点，对大部分采集点实现可量化的数字呈现形式，少数采集点为定性判断或描述，并明确了质量采集点的字段内涵、数据来源、是否对比、目标值及标准值等内容。

专业诊断指标体系设计采用定性分析与定量分析相结合的方式，按四层结构设计，包括"一级要素""二级要素""诊断点"，以及与"诊断点"相对应的"数据采集来源""数据采集方式""数据审核流程"等内容。一级要素由"培养方案""实践教学""教学团队""资源建设""教学运行""建设成效"和"社会评价"等七个部分组成，具体内容见表3-1。

(1) 培养方案。以专业建设的要素为主线，深入剖析人才培养方案制订和执行各个环节，以专业人才培养方案为起点，落实党和国家关于技术技能人才培养总体要求，组织开展教学活动、安排教学任务。培养方案诊断要素由制订情况和执行情况两个部分组成，主要包括观测培养目标与规格、培养模式、课程体系、课程标准、执行情况等内容。

(2) 实践教学。以加强实践性教学为主线，推动职业院校建好用好各类实训基地，强化学生实习实训，积极推行认知实习、跟岗实习、顶岗实习等多种实习方式，强化以育人为目的的实习实训考核评价。实践教学诊断要素由实践教学条件建设情况和实践教学运行与管理情况两个部分构成，主要观测校内实训室建设与更新情况、校外实训基地建设情况、校内实训室运行情况、顶岗实习开展情况、校企合作企业录用毕业生情况等。

(3) 教学团队。以"双师型"教师队伍建设为主线，突出"双师型"教师个体成长和"双师型"教学团队建设相结合，提高教师教育教学能力和专业实践能力，优化专兼职教师队伍结构，提升教师队伍建设水平。教学团队诊断要素由教师管理、教师提升两个部分组成，主要观测教师业务、素质提升、带头人培养、名师培养、教科研等情况。

(4) 资源建设。以资源建设和应用为主线，全面衡量资源建设、应用、课程实施的效果。资源建设诊断要素为专业教学资源建设项目与应用，主要观测专业教学资源建设、资源更新、资源使用、教学软件开发、数字化课程建设和混合课程改革等。

(5) 教学运行。教学运行诊断要素为常规教学的运行与管理，主要观测教学文件制定、课堂管理、成绩管理、学籍管理、教材管理等。

(6) 建设成果。专业建设成效以提升毕业生竞争力为出发点，通过查看师生获取的教育教学成果、专业建设特色和毕业生职业发展等力求多个角度考察专业建设成效等情况。

(7) 社会评价。社会评价主要观测专业招生情况、继续教育、学生职业发展和社会(准)捐赠等。

表 3-1 专业诊断指标体系

一级要素	二级要素	诊断点
1. 培养方案	制定情况	培养目标与规格、人才培养模式、课程体系、实践教学体系、是否按时制订人才培养方案、人才培养方案制订质量、是否按期制定课程标准、课程标准数量、课程标准制定质量
	执行情况	人才培养方案调整情况、课程标准调整情况
2. 实践教学	实践教学条件建设情况	校内实训室数量、重点实训基地建设情况、教学科研仪器设备总值、生均教学科研仪器设备值、年度新增教学科研仪器设备值比例、校外实习实训基地建设情况、年度新增校外实习实训基地
	实践教学运行与管理情况	校内单个实训室利用率、校内实训室平均利用率、学生顶岗实习对口率、学生实习参保率、学生实习入岗率、学生实习换岗率、学生实习周记提交率、学生实习周记批阅率、学生实习合格率、企业录用顶岗实习毕业生比例

(续表)

一级要素	二级要素	诊断点
3. 教学团队	教师管理	教师业务档案、校外兼职/兼任教师管理、教研活动管理、生师比数据
	教师提升	双师素质提升、教学团队提升、专业带头人、骨干教师培养、教学名师培养、科研开发
4. 资源建设	专业教学资源建设与应用	专业教学资源建设、专业教学资源更新、专业教学资源使用、专业虚拟仿真教学软件自主开发建设、数字化课程实施、混合课程改革实施
5. 教学运行	教学文件制定	授课计划、教案
	课堂管理	教师调课率、学生到课率
	成绩管理	学生参考率、成绩合格率、成绩预警学生数及比例
	学籍管理	学籍信息、学籍异动
	教材管理	教材开发、教材选用
6. 建设成效	质量工程	专业、课程、教学团队提升、教材
	教学改革项目	教学改革项目
	学生技能大赛	学生技能大赛获奖情况
	教师技能大赛	教师技能大赛获奖情况
7. 社会评价	专业招生情况	高职学生、高职与本科贯通分段培养、五年一贯制
	继续教育	非全日制学历教育学生数量及对比分析、社会培训数量及对比分析
	学生职业发展	就业率、就业对口率、职业资格证书
	社会捐赠	捐赠价值分析

(六) 课程诊断指标体系架构设计

课程诊断指标体系设计采用定性分析与定量分析相结合的方式，按四层结构设计，包括"一级指标""二级指标""诊断点"，以及与"诊断点"相对应的"数据采集来源""数据采集方式""数据审核流程"等内容。一级指标由"课程建设质量""课程基础条件""课程建设成果"等内容组成，具体内容见表3-2。

(1) 课程建设质量。以课程建设和应用为主线，主要观测课程建设规划制定与实施、课程标准制定与实施、课程开设的基本信息、课程教学过程材料、课程教学资源建设与应用情况、课程实施过程信息等。

(2) 课程基础条件。以课程教学基本保障条件和教学团队条件建设为主线，主要观测教学制度建设与执行情况、教学运行情况、教学满意度情况、课程教学团队建设情况、课程负责的教科研成果等。

(3) 课程建设成果。以课程建设成效为主线，主要观测课程团队获院级以上课程建设项目情况、省级以上教材成果、承担市级以上教科研项目情况、市级以上专家库成员情况、教师大赛奖励情况等。

表 3-2 课程诊断指标体系

一级指标	二级指标	诊断点
1. 课程建设质量	课程建设	课程建设规划制定与实施、课程标准制定、课程总学时数、课程总学分、课程项目总数、课程任务总数、课程上传教案数量、教学内容、教学模式、教学方法与手段、评价模式、教材建设与选用、教材出版年份、课程中建立试题数量、课程中在线测试使用试题数量、日常教学资源平台、资源建设、资源更新、原创性、资源使用
	教学运行	教学质量、课程标准是否变更、课程标准是否补通报、制度执行、教学满意度、教师调课率、学生到课率
2. 课程基础条件	教学基本保障条件	经费是否满足课程教学要求、教学场地是否满足要求、实验实训是否满足要求
	教学团队条件	教学团队成员、教学团队人员数量、双师教师占比、课程负责人
3. 课程建设成果	课程建设成效	院级以上课程建设项目情况、省级以上教材成果、承担市级以上教科研项目情况、市级以上专家库成员情况、教师大赛奖励情况

五、专业和课程层面诊改制度

（一）专业层面

根据学校《关于推进内部质量保证体系建设的指导意见》《淄博职业学院"十三五"事业发展规划》建设目标，形成了《淄博职业学院"十三五"专业建设规划》《淄博职业学院"十三五"课程建设规划》，分层实施"专业—院系—学院"三个层次的专业诊改，逐步形成一年一轮的专业诊断与改进机制，实现专业建设水平的螺旋提高。

首先，制定并实施了《专业分类建设指导意见》《专业设置与调整管理办法》《人才培养方案制订指导意见》《教学项目管理办法》等 10 多项制度和办法，指导和保障了专业自主诊断与改进工作的开展；其次，依据《专业层面自我诊改工作实施办法》，搭建信息化数据平台，呈现专业建设与运行各项状态数据，为专业自主诊断与改进提供信息化手段与工具，从 7 个维度 130 多个观测点进行诊断与改进，促进了专业建设目标的达成和专业建设质量的不断提升。

（二）课程层面

以构建课程内部质量保证体系和运行机制为目标，坚持"需求导向、自我保证，多元诊断、重在改进"的基本原则，逐步形成三年一轮的校内课程诊断与改进机制，把课程诊断与改进作为促进课程建设和对课程进行监控的有效手段。

首先，制定并实施了《"十三五"课程建设规划》《课程分类建设指导意见》《教学管理规范》《教学质量标准》《学分制管理办法》《智能课堂项目实施方案》和《混合式教学改革课程建设及认定标准》等制度和办法，指导和保障了专业自主诊断与改进工作的开展；其次，依据《课程层面自我诊改工作实施办法》，搭建信息化数据平台，呈现课程建设与运行各项状态数据，为课程自主诊断与改进提供信息化手段与工具，从5个维度42个观测点进行诊断与改进，按照"专业和课程一体化"的理念梳理课程建设与人才培养过程中存在的问题，提出改进措施，促进课程建设目标的达成和课程建设质量的不断提升。

第三节 教师层面诊改工作制度

基于教师层面的目标和标准，教师层面诊改工作制定或完善了以下一系列制度：《关于教职工职业生涯规划指导意见》《专业技术职务资格评审办法(试行)》《教师工作规范》《贯彻落实师德禁行行为"红七条"实施细则》《新教师培养办法》《院级教学名师选拔和管理办法》《"双师型"教师认定与管理暂行办法》《教学团队建设管理办法》《校外兼职、兼课教师聘任及管理办法》《导师工作条例》《创新创业导师管理办法(试行)》《外教聘用及管理暂行办法》《教师层面自我诊改工作实施办法》，等等。以下择要说明：

一、教职工职业生涯规划指导意见

(一) 高校教师职业生涯规划的内涵

教师诊改工作的基础是教师的发展目标，通过制定职业生涯规划能够明确教师的发展目标。高校教师需要对"教师"这个职业有清晰深刻的认识并以科学的规划指导个人成长，只有这样才能在实际工作中尽职履责，做一名优秀的高校教师。

1. 职业生涯规划的内涵

所谓"工作"通常是指个人谋生的手段，而"职业"是指服务于大众需求的特定社会角色。职业化是为达到职业目标而主动向某种标准靠拢的过程，这些标准包括形象、言语、行为等。"职业化就是从石头向砖头转变的过程"，标志着职业角色的深度转换。

职业生涯是人在一生中从事社会工作的时间的总和。人一生的职业生涯有三个主要阶段：学习生涯、职业生涯、退休生涯。其中，职业生涯的目的是实现价值承担责任，依托的组织是公司或其他社会机构，其主要任务就是工作。

职业生涯彩虹图(见图3-3)所展示的人生不仅有长度，还有厚度和精度。人们在其职业生涯中的众多角色都是一个人自我概念的具体体现，自我概念包括个人对自己在兴趣、能力、价值观以及人格特征等方面的认识，是一个人职业生涯发展历程的核心。

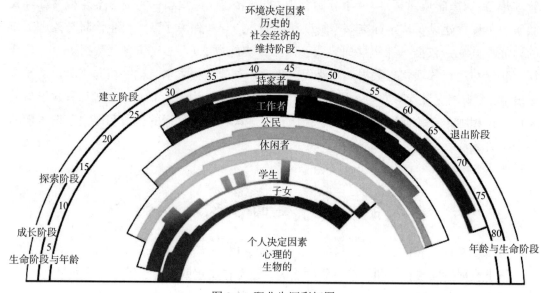

图 3-3　职业生涯彩虹图

《周易·系辞上》中说："物以类聚，人以群分。"吸引定律指出，当一个人的思想集中在某一领域的时候，跟这个领域相关的人、事、物就会被它吸引过来，由此可见命运是掌握在自己手里面的，做好职业生涯规划可以有效地改变自己的未来。

职业生涯一般起始于20岁左右，终止于60岁，上下共40余年，占据人生五分之二左右的时间。人生的成功依仗其职业生涯的成功。职业生涯是人一生中最重要的历程，是一个人追求自我实现的重要人生阶段，对人生价值起着决定性作用。工作与生活满意的程度，有赖于个人能否在工作上、职场中以及生活中找到展现自我的机会。

职业生涯的发展阶段可以分为以下四个阶段：探索期，人在正式工作前；职业前期，工作3～5年；职业中期，工作6～30年；职业晚期，工作31～45年甚至更长时间。

职业前期是立业阶段，主要是学会自己做事、被同事接受、获得成功和失败的经验。这一阶段的主要任务是适应工作中的挑战性、在某个领域形成技能、开发创造力和革新精神。要求个人要学会面对失败、处理混乱和竞争、处理工作和家庭中的冲突、自主学习。

职业中期一般在人们30～50岁时，个人绩效可能提高，也可能不变或降低。人们在这一阶段的主要任务是技术更新、培训和指导的能力，承担需要新技能的新工作、开发更广阔的工作视野。要求个人适应中年的感受、重新思考自我与工作、家庭、社会的关系，减少休闲。

职业晚期与职业中期有非常重要的关联，中期继续发展者可以安然处之，职业生涯开发停滞或衰退者将面临困境。这一阶段的主要任务是计划退休、从权利转向咨询角色、确认和培养继承人、从事公司以外的活动。要求个人看到自己的工作成为别人的平台、支持和咨询、在公司外部的活动中找到自我的统一。

2. 职业生涯规划的意义

(1) 个人层面的意义。准确定位职业方向、应对职场危机；重新认识自己的价值并使其增值；确保我们在某一个行业成为专家；使我们所做的每件事情都有成效；将个人、家庭和事业联系起来。

(2) 组织层面的意义。深刻理解员工的兴趣、愿望和理想；了解员工的目标，根据具体情况安排培训；激发员工积极的心态，让其发挥更大的作用；引导其进入工作领域，个人目标与公司目标相统一；使员工看到希望，从而达到团队稳定的目的；高校是一个相对稳定的社会组织，在这种特定的组织环境下，教师的职业生涯规划需要本着对教师职业的深刻认识来展开。

3. 个人职业生涯规划与管理

职业生涯规划有三个核心问题：

(1) "我是谁"，需要自我的正确认知和定位。

(2) "我要到哪里去"，需要清楚职业目标。

(3) "我怎么去"，需要制定策略、计划，并采用正确的方法和相应的资源。

一个人通过自我认知，深入了解自己的个性特点至关重要。正确认识自己是最具有挑战性的，也关系到你是否能够制定科学合理的职业生涯规划。你可以借助相关的测试工具进行自我认知测试。

明确职业锚是要清晰地确定自己的发展目标，个人的择业价值观直接关系到个人的职业生涯发展。职业锚是人们在职业选择时，无论如何都不会放弃的职业生涯中至关重要的东西或价值观，影响因素包括人生态度和价值观；天资和能力；工作动机和需要。

职业生涯共有以下五种方向：

(1) 技术型。出于自身个性与爱好的考虑，往往并不愿意从事管理工作，而是愿意在自己所处的专业技术领域发展。

(2) 管理型。有强烈的愿望去做管理人员，同时经验显示自己有能力达到高层领导职位，因此他们常常会选择有很大职责的管理岗位。

(3) 创造型。需要建立完全属于自己的东西，或是以自己名字命名的产品或工艺，或是自己的公司，或是能反映个人成就的私人财产。他们认为只有这些实实在在的事物才能体现自己的才干。

(4) 自由独立型。更喜欢独来独往，不愿像在大公司里那样彼此依赖，他们不同于那些简单技术型定位的人，他们并不愿意在组织中发展，而是宁愿做一名咨询人员，或是独立从业，或是与他人合伙创业。

(5) 安全型。最关心的是职业的长期稳定性与安全性，他们愿意为了稳定的工作、可观的收入、优越的福利与养老制度等付出努力。

职业生涯是由社会发展水平决定的，并不完全是本人的意愿。相信随着社会的进步，人们将不再被迫选择。相关研究显示，一个人找到职业锚的平均年龄是四十岁！因此，持续不断地探索将会制定出适合个人发展的职业生涯规划。从确定职业锚那天起，个人的职业才会转变为事业。

制定个人的职业生涯规划需要主动思考和适应组织发展的需要，需要从确定个人价值取向开始，通过认真分析、系统思考，并不断评估改进，才能够制定符合个人实际情况的职业生涯规划。职业生涯规划流程包括以下内容：确立个人价值取向，寻找个人价值取向与天赋及责任的交叉点，确定职业方向，选择行业、岗位，设立年限及目标，评估与改进。

职业生涯规划可以分为人生总体规划、长期规划、中期规划、短期规划等四个类型，见表3-3。

表 3-3 职业生涯规划分类

类型	定义及任务
人生总体规划	整个职业生涯的规划，时间长至40年左右，设定整个人生的发展目标，如规划成为一个有数亿资产的公司董事
长期规划	5～10年的规划，主要设定较长的目标，如规划30岁成为一家中型公司的部门经理，规划40岁时成为一家大型公司副总经理，等等
中期规划	一般为2～5年内的目标与任务，如规划到不同业务部门做经理，规划从大型公司部门经理到小公司做总经理，等等
短期规划	2年以内的规划，主要是制定近期目标，规划近期要完成的任务，如对专业知识的学习，2年内掌握哪些业务知识，等等

（二）关于教职工职业生涯规划的指导意见

为充分发挥职业生涯规划在教师层面诊改中的重要作用，学校进行了广泛调研，并经研究制定了相关办法。2017年5月16日学校发布了《关于教职工职业生涯规划指导意见》(淄职院政字〔2017〕30号)。

师资队伍建设是学校发展的重要基础，根据诊改工作要求，首先需要引导全体教师制定职业生涯规划，从而明确个人的发展目标和成长路径。

围绕教师职业生涯规划，经过广泛调研和深入研讨，制定了《淄博职业学院关于教职工职业生涯规划指导意见》并于2017年5月16日发布。全文如下：

为全面落实诊改工作，进一步开发人力资源，以个人成长促进学校各项事业又好又快地发展，构建规范化、常态化的教职工职业生涯规划体系，结合学校实际，制定本意见。

1. 指导思想与工作目标

(1) 指导思想。坚持以人为本，充分尊重人的发展与成长规律，尊重教职工自由、个性、全面发展的意愿，鼓励教职工加强自我认知，客观审视自我，使其更加清晰、全面、深入、客观地了解自身优劣势，引导教职工进行自我关注、自我诊断、自我反思和自我改进；帮助教职工进一步熟悉环境和岗位，牢固树立岗位成才意识；指导教职工将学校发展战略目标与自身特点相结合，积极主动地设计个人职业发展路径，促进个人与学校的共同发展。

(2) 工作目标。逐步建立健全教职工职业生涯规划工作体系和保障措施，构建长效机制，更加有效地开发人力资源，实现组织效能和人力资源效益最大化。

2. 基本原则

(1) 动态性原则。根据学校发展战略目标、组织机构变化以及教职工在职业发展不同阶段的需求对其职业生涯规划和本指导意见进行相应的调整。

(2) 长期性原则。教职工职业生涯管理应贯穿教职工职业发展的全过程和学校发展的全过程。

(3) 个性化原则。针对每一名教职工根据其个人差异制定具体化的职业生涯发展规划。

(4) 分步实施原则。按照岗位类别分步实施。

3. 人员范围

学校在职教职工。

4. 主要任务

(1) 自我诊断。通过对自身知识状况、能力状况、个性等特点的自我诊断，综合分析自己在成长中存在的问题、障碍，制约成长的关键性因素，未来成长的可能性以及成长的终极目标等情况，有助于做到扬长避短或取长补短。

(2) 岗位认知。了解岗位特点和职业晋升通道，清楚自我成长的利弊影响以及成长方式。

(3) 职业目标设定。参照职业生涯周期理论，根据自己不同的成长阶段分别设定阶段性目标，了解各个阶段应该解决的主要问题，并提出相应的解决措施。

(4) 编制规划书。教职工职业生涯规划最终以书面形式呈现，按照统一格式要求，分管理、专业技术、技能操作(工勤)3 种职业通道类别进行编制。各部门采取上下级协商的方式，帮助教职工进行自我分析和职业生涯机会分析，协商教职工的发展方向，确定个人职业发展路径，在明确各阶段发展目标的基础上，由教职工个人初步制定个人职业生涯规划，在与职业生涯指导人进一步沟通后，最终形成《职业生涯规划书》(新进人员在进入学校 1 年内完成规划书的编制工作)。

(5) 自我管理与改进提高。教职工个人应加强自我管理与改进，不断反思自己已取得的成绩与存在的不足，了解自身所处的成长阶段，增强职业生涯意识和成长意识，并在每一个时段客观评价自己的工作业绩，并做出相应调整，不断完善职业生涯规划。

5. 保障措施

(1) 加强领导，提高认识。充分认识教职工职业生涯规划的目的与意义，成立学校教职工职业生涯规划指导小组。指导小组组长由学校领导担任，各部门主要负责人任成员，负责对教职工发展相关事项进行讨论和决策,以及教职工职业生涯规划的咨询、分析和指导工作。

(2) 分工明确,责任到人。组织人事处是协调全院教职工的职业生涯规划工作的牵头部门,适时向学校汇报教职工职业生涯发展的重要事项,为各部门开展教职工职业生涯规划工作提供必要的支持与保障,确保此项工作取得实质成效;各部门要将教职工职业生涯规划工作纳入本部门工作职责和重要议事日程,各部门主要负责人为本部门教职工的职业生涯辅导人,在教职工职业生涯发展过程中应起到跟进、辅导、协助和修正的作用,并指定专人具体帮助和指导教职工完成职业生涯规划设计。

(3) 健全机制,搭建平台。建立健全教职工职业生涯相关机制措施,学校为教职工职业生涯规划执行搭建职业发展信息、成长晋升平台,提供教学科研、培训进修、学术交流、实践锻炼等机会。

(4) 正确引导,积极参与。强化个人职业生涯规划与学校发展之间的关系,正确引导教职工积极主动地参与职业生涯规划,通过自我诊断、自我反思、自我管理、自我改进使教职工既能积极清晰地表达个人职业生涯计划和发展愿望,又能有效地管理个人职业生涯,真正成为自己职业生涯的主角、职业规划的设计师、事业发展的领航员。

(5) 智能管理,提高实效。教职工职业生涯规划与教师发展中心有效衔接,逐步实现制订、诊断、跟踪、改进等环节的一站式智能管理功能,提升数据信息的利用价值,提高人才队伍管理的实效性。

二、教师层面自我诊改工作办法

根据《淄博职业学院关于推进内部质量保证体系建设的指导意见》的要求,为建立健全教师层面的诊改制度,不断完善并有效运行"教师发展中心",全面支撑教师层面的诊改工作,结合学校实际,制定本办法。

(一) 目标与思路

教师层面自我诊改工作基于学校"教师发展中心"进行,分层实施"教职工—部门—学校"三个层次的自我诊改工作。教职工通过对本人实现目标的达成度进行横向和纵向分析,对未达标要素进行分析,总结存在的主要问题并提出对应的改进措施;各部门基于教职工自我诊断结果,分析本部门师资队伍建设中存在的共性问题,提出推动问题解决的改进措施;基于各部门自我诊断结果,学校对照师资队伍建设规划,发现学校师资队伍建设中存在的主要问题,制定学校整体的改进措施,实现师资队伍建设质量的循环提升。

(二) 自我诊改范围与周期

(1) 组织人事处负责教师层面的整体自我诊改工作,参与部门为教务处、各院系,教师层面整体自我诊改周期为每年度1次。

(2) 组织人事处负责统筹各部门，组织教师个人的自我诊改工作，参与人员为全体教职工，教职工的自我诊改周期为每年度 1 次。

(三) 主要任务

1. 教职工个人自我诊改

(1) 通过 SWOT 分析和基础情况研判，分析个人现状，明确自身优劣势，在教师发展中心完善教职工个人的《自我诊断报告》。

(2) 教职工个人自我诊断报告依托教师发展中心阐述本人自我诊改情况，主要内容包括第一，总结上一年度本人工作情况(目标、标准、目标达成度、质量循环提升等)；第二，依据个人职业生涯规划，分析本人职业发展中存在的主要问题和原因；第三，对照问题和差距提出改进的具体措施，全面促进个人发展。

2. 各部门师资队伍自我诊改

(1) 各部门利用教工系统(CRP)加强基础数据的采集工作，做到"一月一审核"，确保数据采集及时、真实准确；有效使用"教师发展中心"这一有利平台，运用平台监测日常管理工作，发布预警并主动改进。

(2) 基于教职工个人诊断结果，从部门整体层面分析师资队伍建设目标达成度，分析本部门师资队伍建设中存在的共性问题，并提出推动问题解决的具体改进措施。

3. 教师层面整体自我诊改

(1) 组织人事处负责完善"教师发展中心"建设，细化"教师发展中心"各功能模块中运行的观测点的对应数据，规范数据来源和维护办法。

(2) 基于各部门诊断结果，分析学校整体师资队伍建设目标达成度、存在的共性问题，并提出具体的改进措施，形成学校教师层面的自我诊断报告。

第四节 学生层面诊改工作制度

一、建设思路

学生层面诊改工作制度建设以学生为中心，遵循教育和人才成长规律，坚持诊改工作与常规工作相结合，通过逐步建立全要素网络化的学生发展质量保证体系，实现学生自我诊断、自我改进、全面发展。

(一) 完善学生发展质量目标和标准

依据学校"十三五"事业发展规划，建立和完善学生发展质量目标和发展质量标准。

一方面要引导学生自主学习，自主规划在校期间的学习与实训，让其成为促进学生成长成才的内生动力，促使其实现全面发展的目标；另一方面学生自我成长的有痕记录，能够促进人才培养模式、学生发展规划以及管理运行体系的不断改进提升。

(二) 健全学生发展质量诊断体系

依托智能校园管理平台，对学生发展质量进行诊断量化，实现学生发展质量信息化，每学年自动生成学生发展质量诊断报告，建立科学全面的学生发展质量诊断体系。

(三) 构建学生发展质量模块化预警机制

建立学生发展质量模块化预警机制，实现对学生发展质量过程性监控。对出现预警的学生，除了本人做到自警之外，导师与学生家长还要密切配合，共同做好学生的教育引导工作。

(四) 实现学生发展质量多维度对比分析

对学生发展质量的关键指标数据实施多维度对比。通过对学生不同学期、学年的纵向对比和专业、年级、班级的横向对比以及各发展要素数值与标准值、目标值的差异对比等多维度的对比，使学生能够找出自身的差距与不足，分析其产生的原因，明确下一步努力的方向，从而达到让学生自我诊断、自我改进、循环提升的目的。

二、学生全面发展内涵界定

(一) 政策研究

《国家中长期教育改革和发展规划纲要(2010—2020 年)》中指出，树立科学的质量观，把促进人的全面发展、适应社会需要作为衡量教育质量的根本标准。

《山东省教育事业发展"十三五"规划》特别强调，要突出对学生实践能力的培养，促进学生全面发展。

党的十九大报告指出，要全面贯彻党的教育方针，落实立德树人的根本任务，发展素质教育，推进教育公平，培养德智体美全面发展的社会主义建设者和接班人。

习近平总书记在 2018 年全国教育大会上强调，坚持中国特色社会主义教育发展道路，培养德智体美劳全面发展的社会主义建设者和接班人。

(二) 理论研究

学生全面发展是一个综合概念，它应该涵盖诸多层面的发展。研究学生全面发展的内涵，既要考虑学生个体的全面发展，也要关注学生群体的整体发展。

从学生个体层面来讲，学生全面发展主要是指学生在人格健全的基础上，各种基本素质协调发展，包括学生的自然素质、社会素质和专业素质等。其中，学生社会素质的全面发展主要是思想政治素质的提高、智力和体力的全面发展、情感素质及劳动实践素质等四个方面。

从学生群体层面来讲，学生全面发展是指在学生个体全面发展的基础上，求同存异，最终促进学生整体的全面协调发展。

(三) 内涵界定

适应时代的发展要求，结合大学生的群体特征，依据人才培养目标，学校研究厘定了学生全面发展的内涵，从思想政治素质、科学文化素质、身心健康素质和实践能力素质四个维度综合考量学生的全面发展。

三、学生层面诊改工作制度选录

《淄博职业学院学生成长成才规划工作指导意见》

为全面落实内部质量保证体系诊断与改进工作，系统指导全体学生制定成长成才规划，构建规范化、常态化的学生成长成才规划工作体系，培养学生的就业竞争力和发展潜力，促进学生全面发展，结合学校实际，特制定本意见。

(一) 建立学生发展目标与标准

结合《淄博职业学院"十三五"学生全面发展规划》，学校厘定了全体学生发展目标内涵，出台了学校学生全面发展基本(合格学生)标准。结合专业特色，各院系制定相关专业学生全面发展目标，确保与学校学生全面发展总体目标的匹配与衔接；建立相应的学生发展标准，确保呼应与支撑学生发展目标；以"最近发展区"理论为依据，指导学生制定个人发展目标。

(二) 指导一年级学生制定成长成才规划

(1) 学生 SWOT 分析。分析学生自身及环境的优劣势，明确自身优劣势，扬长避短，积极提升自身素质和能力，把握好机会，应对威胁(挑战)，有利于制定个人有效的成长成才规划。

(2) 学生基础情况研判。学生结合实际情况，从四个维度、八个重点要素入手自我分析个人的现状。根据自身的成长发展情况，每学年进行修改完善。

(3) 学生规划发展目标。学生从职场规划的角度制定个人具体的、可以衡量的、能够达到的长期目标；依据各专业学生的发展目标，结合自身的实际情况，从四个维度制定个人在校期间的短期目标。

(4) 学生制定成长成才措施。学生根据其设定的发展目标，从思想政治素质、科学文化素质、身心健康素质、实践能力素质等四个方面制定个人成长成才的具体措施。

(5) 导师审核。导师对学生成长成才规划内容进行审核、评价，确保学生发展目标符合专业要求和自身实际情况；并与学生沟通，达成一致意见。

(三) 指导高年级学生成长成才诊断与改进

从二年级开始，学生对上学年的发展目标进行评估分析，并根据自身情况制定改进措施。

(1) 学生开展目标评估。对照本院系制定的本专业学生发展目标，依据《个人发展质量报告》，学生对上学年的目标完成情况进行全面评估，并分别从思想政治素质、科学文化素质、身心健康素质、实践能力素质等四个方面分析原因。

(2) 学生制定改进措施。结合上学年的发展状况，对思想政治素质、科学文化素质、身心健康素质、实践能力素质等四个维度发展目标进行适当调整设定；并分别从思想政治素质、科学文化素质、身心健康素质、实践能力素质等四个维度制定具体可行的改进措施。

(3) 导师审核。导师对学生的成长成才诊断与改进要进行审核、评价，确保符合学生成长成才实际情况；并与学生沟通，达成一致意见。

《淄博职业学院学生全面发展质量诊断办法》

为认真贯彻党的教育方针，在引导学生全面发展的基础上，鼓励学生培养优良个性，调动广大学生刻苦学习、奋发向上的积极性，提升学生的就业竞争力和发展潜力，依据教育部《高等学校学生行为准则》《中国普通高等学校德育大纲》《普通高等学校学生管理规定》和《淄博职业学院"十三五"学生全面发展规划》等文件精神，特制定本办法。

(一) 诊断标准

学生全面发展质量诊断标准由思想政治素质、科学文化素质、身心健康素质和实践能力素质等4个方面和24个要素组成。

(1) 思想政治素质主要包括政治表现、价值观念、道德品质、法纪观念、集体观念、劳动观念、生活态度、文明修养等要素。

(2) 科学文化素质主要包括学习态度、学习成绩、实操技能、科研能力等要素。

(3) 身心健康素质主要包括身体素质、运动能力、课外活动、情绪健康、人格完善、人际适应、意志健全、心理行为等要素。

(4) 实践能力素质主要包括创新能力、组织协作能力、社会活动能力、拓展能力等要素。

(二) 组织实施

(1) 学生全面发展质量以学生全面发展质量诊断分值的形式呈现。

学生全面发展质量诊断分＝思想政治素质诊断分×20%＋科学文化素质诊断分×60%＋身心健康素质诊断分×10%＋实践能力素质诊断分×10%。其中：

① 思想政治素质诊断分＝基本分(80分)＋加分或减分。

② 科学文化素质诊断分＝本学年各科学业成绩平均分＋加分或者减分。

③ 身心健康素质诊断分＝基本分(80 分)＋加分或减分。

④ 实践能力素质诊断分＝基本分(80 分)＋加分或减分。

学生全面发展质量诊断分由基本分(或本学年各科学业成绩平均分)和加减分两部分组成。学生的表现基本符合要求即可得到基本分，由导师根据学生在校期间的具体表现，按照诊断标准进行加分或减分。

(2) 学生全面发展质量诊断工作以院系为单位组织实施，以学年为节点进行。

各院系成立由分管学生工作的负责人任组长，学生科长(团总支书记)任副组长，导师、任课教师(2～3 人)、学生代表(不少于 5 人)为成员的学生全面发展质量诊断工作领导小组，具体负责本院系的学生全面发展质量诊断工作。导师为班级工作的第一责任人，指导班级做好日常数据的记录及组织实施工作。班级成立由班长、团支部书记、班委(团支部)委员和学生代表(5～8 人)组成的诊断工作小组，负责本班级学生全面发展质量诊断工作，其中，学生代表由学生投票产生。

(3) 学生全面发展质量诊断依托学校智能校园管理平台组织实施，其是学生全面发展中心的一项核心内容。

导师在系统中的记录应实事求是、严谨仔细，并对本班级学生全面发展质量诊断工作的准确性、公正性负责。导师对系统中学生的加、减分要实时进行更新，并定期进行公示，接受学生的监督。

① 学生干部的加分按照层级、职务和工作实绩进行。院级学生干部的加分由团委和学生处负责，每学年开学后在两周内提供给院系；院系级学生干部的加分由院系学生工作领导小组负责；班级学生干部加分由班级导师负责。一人兼多职的学生干部的加分，按照最高级别加分，不累计。

② 同类项目(比赛、奖励表彰、处分等)加减分按其中最高分加分或减分，不累计。

(4) 诊断工作分班级诊断、年级(专业或班级)排名、院系审查汇总和学校终审四个步骤进行。

① 班级诊断：根据每个学生的日常表现和相关证明，由班级诊断工作小组按照诊断办法进行。学习成绩按照教务处提供的考试(考查)成绩确定，其他成绩根据系统记实和学生实际参与各类活动情况(包括相关考核成绩、活动证明等)及所获得的荣誉、奖励得出。导师对诊断结果的真实性负责，审核相关证明材料，发现问题，及时修正。

② 年级(专业或班级)排名：系统会根据各类成绩计算出学生的全面发展质量诊断分，并进行年级、专业和班级排名。

③ 院系审查汇总：每学年年初，由各班级将学生全面发展质量诊断结果报送院系工作领导小组，经领导小组审核确认无误后，公示 3 天，确保诊断结果的公平公正。若学生对诊断过程、结果存有异议，可在公示期内向导师、院系或学生处反映。如发现弄虚作假现象将取消弄虚作假学生评奖评优资格，并追究相关人员的责任。学生全面发展质量诊断结果公示

无疑义后，各院系将相关材料(数据)提交学生处备案，同时将原始材料整理归档，妥善保存。

④ 学校终审：学校对各院系提交的材料进行最终审核，并对诊断工作情况进行督导和通报。

(5) 各院系在本办法基础上，广泛听取教师、学生代表的意见和建议，可结合各院系、专业特点制定实施细则并组织实施。

(三) 诊断结果及使用

(1) 诊断结果分为优秀(总分前20%)、良好(总分前21%～50%)、合格(总分前51%～95%或100%)和不合格(各院系根据实际情况确定)四个等次。

(2) 将结果作为诊断学生表现、学年鉴定、毕业鉴定、评优评先、奖学金评定、推优入党、推荐就业等对学生名次进行排定的单一指标，不再进行其他类型的排名。

(3) 诊断结果达不到良好(含良好)或以上者，不能授予"优秀学生""优秀学生干部""优秀团员""优秀团干部""优秀毕业生"等荣誉称号，不能推优入党。达不到合格(含合格)或以上者，不能担任学生会、团总支、班委会、团支部等学生干部。

《淄博职业学院学生层面自我诊改工作实施办法》

为推动学校内部质量保证体系的建设与运行，建立健全学生层面的诊改制度，形成诊改工作长效机制，"学生发展中心"有效运行并不断完善，全面支撑内部质量保证体系诊断与改进工作，结合工作实际，特制定本办法。

(一) 自主诊改范围与周期

(1) 学生处负责学生层面整体自我诊改工作，参与部门为各院系、相关处室，学生层面整体自我诊改周期为每年度1次。

(2) 学生处负责统筹各院系，组织学生个人的自我诊改工作，参与人员为全体学生，学生个人自我诊改周期为每学年1次。

(二) 自我诊改内容

1. 规范管理学生基础数据采集

(1) 学生处负责完善"学生发展中心"建设，细化"学生发展中心"各功能模块中运行的观测点的对应数据，规范数据来源和制定维护办法。

(2) 各院系利用学工系统加强学生基础数据的采集工作，做到"一月一审核"，确保数据采集及时、真实准确；有效使用"学生发展中心"智能校园管理平台，运用平台监测学校日常管理工作，发布预警并主动改进。

2. 建立学生发展目标与标准体系

(1) 结合《淄博职业学院"十三五"学生全面发展规划》，学生处厘定整体学生发展目标内涵，出台学校学生全面发展基本(合格学生)标准。

(2) 结合专业特色，各院系建立并不断完善相关专业学生全面发展目标，确保与学校学生全面发展总体目标匹配与衔接；建立相对完善的学生发展标准，确保呼应与支撑学生发展目标；以"最近发展区"理论为依据，指导学生设定个人发展目标。

3. 指导一年级学生制定成长成才规划(每年度12月底前)

(1) 组织学生通过SWOT分析和基本情况研判，分析个人现状，明确自身优劣势，为建立个人有效的成长成才规划奠定基础。

(2) 依据各专业学生的发展目标，辅导学生规划长期发展目标和在校期间的短期目标。

(3) 根据学校设定的发展目标，辅导学生制定切实可行的成长成才措施。

4. 指导高年级学生做好成长成才诊断与改进(每年度10月底前)

(1) 对照各专业学生发展目标，依据《学生个人发展质量报告》，组织学生对上学年的目标完成情况进行全面评估，多维度对比分析存在差距的主要原因。

(2) 结合上学年的发展状况，组织学生对个人发展目标进行适当调整设定，并量身定做改进措施。

5. 建立常态化自我诊改机制

(1) 学生处根据全院学生的数据写好年度学生层面自我诊断报告，不断完善诊改制度，推广应用"学生发展中心"。

(2) 各院系依据数据分析完成本院系年度自我诊断报告，有效使用"学生发展中心"，不断推进本院系学生内部质量保证体系的建设与运行。

第五节 信息化建设工作制度

教育信息化是指在教育领域全面应用现代信息资源和现代信息技术的过程。随着国家信息化建设的整体推进，政务信息化和企业信息化建设已呈现出良好的发展势头。尽管目前我国职业院校信息化建设得到了较快的发展，也取得了一定的成绩，但由于引入的时间较短，在理论和实践上还不是很成熟，仍存在一些问题。

一、职业院校信息化建设中存在的问题

(一) 对信息化建设的重要性认识不充分

大数据时代更新换代频繁，职业院校更应该顺应时代的潮流，积极主动地抓住信息时代发展的机遇，将信息化建设作为学校发展的重点项目来完成。但仍有一些职业院校对信

息化建设的重要性认识不足，意识淡薄，反应迟钝，被动接受，在建设过程中缺乏科学的顶层设计，也没结合学校实际情况制定具有自身特色和发展路线的总体规划和相应的政策措施，使得信息化建设只流于表面，无法达到理想的效果和成绩。

(二) 信息化建设顶层设计不科学

信息化项目的建设一般由各业务部门发起，缺少全校层面的统一规划与管理。例如：缺少统一应用平台，信息孤岛现象日益严重。由于业务系统顶层设计粗糙，项目的功能设计主要着眼于解决当下的问题，随着学校业务的发展，需要不断进行系统更新和升级。每次升级和更新都需要付出较多的时间和成本。信息化实施部门没有密切关注各个业务部门的实际需要，没有站在全校的高度统筹考虑项目建设，信息化建设处于一种无序状态。

(三) 信息化项目缺少应用效果管理

各类信息化项目在建设过程中，在立项申报环节一般较严格和规范。大多成立了项目管理工作组，严格项目的申报，确保项目建设的必要性和技术方案的可行性。但在项目立项建设后，对信息化项目的实际应用项目往往缺少相应的检测和评估机制，缺乏可持续运营、管理、维护的保障机制，有时会出现系统建设后因各种原因出现闲置或一直无数据的状况，造成资源和金钱方面的大量浪费。

(四) 教师信息素养有待提高

目前，职业院校中信息化管理人才的知识更新速度还有待提升，还需要一大批信息技术领域的高技术人才在学校担任维护和更新系统、管理各种软件的集成和开发，而目前职业院校专门的人员设置很少，仅仅配备了日常维护网络的工作人员，没有真正地实现信息的更新和普及。同时，教师的信息素养也亟待提高，目前，很多教师还不能适应信息化的新要求，使得大量资源优势不能转化为教学成果和科研成果，限制了专业的发展和学生的学习。

职业院校信息化建设是一项基础性、全局性的工作，是一项投资大、涉及领域广、参与单位多的系统性工程，通过制定管理制度和行为准则，可以有效保障信息化项目从立项、招标、建设、实施、运维、安全、考核等环节的有序开展。加强制度建设和科学规范的管理，是信息系统能够正常运转和有效应用及推广的保证。在教育信息化建设工作当中只有建立科学合理的制度，才能够更好地完善教育信息化工作，进一步地推动教育信息化的持续发展。

二、信息化建设制度设计规划

职业院校制度建设是一项系统工程，孤立的制度难以真正发挥作用。信息化建设规章制度作为学校规章制度的一类，其本身也是一个复杂的体系，在制定各个具体管理办法的同时，要考虑各个具体制度间的相互衔接及相互关系，确保各类信息化制度在层次、标准、覆盖面上做到相互贯通、衔接、配套，避免出现矛盾或空白区，给制度的落地带来困难。

(一) 顶层设计制度建设

首先，"顶层设计"是工程领域最为常见的基础词汇，而"顶层设计"就是进行规划、设计的过程，同时还是设计中最高层次的设计。在组织机构方面，必须依靠多元化的成员来完成构建，包括财务人员、教学人员、技术人员、学生代表等，通过各方面人员的协同作用，在客观上准确掌握信息化建设的方向及具体工作内容，保持信息化建设的可行性、可靠性，从而阶段性地获得积极成果。其次，必须通过制度明确主要职责。例如，教学人员的职责是体验信息化建设的成果，并发表看法和意见，给技术人员及时反馈；财务人员主要是将信息化的成本有效控制，不影响学校的财务状况，合理划分资金。在各方人员协同运作下，职业院校信息化建设制度在今后会取得更大的成就。

(二) 主体关系制度建设与完善

教育信息化的推广和发展都是比较复杂的工程，在教育信息化推广和发展中包含政府、一般机构、企业、学校等多种类型的机构主体以及各类参与人员。他们之间相互作用，有较为复杂的关系。根据信息中的"厘清区域教育信息化参与主体间的关系"，以上这些都是有关教育信息化工作的现实含义，根据当前的教育信息化工作，可把它们结合起来，从多个方面开展主体关系制度建设。

(三) 信息化制度管理与实施

在职业院校建设信息化体制机制的过程中，把控整体工作后，必须将具体的管理工作、实施工作有效落实。首先，要建立信息化办公室或信息化办公室，作为信息化建设的日常管理机构，主要负责信息化建设规划、方案制订以及信息化建设的协调和管理等工作。其次，要建立实施机制，信息化建设的实施部门包括技术支持部门和相关业务部门，在管理机构的协调下，相互配合，主要负责具体建设方案的实施等，相关业务部门要配合技术支持部门完成调研、设计、目标评审等工作。

三、信息化工作主要制度概览

(一)《淄博职业学院信息系统管理暂行规定》

智能校园管理平台及各信息系统是学校加快信息化建设工作，构建数字化校园的重要推手。对学校管理模式改革、提升管理效能、推进内部质量保证体系诊断与改进和优质校建设有切实而重要的意义。为了进一步健全智能校园管理平台及各信息系统运行责任制，确保智能校园管理平台各项数据的权威性，提高各部门信息技术应用水平，制定了《淄博职业学院信息系统管理暂行规定》。该规定说明全体教职工、各职能管理部门、学校领导及中层领导的职责，并对相关部门的具体工作进行了规定，主要包括信息化办公室、组织与人力资源处、教务科研处、学生处、团委、各院系、党办院办、后勤服务管理处、财务处、招生办公室、资产处等部门，并对各项工作的督导部门的职责进行了明确说明。

(二)《淄博职业学院校园网管理办法》

为加强校园计算机网络(以下简称"校园网")的管理工作，促进数字化校园的建设、应用和发展，保障教学、科研、生产和管理工作的顺利进行。根据《中华人民共和国计算机信息网络国际联网管理暂行规定》《中华人民共和国计算机信息系统安全保护条例》，以及中国教育科研网、中国公众数据网等有关规定，结合学校实际，制定了《淄博职业学院校园网管理办法》。该管理办法从网络建设、网络接入、信息服务、运行管理、安全管理和处罚措施等方面对校园网的使用和维护进行了详细的说明。

(三)《淄博职业学院信息网络系统安全管理办法》

为了保护智能校园信息系统数据的安全性、确保网络与各类信息系统的正常运行和各级用户合法的使用权益，依据《中华人民共和国保守国家秘密法》《中华人民共和国计算机信息系统安全保护条例》《计算机信息系统国际联网保密管理规定》《计算机信息网络国际联网安全保护管理办法》等有关法律、法规，结合学校具体情况，特制定网络系统安全管理办法。该办法规定了学校师生使用校园网涉及安全运行和保密管理、违约责任与处罚措施，明确了师生的责任和义务，并对信息网络涉及的部门责任进行了说明。

(四)《淄博职业学院智能校园管理平台建设管理办法》

为保障学校内部质量保证体系的有效运行，充分发挥校本数据在智能校园管理中的作用，实现自我诊断与改进，制定了智能校园管理平台建设管理办法。该办法明确了智能校园管理平台的内涵、组织机构和相关部门的职责，说明了工作的流程和数据的管理要求，并对数据管理和督导考核的工作进行了说明，有效地指导了智能校园管理平台的建设。

(五)《淄博职业学院办公系统信息发布管理办法》

办公系统信息发布模块是覆盖学校及各部门的综合性信息发布平台。该平台是学校信息化建设与管理工作的重要组成部分，是提高全院工作效率和管理水平的有效工具，为保障该平台的正常运行和规范使用，制定了办公系统信息发布管理办法。该办法对信息发布的责任部门、信息的类型、通知的格式、工作流程、异常处理等内容进行了说明，极大地规范了学校的信息发布工作。

第二篇
内部质量保证体系诊断与改进

第四章　各层面诊断与改进工作
第五章　教学诊改工作机制建设

第四章 各层面诊断与改进工作

第一节 学校层面诊断与改进

高职院校高质量发展的核心是人才培养质量的持续提升，关键在于学校整体管理质量的提升。一所高职院校的质量是指整个学校的质量，涉及学校各个职能部门、教学单位及每一名教职工。淄博职业学院以提升人才培养质量为导向，实施全面质量管理，开展了标准质量年活动，举办了质量文化论坛，把全员、全过程、全方位的"三全"质量观贯穿于学校人才培养的整个过程，将质量自主保证的系统化、标准化、程序化和规范化的体系理念推广到学校办学的所有领域。

一、建立有效的质量控制机制

工作落实和制度落实需要完善的工作机制。机制是指有机体的构造、功能及其相互关系。一般指一个工作系统的组织或部分之间相互作用的过程和方式。简单来说，机制就是制度加方法或制度化了的方法。工作机制，是工作程序、规则的有机联系和有效运转，是一个相辅相成的整体，贯穿于工作的各个环节。在建立各种工作机制的同时，还应建立相应的激励机制、动力机制和监督机制来保证质量工作的落实、推动、纠错、评价等。

建立以质量观为核心的质量控制机制，实施监控对象全面化(目标、计划、项目、部门、个人、过程、结果)、监控主体多元化(教工代表、学生代表、职能部门、质量管理部门)、监控方式立体化(日常督导、专项督导、随机检查、信息员反馈)、监控反馈常态化(通报、改进、反馈、提升)。

(1) 目标监控。对各部门年度质量目标实现情况进行监控，半年检查、年终集中考核。

(2) 计划监控。对各部门年度和常规工作计划执行情况进行监控，实行即时监控、半年检查和年终检查。建立常规工作清单制度，将部门工作职责履行具体化为每年定期完成工作任务，列出清单，作为日常各级管理部门工作监控考核依据。规范工作计划制订，统一格式、要求，常规工作将不再列入年度工作计划，重点突出学校规划目标、年度工作目标、重点工作和工作改进的落实。

(3) 项目监控。对学校重要工作、大型活动进行监控，实行专项督导，如：开学初期准备工作、单独招生、期末考试情况等。

(4) 过程监控。对各部门履行职责情况进行监控，实行日常督导、听课督导、校园巡查、信息员督导。以教工信息员和学生信息员为主，定期向绩效考核办公室反馈信息，一般每月至少一次。

(5) 动态反馈。对各部门工作中存在的问题，实行通报机制，并将通报问题及整改反馈情况纳入年终绩效考核。

(6) 改进提升。运用知识管理，对管理中存在的问题进行分析，督导改进提升。

(7) 自主诊断。各部门每年年末要撰写自主诊断报告。

(8) 绩效考核。对各部门年度工作实行绩效考核，要将平时考核和年终集中考核相结合，分院系和处室排名进行表彰奖励。

二、发挥考核评价的指挥棒作用

以学校二级管理部门绩效考核为切入点，把学校绩效目标有效传递到中层，并逐层渗入基层，形成良性循环状态的绩效体系。

(一) 建立质量标准体系

根据学校管理制度，结合工作实际，细化日常管理工作的标准，作为日常考核标准。依据二级管理部门职责，制定二级管理部门常规工作任务清单，二级管理部门年度常规性工作标准。

(二) 建立二级管理部门绩效考核体系

部门绩效考核指标体系按照减分项、得分项进行设计由日常工作、年度工作任务、党建工作专项、人才培养成效、荣誉与贡献、满意度六个一级指标构成。减分项是依据学校工作制度，对日常工作情况的检查，对违反制度的情况进行通报减分，对未完成任务和出现质量问题的项目进行减分；得分项是指重点工作取得成效得分，主要包括人才培养工作成效、荣誉成果、教学类成果、科研类成果、社会声誉、经济效益，等等。

(三) 建立有效的奖励机制根据考核结果进行分类排名奖励

(1) 教学院系考核奖励。对考核前 14 名的院系进行一次性奖励。

(2) 职能处室考核奖励。对考核前 16 名的处室进行一次性奖励。

(3) 岗位考核奖励。对考核前 14 名的院系和前 16 名的处室所有人员，年岗位工资总额分别按照比例上浮，由院系和处室根据个人岗位考核情况分等次奖励个人，考核为 D 等或不合格的不予奖励。

(4) 单项考核奖励。对获得省级以上教学成果、市厅级以上科研成果、发明专利、实用新型及外观设计专利、出版教材专著、高水平论文、省级以上技能大赛获奖给予一次性奖励，对教学质量连续 6 个学期获得 A 等的教师授予院长教学质量奖并予以奖励。

三、学校层面诊改信息化平台的构建

高职院校质量与绩效管理信息化平台(简称：内部质量管理平台)主要服务于学校层面内部质量保证体系的建设与运行工作，引导高职院校转变管理理念，具有绩效考核公开、透明、动态，充分调动全员参与管理的特点，在实践中效果明显，主要表现在：学校各项工作任务和标准更加明确，工作质量实现了有效监控和全员监督。工作任务责任更加明确，落实到了人，增强了全员质量意识。工作实时提醒，保证各项工作有序进行，增强了教职工自主开展工作和自主诊断工作质量的意识。年度工作资料实时保存，为工作改进提供了参考，也成为和兄弟院校相互学习交流的平台。绩效考核贯穿整个工作过程，绩效考核工作效率大幅提升，绩效考核数据更加准确，结果更加公开透明。基本逻辑按照"8"字形质量改进螺旋的理念，运用信息化技术，实现管理目标、计划、任务、实施、监督、反馈、改进、提升和考核的循环提升。

(1) 实现工作状态及成效网上实录化数据。设计开发各部门常规工作、工作计划、工作通报和临时任务功能，可实现对不同部门工作过程的监控和考核。

(2) 自主开展诊断，自主改进。设计开发自主诊改、工作改进、工作项目自主评价功能。通过平台自主面向服务对象征求意见和评议。

(3) 工作状态实时监控、提醒。通过质量管理平台将常规工作、工作计划、临时工作任务分配落实到各部门的具体工作人员，每个人的工作任务完成情况在管理平台上随时提醒，学校领导可随时查看各部门工作状态，部门负责人也可随时查看本部门人员工作状态，并可将各部门人员工作情况纳入岗位考核。

(4) 考核即时性、动态化、常态化。各部门的常规工作、工作计划、工作通报、临时工作任务完成后，随时将工作完成的材料上传质量管理平台，质量管理平台自动记录完成状态，并根据赋分规则随时进行赋分。贡献与成果设计即时录入系统，取得成果后即时录入系统，由相关责任部门进行审核认定，质量管理平台根据认定结果实时赋分。通过质量管理平台，各部门根据工作进展可随时查看本部门相关工作的考核状态，以此对照分析本部门工作的差距和不足，明确下一步努力的方向，以便及时跟进改进，充分调动各部门的工作主动性和积极性。

(5) 实时采集数据。内部质量管理平台与学校的人力资源管理系统、教务系统、学工系统、科研系统等管理系统对接，动态采集考核数据，实现数据共享，实现了质量监控和年度绩效考核动态化、常态化、信息化，提升了年度绩效考核的工作效率，确保部门年度绩效考核的透明度和公平性。

(6) 自我诊断。依据平台数据，对本部门年度工作开展情况进行自我诊断。

四、组织实施学校各层面自我诊改工作

《淄博职业学院内部质量保证体系自我诊改工作方案》旨在推动学校内部质量保证体系建设与运行，建立有效的诊改制度，促进学校持续高质量发展。

(一) 工作基础

(1) 各部门在完善目标体系和标准体系的基础上，构建了学校、专业、课程、教师、学生等层面及各部门工作职责(至少 2 项)的质量改进螺旋。

(2) 各部门结合自身工作实际，开展自我诊改工作，撰写内部质量保证体系建设与运行报告，查找存在的问题、制定改进措施，形成了常态化的自我诊改机制。

(3) 组织人事处、教务处、学生处、质量控制与绩效考核办公室与诊改工作办公室、信息化办公室密切协同，基本上完成了"三中心一平台"的智能校园管理平台建设，并在学校统一身份认证平台投入运行，其中质量管理平台已经完成新版平台的测试与反馈工作，于 2019 年年初启用。

(二) 自我诊改范围与周期

(1) 学校层面自我诊改周期：每年度 1 次。

(2) 专业层面自我诊改周期：每年度 1 次。

(3) 课程层面自我诊改周期：每学期 1 次。

(4) 教师层面自我诊改周期：教师个人每年度 1 次。

(5) 学生层面自我诊改周期：学生个人每学年 1 次。

(三) 自我诊改内容

(1) 内部质量保证体系建设(事前目标标准)。各部门、各岗位依托智能校园管理平台和运行观测点建立工作目标、工作计划、工作标准，特别要关注与学校"十三五"事业发展规划以及子规划的对应衔接情况。

(2) 内部质量保证体系运行(事中监测预警)。各部门、各岗位依托智能校园管理平台实

现工作目标、工作计划完成情况及成效。

(3) 自我诊断与改进(事后诊断改进)。各部门、各岗位依托智能校园管理平台和运行观测点建立自主发现问题、改进问题的机制。

第二节 专业和课程层面的诊断与改进

根据《淄博职业学院关于推进内部质量保证体系建设的指导意见》的要求,建立健全专业和课程层面的诊改制度,不断完善并有效运行"专业(课程)发展中心",全面支撑专业和课程层面的诊改工作。

一、专业自主诊改工作实施办法

(一) 指导思想

专业自我诊改工作基于学校专业(课程)发展中心进行,分层实施"专业—院系—学校"三个层次的专业诊改。专业层面通过对各专业目标达成度的横向和纵向分析,对未达标要素和观测点进行分析,总结存在的主要问题并提出对应的改进措施;院系层面基于本部门各专业诊断结果,分析本院系专业建设中存在的共性问题,提出院系推动问题解决的改进措施;学校层面基于各院系专业诊断结果,对照专业建设规划发现学校专业建设中存在的主要问题,制定学校整体专业建设改进措施,实现专业建设质量的循环提升。

(二) 自我诊改范围

学校专业(课程)发展中心内所有专业。

(三) 自我诊改周期

(1) 教务处负责专业、课程层面的整体自我诊改工作,参与部门为各院系、相关处室,专业层面整体自我诊改周期为每年度1次。

(2) 教务处负责统筹各院系,组织各专业的自我诊改工作,参与部门为各院系(包括各专业团队)和相关处室,各专业的自我诊改周期为每年度1次。

(四) 主要任务

1. 各专业自我诊改
责任部门:各院系
责任人:各专业带头人

(1) 在专业(课程)发展中心完善各专业层面的《专业自我诊断报告》。

(2) 制作专业带头人"说诊改"课件，依托专业(课程)发展中心阐述本专业诊改工作。主要内容包括第一，总结上一年度本专业工作情况(目标、标准、运行观测点、质量循环提升等)；第二，依据建设规划和标准等，分析本专业存在的主要问题和原因；第三，对照问题和差距提出改进的具体措施，全面支撑优质校建设和争创"双高计划"。

2. 院系层面专业自我诊改

责任部门：各院系

基于各专业诊断结果，从院系整体层面分析专业建设目标达成度，分析本院系各专业建设中存在的共性问题，并从院系层面提出推动问题解决的改进措施，在专业(课程)发展中心完成各院系层面的专业自我诊断报告。

3. 学校层面专业自我诊改

责任部门：教务处

基于各院系诊断结果，从学校整体层面分析专业建设目标达成度，分析专业建设中存在的共性问题，并从学校层面提出改进措施，形成学校专业建设诊断报告。

二、课程自主诊改工作实施办法

(一) 指导思想

课程自我诊改工作基于学校专业(课程)发展中心，分层实施"课程—院系(部门)—学校"三个层次的课程诊改。职业能力课程、职业拓展课程的自我诊改工作由院系组织开展，人文素养课程、活动课程的自我诊改工作由课程所属部门组织开展。课程层面通过对目标达成度进行横向和纵向分析，对未达标要素和观测点进行分析，找出存在的主要问题，并提出对应的改进措施；院系层面基于本部门各门课程的诊改结果，分析本院系存在的共性问题，提出院系推动问题解决的改进措施；学校层面基于各院系课程诊断结果，发现学校整体课程建设中存在的主要问题，制定学校课程建设的改进措施，实现课程建设质量的循环提升。

(二) 自我诊改范围

学校专业人才培养方案内人文素养课程、职业能力课程、职业拓展课程、活动课程。

(三) 自我诊改周期

(1) 教务处负责课程层面整体自我诊改工作，参与部门为各院系、相关处室，课程层面整体自我诊改周期为每年度1次。

(2) 教务处负责统筹各院系，组织各门课程的自我诊改工作，参与部门为各院系(包括各人文素养课程团队)和相关处室,各门课程的自我诊改周期为每年度1次。

(四) 主要任务

1. 各门课程实施自我诊改

责任部门:各院系、人文素养课所属部门

责任人:课程负责人、人文素养课业务带头人

(1) 在专业(课程)发展中心完善各门课程层面的《课程自我诊断报告》。说明:同一门课程分属不同专业形成多份诊断报告,课程发展中心已列明。

(2) 制作课程负责人"说诊改"课件(同一门课程所属不同专业形成一个"说诊改"课件,具体由各院系自行确定),依托专业(课程)发展中心阐述本课程诊改工作。主要内容包括第一,总结上年度本课程诊改工作情况(目标、标准、运行观测点、质量循环提升等);第二,依据建设规划和标准等,分析本课程存在的主要问题和原因;第三,对照问题和差距提出改进的具体措施,全面支撑优质校建设和争创"双高计划"。

2. 院系层面的课程诊改

责任部门:各院系

基于各专业的课程自我诊改结果,从院系整体层面分析职业能力课程、职业拓展课程建设情况,分析本院系课程建设中存在的共性问题,并从院系层面提出推动问题解决的措施。

3. 学校层面课程自我诊改

责任部门:教务处

基于各院系、各门人文素养课程的诊断结果,从学校整体层面分析课程建设情况,查找课程建设中存在的共性问题,并从学校层面提出改进措施,形成学校课程建设诊断报告。

三、实施专业和课程诊断与改进工作

(一) 专业和课程诊断与改进设计

基于学校专业(课程)发展中心进行,分层实施"课程—专业—院系—学校"四个层次的专业和课程诊改。

(1) 课程层面通过对目标达成度进行横向和纵向分析,对未达标要素和观测点进行分析,找出存在的主要问题,并提出对应的改进措施;

(2) 专业层面通过对各专业目标达成度的横向和纵向分析,对未达标要素和观测点进行分析,总结存在的主要问题并提出对应的改进措施;

(3) 院系层面基于本部门各专业诊断结果,分析本院系专业建设中存在的共性问题,提出院系推动问题解决的改进措施;

(4) 学校层面基于各院系专业诊断结果,对照专业建设规划发现学校专业建设中存在

的主要问题，制定学校整体专业建设改进措施，实现专业建设质量的循环提升。

(二) 专业和课程层面诊断分析

1. 专业层面

(1) 目标达成情况：根据学校《"十三五"专业建设规划》《内部质量保障体系建设意见》以及《内部质量保证体系自我诊改工作方案》等相关文件精神，以服务专业发展为目标，依托专业发展中心，分层实施"专业—院系—学校"三个层次的专业诊改，逐步形成校内课程诊断与改进机制，实现专业建设水平的螺旋提高。首先，制定并实施了《专业分类建设指导意见》《专业设置与调整管理办法》《人才培养方案制订指导意见》《教学项目管理办法》等 10 多项制度和办法，指导和保障了专业自主诊断与改进工作；其次，依据《专业自主诊改工作实施办法》，搭建信息化数据平台，呈现专业建设与运行各项状态数据，为专业自主诊断与改进提供信息化手段与工具，从 7 个维度 130 多个观测点进行诊断与改进，促进了专业建设目标的达成和专业建设质量的不断提升。2016 年以来新增 1 个、调整 2 个对接新动能产业的专业，撤销了 4 个社会需求低的专业，形成了"对接产业、适时调整"的专业动态调整机制，专业人才培养方案的修订率达 100%，取得了一系列国家级、省级专业建设成果。

(2) 主要问题与原因分析：专业建设尚不能完全实现过程信息的即时采集，不同平台部分采集数据内涵不一致，不能有效对接。原因是专业较多，信息平台建成需要较长时间，不同数据平台数据内涵不一致，即缺少专业建设成果，也就是说，没有实现信息化管理。

(3) 拟采取的改进措施如下。

① 继续完善专业发展中心，一是统一规范各信息平台数据的名称和内涵，有效打通专业发展中心和各信息平台的有效对接；二是实现专业发展中心部分数据的填报、审核功能，实现部分数据的手动采集与审核；三是继续深入开发专业发展中心数据的"下钻"功能，前面翔实反应专业发展的实施数据指标，重点放到反映专业情况的核心数据上。例如：招生人数、投档率、录取率、毕业生数、在校生数、就业率、对口就业率、订单培养人数、专业教师、兼职教师、专兼比例、生师比、生均仪器设备值、合作企业数、实训基地数等。

② 进一步完善标准，并增强标准的可测性，强化制度的执行力，扎实有效的开展自主诊断与改进工作。

2. 课程层面

(1) 目标达成情况：以构建课程建设内部质量保证体系和运行机制为目标，坚持"需求导向、自我保证，多元诊断、重在改进"的基本原则，逐步形成校内课程诊断与改进机制，把课程诊断与改进作为促进课程建设和对课程进行监控的有效手段。首先，制定并实施了《"十三五"课程建设规划》《课程分类建设指导意见》《教学管理规范》《教学质量标准》《学分制管理办法》《智能课堂项目实施方案》和《混合式教学改革课程建设及认定标准》等制度和办法，指导和保障了专业自主诊断与改进工作的开展；其次，依据《课程自主诊改工作实施办法》，搭建信息化数据平台，呈现课程建设与运行各项状态数据，为课程自主诊断与改进提供信息化手段与工具，从 5 个维度 42 个观测点进行诊断与改进，按照"专业和课程一体化"的理念，通过平台梳理课程建设与人才培养过程中存在的问题，提出改进措施，促进课程建设目标的达成和课程建设质量的不断提升。2016 年以来学校立项建设了 65 门院级精品资源共享课程，13 门网络(在线)课程和 6 门创新创业课程，21 门课程被立项为省级精品资源共享课程，18 门课程在中国大学 MOOC 上线运行。

(2) 主要问题与原因分析：

① 课程建设尚不能完全实现过程信息的即时采集，不同平台部分采集数据内涵不一致，不能有效对接。原因是课程较多，信息平台建成需要较长时间，不同数据平台数据内涵不一致，即缺少课程建设成果没有实现信息化管理。

② 目前按照"专业和课程一体化"理念进行课程建设，部分专业和课程无法自动从教务平台采集。原因是不同专业同一门课程代码相同。

③ 部分课程诊断点无法实现可测性。原因是用标准文字表述的较多，量化指标较少。

(3) 拟采取的改进措施：

① 继续完善课程发展中心，一是统一规范各信息平台数据的名称和内涵，有效打通课程发展中心和各信息平台的有效对接；二是深入调研，确定不同专业同一门课程如何有效开展自主诊断与改进；三是继续深入开发课程发展中心数据的"下钻"功能，全面翔实反映课程发展的实施数据指标。

② 进一步完善标准，并增强标准的可测性，强化制度的执行力，扎实有效的开展自主诊断与改进工作。

③ 深化课程建设，进行教学改革，打造"三三四"混合式教学改革模式。构建"基础通用、方向对岗、能力递进"的"平台+模块+拓展"专业群课程体系，实现多种技能复合、多种技能与技术复合。适应智能化生产体系变化，开设智能化、以大数据为特征的公共选修课和专业(群)拓展课程。

第三节　教师层面诊断与改进

一、教师制定职业生涯规划

学校在发布《关于教职工职业生涯规划指导意见》后，启动了教职工制定职业生涯规划的相关工作。根据学校信息化建设进程，分为线下填报和在线填报两个阶段。

（一）线下填报

学校于 2017 年 5 月 22 日发布了《关于组织首批教职工开展职业生涯规划的通知》，并对相关工作进行了部署。

1. 人员范围

(1) 各部门主要负责人。

(2) 组织人事处、科技与规划发展处、教务处、学生处、校企合作与就业指导处、团委全体人员。

(3) 各院系部学生管理、教学管理人员及专任教师。

(4) 其他自愿参加的人员。

2. 工作安排

(1) 请各部门推荐 1 名人选具体负责本部门人员职业生涯规划实施过程中的分类指导、分层辅助、及时跟进等工作。

(2) 请教职工根据对自身主观因素和客观环境的分析、总结和测定，结合目前状况和未来发展方向，认真编写《职业生涯规划书》。

(3) 请相关部门自行组织本部门本次范围内人员职业生涯规划情况的研讨分析、沟通反馈、修改调整等。

（二）在线填报

学校于 2018 年 11 月 2 日发布了《关于组织教职工网上填写〈职业生涯规划书〉的通知》，要求教职工根据对自身主观因素和客观环境的分析、总结和测定，结合目前状况和未来发展方向，完成网上《职业生涯规划书》的填写。

1. 人员范围

全院教职工。

2. 操作流程

请按以下步骤操作进入填写《职业生涯规划书》的界面：

登录学校办公平台，网址：https://www.zbvc.edu.cn/；点击左上角的"发展中心"，进入教师发展中心；进入教师发展中心后，选择"职业生涯规划"；点击"填写 2018 年规划书"，开始填写；因规划书项目较多，在填写的过程中，请随时手动保存草稿，待全部填写完成，确认无误后提交。

3. 工作要求

(1) 请各部门指定专人具体负责本部门人员职业生涯规划实施过程中的分类指导、分层辅助、及时跟进等工作。

(2) 请教职工根据对自身主观因素和客观环境的分析、总结和测定，结合目前状况和未来发展方向，按时完成网上《职业生涯规划书》的填写。

(三) 持续开展职业生涯规划制订工作计划

根据《关于教职工职业生涯规划指导意见》(淄职院政字〔2017〕30号)精神，结合"双高计划"建设和诊改工作要求，组织新进教职工填报《职业生涯规划书》。

1. 填报范围
新进教职工。

2. 填报进程

(1) 自我分析和岗位认知。结合自我评价测评，全面分析自身知识状况、能力状况、个性特点等，综合分析个人职业成长的目标与制约因素。学习岗位职责，分析岗位特点和职业晋升通道，进行自我成长SWOT分析，明确个人职业成长的路径与方法。

(2) 职业目标设定。参照职业生涯周期理论，确定职业发展方向，并根据不同成长阶段分别设定阶段性目标。分析各个阶段应该解决的主要问题，并提出相应的解决措施。

(3) 编制规划书。教职工职业生涯规划按照统一格式在线填报，分管理、专业技术、工勤等3种职业通道类别进行编制(职业通道选择仅用于个人职业生涯规划制定)。各部门采取上下级协商的方式，帮助教职工进行自我分析和职业生涯机会分析，协商教职工的发展方向，确定个人职业发展路径。在明确各阶段发展目标的基础上，由教职工个人初步制定个人职业生涯规划，在与职业生涯指导人进一步沟通后，最终形成《职业生涯规划书》。

(4) 自我管理与改进提高：长期。教职工个人应加强自我管理与改进，不断反思自己已取得的成绩与不足，了解自身所处的成长阶段，增强生涯意识和成长意识，并在每一个时段客观评价工作业绩，并及时做出相应调整，不断完善职业生涯规划。

3. 工作要求

(1) 请各部门指定专人具体负责本部门近三年新进教职工职业生涯规划实施过程中的分类指导、分层辅助、及时跟进等工作。

(2) 请近三年新进教职工根据对自身主观因素和客观环境的分析、总结和测定，结合个人状况和学院发展方向，科学制定职业生涯规划书。

(3) 网上填报。请新进教师完成职业生涯规划书的在线填报，操作流程如下：

登录学校办公平台，网址：https://www.zbvc.edu.cn/；点击左上角的"发展中心"，进入教师发展中心；进入教师发展中心后，选择"职业生涯规划"；点击"填写职业生涯规划书"，开始填写；因规划书项目较多，在填写的过程中，请随时手动保存草稿，全部填写完，确认无误后提交。

二、教师年度自我诊改工作

根据《淄博职业学院内部质量保证体系自我诊改工作方案》(淄职院政办字〔2018〕50号)有关要求,每年度组织开展教职工自我诊改工作。

(一) 参与人员范围

除副县级及以上领导干部和当年达到退休年龄的工作人员之外的教职工。

(二) 自我诊改要求

教职工应基于职业生涯规划,结合年度岗位绩效考核工作,对个人一年来的发展情况进行自我分析,找出存在的主要问题并提出相应的改进措施,通过教师发展中心在线形成自我诊改报告和年度考核报告;各部门主要负责人要认真审阅本部门人员的自我诊改情况并反馈意见。

(三) 在线填写指南

(1) 登录步骤。登录学院统一信息门户(https://www.zbvc.edu.cn/),单击左上角"教师发展中心",选择"自我诊改"模块,根据提示"填写2018年自我诊改报告"。

(2) 在线填写。《教职工自我诊改报告》的个人基本信息来源于 CRP 人事档案管理系统,如有误或不显示需自行到人事档案管理系统中修改完善个人信息;教学、科研、服务学生等情况的数据信息分别来源于教务系统、学工系统和科研系统。若有自动获取数据信息外的其他情况,可以手动进行添加填报。

(3) 审阅反馈。教职工个人在线填写提交后,部门主要负责人可以通过网上办事大厅"我的办理"进行审阅和反馈。

(4) 导出打印。经部门主要负责人审阅反馈后,教职工可以在线导出打印报告。本次设计了2种导出版本,一个版本是《教职工年度自我诊改报告》;另一个版本是《工作人员年度考核表》(该版本适用于工作人员年度考核工作,纸质版需交组织人事处存入本人档案)。

第四节 学生层面诊断与改进

一、明确工作思路

以学生为中心,遵循教育和人才成长规律,坚持诊改工作与常规工作相结合,多维度对比与预警机制相结合,数据即时采集、实时呈现、及时预警,帮助学生找差距、析原因,生成学生发展质量报告,逐步建立全要素网络化的学生发展质量保证体系,实现学生自我诊断、自我改进、全面发展。

二、厘定高职学生全面发展目标

结合新时代高职学生的群体特征，从思想政治素质、科学文化素质、身心健康素质和实践能力素质"四个维度"构建学生全面发展目标。人的全面发展，既是一个过程性目标，也是一个终极性目标，学校应超越学生现有的发展水平，以其"最近发展区"为出发点，积极引导学生的发展。就高职院校而言，新时代学生全面发展的目标可以概括为：紧紧围绕立德树人这一根本任务，坚持以人为本，遵循教育和人才成长规律，深化职业教育教学改革，创新教育教学方法，尊重学生个性差异，突出学生主体地位，努力培养学生具有坚定扎实的思想政治素质、严谨务实的科学文化素质、健全完好的身心健康素质、开拓创新的实践能力素质，让其成为既掌握熟练技术，又坚守职业精神的高素质技术技能型人才。

三、建立学生全面发展目标体系

依据学校"十三五"事业发展规划以及学生全面发展子规划，聚焦高职学生全面发展的目标，学校应依据学生的基本情况，设立学生发展的总体目标；结合专业特色，二级院系设定各个专业的学生发展目标，确保与学校总体目标匹配衔接；遵循"最近发展区理论"，指导学生设定个人发展目标，确保符合专业发展要求，建立逻辑严谨、层级分明、内容关联的学生全面发展目标体系。

四、健全学生全面发展标准体系

对照学生全面发展目标体系，学校要完善合格学生基本标准、各个专业的学生发展标准和优秀学生发展标准等，构建呼应和支持发展目标的学生全面发展标准体系。引导学生科学合理规划、自主学习、主动实践，以此促进学生实现全面发展的目标；反过来可以用学生自我成长的有痕记录改进学校的人才培养模式的设计及运行体系。

五、实施学生全面发展质量诊断

依托智能校园管理平台，对学生发展质量进行量化赋分，实现学生发展质量信息化，每学年自动生成学生发展质量评价总分，建立科学全面的学生发展质量评价体系。学生发展质量评价总分＝思想政治素质分值×20%＋科学文化素质分值×60%＋身心健康素质分值×10%＋实践能力素质分值×10%。其中：

思想政治素质分值＝基本分(80分)＋加分或减分。

科学文化素质分值＝该学年各科学业成绩平均分＋加分或者减分。

身心健康素质分值＝基本分(80分)＋加分或减分。

实践能力素质分值＝基本分(80 分)＋加分或减分。

六、构建质量改进螺旋

坚持问题导向,以学生需求为中心,以事实和数据为基础,构建"8 字形质量改进螺旋",提升学生全面发展质量的诊改运行机制,如图 4-1 所示。

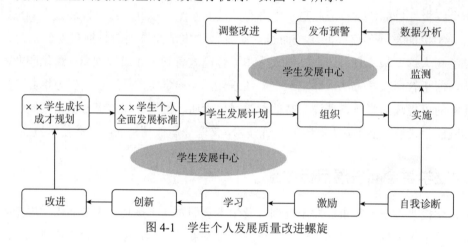

图 4-1　学生个人发展质量改进螺旋

七、建设学生全面发展信息化平台

依托网络技术和移动互联技术,实现基于移动端和 PC 端的过程管理、数据统计,以及基于大数据分析的学生发展质量的诊断预警,实现大数据导航学生成长成才。

(一)实施学生发展质量模块化预警,推进过程控制与指导

结合学生实际情况,学校应依据合格学生标准设置"四个维度"的"预警值"(见表 4-1)。对照标准值实施学生发展质量诊断模块化预警,对学生发展质量进行过程性监控。出现预警,学生本人首先要做到自警,查找分析预警原因;根据《学生全面发展质量评价办法》的加分细则,加强学习、参加各类活动补足差距,尽早解除预警。辅导员组织学生开展各类教育教学活动,引导学生自主学习、积极实践;并与学生家长密切配合,共同帮助学生成长发展。

表 4-1　学生全面发展质量标准及预警一览表

诊断要素	标准值	目标值		预警值	数据来源
		良好	优秀		
思想政治素质	80 分	＞80 分　≤90 分	＞90 分	＜80 分	学工系统
科学文化素质	60 分	＞60 分　≤80 分	＞80 分	＜60 分	教务系统
身心健康素质	80 分	＞80 分　≤90 分	＞90 分	＜80 分	学工系统
实践能力素质	80 分	＞80 分　≤90 分	＞90 分	＜80 分	学工系统

(二) 实行多维度对比分析，精准定位问题差距

基于"数据说话"，对学生发展质量生成过程中的关键指标数据实施多维度对比，如图 4-2 所示。

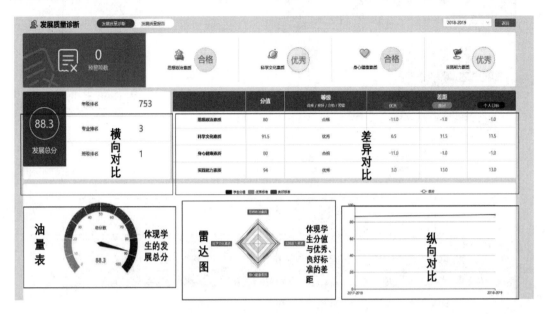

图 4-2　学生发展质量多维度对比分析

(1) 针对学生不同学期、不同学年的相关核心数据实行纵向对比，呈现数据变化曲线。

(2) 学生发展质量总分对照本班级、本年级、本专业的总体情况实行横向对比，呈现本人的排名情况。

(3) 学生"四个维度"的数值对标专业发展目标和个人目标实行差异对比，呈现与标准值、目标值的差距。

通过多维度的对比，让学生查找自身的差距与不足，分析产生的原因，明确下一步努力的方向，从而达到让学生自我诊断、自我改进、循环提升的目的。

(三) 开发建设"学生发展中心"信息化平台，集中呈现学生全面发展轨迹

1. 整体设计

考虑到淄博职业学院学生规模大、在三个校区学习、自我管理能力较弱等因素，坚持"三全育人"和大数据理念，突出学生主体地位，践行跟进式教育服务理念，革新传统的线下管理服务模式，建立集支持、评价、保障为一体的"学生发展中心"服务平台，构建多方合作服务学生全面发展的联动机制，构筑学生自我教育、自我管理、自我服务的活动阵地。如图 4-3 为学生发展中心管理端，图 4-4 为学生发展中心学生端。

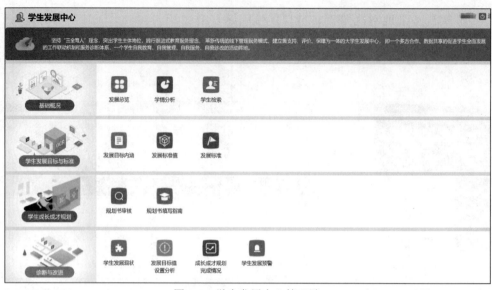

图 4-3 学生发展中心管理端

图 4-4 学生发展中心学生端

2. 建设实施过程

(1) 明确工作思路。与学生日常管理工作、国家优质校建设深度融合。

(2) 制订系列方案。《建设推进工作安排》《数据采集与运行方案》等。

(3) 密集研讨推进。管理团队与技术团队密切沟通、推进工作落地。

3. 自动生成个人发展质量报告

利用大数据等先进技术，全面整合打通教务系统、学工系统、人才培养工作状态数据采集平台之间的"数据壁垒"，集中呈现学生发展的关键指标数据，定期生成图文并茂的《个人发展质量报告》，学生实时查看发展状况，发现不足及时调整改进，如图 4-5 所示。

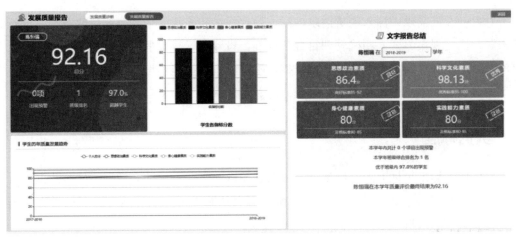

图 4-5　学生发展质量报告

4. 自助在线办理学生事务

设立办事大厅，实现学生各类在线自助服务，一站式解决学生个人需求，如图 4-6 所示。

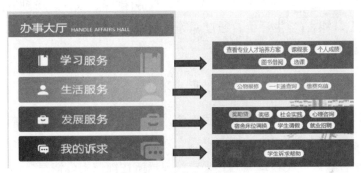

图 4-6　学生办事大厅

通过构建学生全面发展质量诊改体系，借助智能校园管理平台实现数据即时采集、实时呈现，及时预警，帮助学生找差距、析原因，生成学生发展质量报告，逐步建立全要素网络化的学生发展质量保证体系，促进学生改进提升。以学生为中心，遵循教育和人才成长规律，坚持诊改工作与常规工作相结合，多维度对比与预警机制相结合，学生通过自我诊断、自我改进，实现自身的全面发展。

第五节　现代信息化平台建设

一、建设目标

按照诊改工作要求，用数据建立学校、专业、教师和学生四个层面的模型，根据管理服务对象的发展需求，深入剖析需求内涵，确定描述和表征管理对象的主要数据，分析数据来源、确定采集方式；明确管理目标和标准，设置科学合理的激励、预警机制，形成完整的数据结构和逻辑框架。通过数据挖掘，呈现各个模型多维度对比排名，显示差距，实现专业、教师和学生的自我诊断、自我激励及管理服务工作的自我改进。

二、数据标准

以评估数据采集标准为基础标准，根据学校诊改工作需求动态增减。平台数据和评估采集系统实现对接，评估数据采集主管部门可以按数据采集要求从平台直接导出所需数据，整理后直接上报。

三、数据采集

(一) 现有系统中已有的数据实时采集

例如，招生、学籍、学工(综合测评分等)、教务(排课、成绩、考勤等)师资、科研(包括个人获奖情况)、课程(学生评价、通过率等)、资产、财务(包括一卡通)、图书、测评等数据通过平台接口实时采集。

(二) 现有系统中没有的数据用多种形式采集

通过在线填表或 Excel 表格导入方式采集，实时维护学校占地面积等基础数据、就业信息、集体获奖、实训、教学改革等还没有实现信息化管理的数据可以通过人才培养工作状态数据采集平台导入或在线填表方式采集。根据所在部门实际情况 3 年内由部门提出申请、信息化办公室协助完善部门业务管理系统，最终实现全部数据的实时采集。

(三) 机制保障

制定《智能校园管理平台管理办法》，明确各部门的职责和工作流程，确定数据问题的解决办法，规范数据源的管理和平台数据的使用。

四、平台建设内容

平台建设内容包括学校质量管理平台、专业(课程、课堂)发展中心、教师发展中心、学生全面发展中心四个模块，各模块分类呈现各诊断要素的指标数据，实现核心指标数据的多维度对比，自动生成发展报告。学生、教师发展中心设事务大厅，如图 4-7、图 4-8 所示。

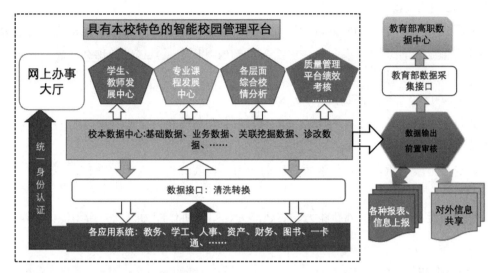

图 4-7　淄博职业学院智能校园管理平台示意图

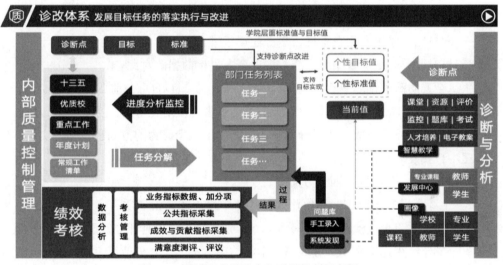

图 4-8　淄博职业学院内部质量控制示意图

(一) 学生发展中心建设

1. 建设思路

以立德树人为本，以服务学生为根本原则，以培养学生的就业竞争力和发展潜力为目标。通过学生发展中心平台实现对学生的思想政治素质、科学文化素质、身心健康素质和实践能力素质四个维度的综合素质进行全方位、常态化展示和多维度对比，每个维度设立预警机制，通过与标准值的差异性比较形成预警报告，提示学生需要努力的方向和目标，形成直观、可量化、可比较的实时评价、提升体系，以实现学生自我诊断、自我规划、自我改进的循环提升。

2. 数据构成

借助四个要素对学生的发展进行评价,即:思想政治素质、科学文化素质、身心健康素质和实践能力素质,每个要素又由多个方面构成,规定了具体的数据结构。

(1) 思想政治素质。由政治表现、思想水平、道德品质、法纪观念、集体观念、劳动观念、生活态度等7个方面构成。

(2) 科学文化素质。由学习态度、学习成绩(专业素质和人文素养)、实操技能、科研创新、拓展能力等5个方面构成。

(3) 身心健康素质。由身体素质、运动能力、自我评价、人际关系、社会适应、心理行为等6个方面构成。

(4) 实践能力素质。由创新能力、实践能力、组织协作能力、社会活动能力等4个方面构成。

3. 数据分析

(1) 实现学生综合测评分的多维度对比。

① 纵向对比。学生个人不同学年的变化曲线。

② 横向对比。学生本人在本班、本专业年级排名。

③ 差异对比。与平均数据、标准数据、个人目标数据的对比。

学生综合素质测评排名等级分为优秀(总分前20%)、良好(总分前21%～50%)、合格(总分前51%～95%或100%)和不合格四个档次。通过多维度对比分析,实现学生自我诊断,并根据差距构成的原因完成自我提升的整改,明确下一步努力的方向和目标,实现学生的自我管理、自我发展和自我完善。

(2) 预警机制,包括以下四个方面。

① 学生综合素质测评实行模块化预警,即学生思想政治素质、身心健康素质、实践能力预警:当学生思想政治素质测评分低于85分;身心素质测评分低于80分;实践能力测评分第一学年结束达不到100分或第二学年结束达不到110分或第三学年第一学期结束达不到120分时,系统自动发出预警信号。

② 学生科学文化素质预警。每学年结束,有三门及以上期末考试成绩不合格的大专学生(含五年一贯制后两年的学生)和一学期有四门及以上期末考试成绩不合格的中专学生(含五年一贯制前三年的学生),系统会自动发出预警信号。

4. 结果使用

将学生综合素质测评成绩作为评价学生表现、学年鉴定、毕业鉴定、评优评先、奖助学金评定、推优入党、推荐就业等对学生名次进行排定的单一指标,不再进行其他类型的排名。

5 设立学生事务大厅

实现成绩、各种证明自助打印,缴费充值、社会考试报名、报修、建议投诉等事务的网上办理，对办理过程进行实时监控，汇总过程数据并将其作为管理服务部门改进工作的依据。

(二) 教师发展中心建设

1. 建设思路

教师发展中心的建设应记录教师的成长轨迹和追溯教师个人专业能力成长过程，提供教师发展性评价数据、支持教师专业能力的提高，有助于促使教师自我关注、自我诊断、自我反思和自我改进。

2. 数据构成

基于以人为本，关注教师专业能力成长为前提的教师发展中心数据平台，是一个能够呈现教师职业生涯规划，从初任教师成长为一名教学能手甚至专家学者或大师级领军人物的成长辅助信息系统，该数据平台内容框架主要包括教师基本信息、专业成长信息和科研信息，主要的数据有：学历、所授课程、科研(获奖、专利、课题、论文等)、评教(包括课堂评价)、收入(工资奖金等)、培训进修、挂职锻炼、兼职实践、行业工作等，所在专业要求的标准数据及个人根据专业发展要求设定的目标数据(可分解为年度、三年、五年等)。

3. 数据分析

实现教学、科研等核心指标数据的多维度对比。

(1) 纵向对比。教师个人不同年度的数据变化曲线。

(2) 横向对比。教师本人在本专业、本部门、全院的排名。

(3) 差异对比。与平均数据、标准数据、个人目标数据进行对比，显示差距，根据与预警数据的对比给出预警提示。

4. 生成教师个人年度、三年或五年发展报告

指出成绩和不足，在教师的教学、科研、进修等方面提出改进建议，此报告可以作为竞岗、评优评奖、考核、进修、职称评聘等的参考依据。

5. 设立教师(职工)事务大厅

实现充值缴费、收入查询、请假、用印、调停课、报修、培训进修兼职实践申请等事务的网上办理，并实时监控办理过程，汇总过程数据作为管理服务部门改进工作的依据。

(三) 专业(课程)发展中心建设

1. 建设目标

按照诊改工作要求，建立专业和课堂层面的数据模型，根据教师和学生的发展需求，

深入剖析需求内涵，确定描述和表征管理对象的主要数据，分析数据来源、确定采集方式；明确管理目标和标准，设置科学合理的激励、预警机制，形成完整的数据结构和逻辑框架。通过数据挖掘，呈现各个模型多维度对比排名，显示差距，实现专业、课程的自我诊断、自我激励及管理服务工作的自我改进。

2. 建设思路

以专业诊断与改进为抓手，以标准与制度体系建设为基础，以校本专业数据库建设为支撑，形成内外结合的全方位、多元化质量保证机制。以学校"十三五"专业发展规划制定的一系列目标为依据，确立质量目标和标准，形成常态化、网络化、全覆盖、具有较强预警功能和激励作用的内部质量保证体系，实现内部管理水平和人才培养质量的持续提升。

开展专业建设的自我诊改，是学校内部质量保证体系建设的重要内容与重要环节。学生是质量生成的主体，以学生为本、促进其全面发展的理念应贯穿于专业人才培养质量生成的全过程，包括输入质量、过程质量和输出质量。因此，将人才培养质量作为专业发展中心顶层设计的根本出发点与落脚点。从而激发全院师生内生动力，形成自我评价、自我改进，质量自主保证的 PDCA 螺旋式上升循环机制。

3. 数据构成

(1) 数据模块设置。体现学校专业发展和教学需求，适合高职学生成长规律的质量诊断评价，可采用模块化的诊断指标体系。主要模块针对专业建设管理与课堂教学两个层面进行设计。专业层面诊断模块由招生管理模块、专业建设模块、培养质量模块构成；教学活动管理由教师活动模块、学生活动模块构成。中心采集的指标数据源自专业建设和课堂管理的真实过程，抓住学生全面发展的关键指标，通过客户端用户发送请求命令后由系统业务处理与数据层完成数据处理后返回结果。体系结构设计如图 4-9 所示。

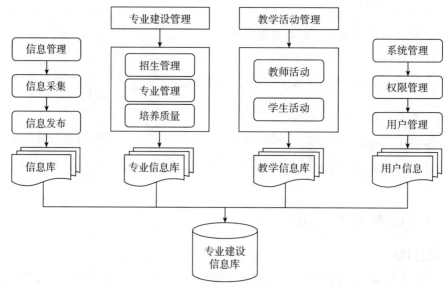

图 4-9　专业(课程)发展中心体系结构设计框图

(2) 数据采集。以人才培养工作数据采集为基础数据,以评估数据采集标准为基础标准,根据学校专业建设和诊改工作需求动态增减,数据采集来源主要包括 CRP 系统数据采集,人才培养状态数据采集,其他系统数据采集。

4. 数据分析

(1) 呈现专业发展指标数据。呈现专业建设的在校生人数、招生数据、专任教师人数、师资队伍分析、生师比、教科研、获奖(包括团体和个人)、实验实训设施、教学资源建设使用数据、网络教学平台课程数据、混合式教改课程数据、校企合作、就业率、社团等数据,根据专业建设的等级及与级别相对应的标准数据、专业发展数据和标杆数据的对比分析,形成专业发展的诊断结论。

(2) 实现指标数据的多维度对比。

① 纵向对比:本专业各年度数据变化曲线;

② 横向对比:本专业在同级别及全院所有专业中的排名;

③ 差异对比:与专业级别对应的标准数据、发展数据(年度、三年或五年)和标杆数据对比,显示差距,低于标准数据及发展计划完成时间临近(一年内)而低于发展数据时预警。

(3) 自动生成专业年度、三年或五年发展报告。从人才培养、教科研等方面通过数据得出结论,指出差距,提出改进建议,此报告可以作为专业是否保留、招生计划制订、人才引进、各种预算审批、资产调配、后勤保障等工作的依据。

5. 结果使用

(1) 开展专业诊改。进行专业质量分析,实施专业动态优化调整。制定学校专业设置与调整管理办法和"十三五"专业建设规划,明确程序和调整条件。每年对相关专业的学生发展计分卡数据、专业学生就业质量数据、专业教育教学资源数据、专业服务产业能力数据、专业国际影响力数据等进行分析,在数据平台细化各专业的资源配置、毕业生就业率及就业质量、技术服务、社会贡献等投入与产出效能的分析,增强数据的统计分析功能。撰写调查分析报告和基于数据分析的专业质量分析年度报告,作为专业设置调整、结构优化和人才培养目标修正的依据。

开展基于数据的状态分析,实施专业诊改。运用专业发展中心管理平台,实时采集专业运行状态数据,在对数据进行统计、分析的基础上,监测专业建设、课程教学质量状态,及时反馈与改进,撰写院系专业质量年度报告。运用信息管理平台,实施 3 年一轮的专业考核性诊断。积极参与国际专业认证机构对专业进行的认证,或由国内专业认证机构对专业进行评估或认证。

(2) 依据学生学习达标情况开展过程监控诊改。将学习标准作为课堂教学检测依据,实施课程质量管控。依据课程建设要求,编制课程建设方案,落实课程年度建设任务,明确年度建设目标、任务、措施、预期效果。按项目建设情况进行事前、事中、事后管理,对照目标检验预期成效,促进预期成果达成。教育教学部组织课程教学团队,依据学校课程标准文件编制各门课程标准，明确质量控制重点；基于学生课程学习情况分析和课程目标，确定学生学习标准，设计达标考核办法。紧扣学生课程学习标准，依照课前、课中、课后的课程教学三环节，运用现代信息技术实施课堂教学质量在线检测和实时跟踪改进，不断改进课堂教学状态，提高学生学习达标率。

建立课程教学数据分析机制，实行课程教学考核性诊断。根据学生学习状态分析、学习达标率、课程教学测评结果，教育教学部编制课程质量分析报告，作为学生课程学习标准修正依据。学校结合期终课程教学测评，学生学习成绩，进行适时性的课程教学考核性诊断，教师针对课程教学考核性诊断中发现的问题进行改进，改进效果与绩效考核挂钩。建立课程考核、测评数据库，将大数据排列作为绩效考核依据。对课程教学测评成绩较低的教师实行约谈、反思等制度，帮助教师改进教学方式方法。

(四) 学校质量管理平台建设

1. 建设目标

按照《高等职业院校内部质量保证体系诊断与改进指导方案》的指导思想和目标任务，紧扣学校智能校园管理平台建设开发的具体要求，结合学校质量管理的实际需求，开发具有学校特色的、能实现质量管理机制高效运行的、网络管理实录化的质量管理平台。质量管理平台将通过对校本数据的过程性采集、多维度分析和全方位、常态化展示，能够及时发布预警信息，并采取有效改进、激励措施，从而促进管理服务质量和人才培养质量的循环提升。

2. 平台建设思路

质量管理平台实现对学校各类基本数据的采集、显示、分析、预警等功能，通过"采集数据—显示数据—显示数据标准—显示预警值—对数据进行比对分析—多年数据纵向分析—同类院校横向对比—达到预警值的数据进行预警—数据决策"的平台工作流程，全方位实现管理服务质量和人才培养质量的循环提升，从而实现学校的数据决策。

3. 数据分析

(1) 实现各数据纵向对比：分析得出本校不同年度数据变化曲线。

(2) 实现各数据横向对比：分析得出本校在全国同级别院校中的排名(对比数据来源，如调研、高等职业院校人才培养工作状态数据采集与管理平台、麦可思报告等)。

(3) 预警：将数据与标准值、目标值、预警值等进行对比，显示差距，低于标准数据及临近预警值时产生预警响应。

(4) 自动生成人才培养工作状态数据分析报告(或学校发展报告)：定期生成人才培养质量分析报告、质量管理报告、学校发展报告等数据分析报告，为学校决策提供依据。

五、结果使用

从纵向、横向、预警判断等不同维度对学校数据进行对比分析,找出学校各年度数据变化趋势,了解学校在全国同级别院校中所处水平,对达不到标准或预警值的数据进行实时预警,为人才培养质量的提升提供依据和改进措施,为学校质量的提升提供依据,为学校全局性决策提供依据。

六、平台的技术实现

(1) 平台与各学校数据共享中心通过接口直接连接,数据同步速度快,无延迟,数据维护操作与 Word、Excel 等 Office 软件紧密集成,数据维护人员就像操作 Office 软件一样维护数据,易操作,学习成本低。

(2) 支持数据穿透,以图表形式呈现数据,直观易懂。

(3) 全终端支持:PC、平板、手机。

第五章 教学诊改工作机制建设

第一节 顶层设计诊改工作机制

一、组织领导

学校高度重视诊改工作，落实"一把手工程"，书记和院长带头参加诊改工作培训和研讨。积极参加校外培训，中层干部、骨干教师达100人次。分层次开展校内培训：部门负责人—科级以上干部—院系教师。学校重点工作：自2016年诊改工作连续4年被列入十大重点工作任务。干部读书会：自2017年开始，连续4次以诊改工作为主题。广泛宣传：通过网站、校报、宣传栏、微信公众号等形式使诊改工作深入人心。

全校积极参与全国职业院校教学工作诊断与改进专家委员会组织的诊改工作培训，营造了积极而浓厚的诊改工作氛围，引导全体教职工积极关注质量工作。

2016年年初成立由党委直接领导的诊改工作领导小组，并组建诊改工作团队，党委副书记兼任诊改工作办公室主任，下设六个工作组，负责诊改工作的研究、推进工作，如图5-1所示。

从2018年10月开始，将诊改工作纳入常设机构质量控制与绩效考核办公室(党委直接领导)，诊改工作进入常态化运行，强化了学校全面质量管理工作。

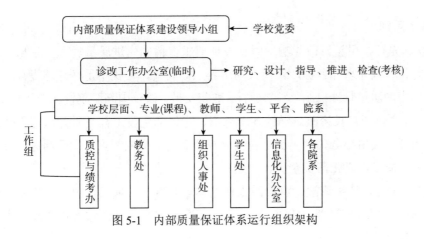

图 5-1 内部质量保证体系运行组织架构

二、制定并发布指导意见

学校党委围绕学校"培养学生的就业竞争力和发展潜力"的核心目标，整体设计了学校、专业、课程、教师、学生等层面完整且相对独立的自我质量保证机制，把控决策指挥、质量生成、资源建设、支持服务和监督控制全过程。规划智能校园管理平台建设框架，包括专业(课程)发展中心、教师发展中心、学生发展中心、质量管理平台，全面支持内部质量保证体系建设，不断提升人才培养质量。

为顺利推进诊改工作，学校党委认真研究制定，并于 2017 年 7 月 4 日发布了《关于推进内部质量保证体系建设的指导意见》(淄职院政办字〔2017〕43 号)，对于统一干部队伍思想、深化对诊改工作的认识起到了重要作用。

内部质量保证体系是高职院校为履行人才培养工作质量主体责任，结合自身发展实际，制定的学校发展规划及子规划，旨在完善质量目标和标准，目的是在学校、专业、课程、教师、学生等不同层面建立完整且相对独立的自我质量保证机制，实现全员、全过程、全方位育人的系列质量管理机制的有机整体。

(一) 总体要求

1. 指导思想

围绕学校培养学生就业竞争力和发展潜力的核心目标，按照"巩固、提高、内涵发展"的办学思路，贯彻"两深入两服务、两改进两调动"的工作方针，以内部质量保证体系设计为引领，以目标体系和标准体系打造为基础，以工作质量改进螺旋构建与运行为核心，以校本特色数据平台建设为支撑，以制度完善和诊改导向的绩效考核为保障，以形成诊改工作常态化的体制机制和质量文化为目标，落实"需求导向、自我保证，多元诊断、重在改进"的工作方针，凝神聚力、扎实推进诊改工作，切实履行人才培养工作质量保证主体责任，不断提高人才培养质量。

2. 基本原则

(1) 理念先行，引领诊改。响应时代发展要求，树立先进质量理念，依据学校办学理念、办学定位、人才培养目标，聚焦人才培养工作要素，查找不足、完善提高，探索建立激发内生动力的质量管理机制，科学运行、取得实效，做全国高职院校诊改工作的引领者。

(2) 责任主体，自我诊改。学校各个部门、全体师生员工都是质量保证主体，承担质量的第一责任。要引导全体师生员工自主寻找质量的关键控制点，发现问题、及时改进，实现自我保证质量，真正落实全员、全过程、全方位育人。

(3) 常态运行，持续诊改。将诊改工作基本理念融入各项工作中，使诊断与改进常态化，实现从应对型质量管理(上级监管，应对检查)到自我保证的常态化质量管理的转变，实现质量的持续改进。

(4) 考核评价，服务诊改。开展考核评价，从考核主体、实施依据、实施周期、实施标准、结论依据、考核形式等方面，对学校传统的绩效考核机制进行优化，建设考核评价制度，促进各项工作质量改进螺旋的形成，为诊改工作提供服务。

(5) 数据管理，支撑诊改。树立"大数据"理念，深入挖掘人才培养工作过程中的数据需求，建设并应用智能校园管理平台，及时掌握和分析人才培养工作状况，随时进行诊断、反馈、改进和提高，全面支撑诊改工作深入开展。

(二) 工作目标

围绕学校"培养学生就业竞争力和发展潜力"的核心目标，在学校、专业、课程、教师、学生等不同层面建立完整且相对独立的自我质量保证机制，建设"三中心一平台"的智能校园管理平台，通过持续规范的自我约束、自我诊断、自我改进、自我发展，构建网络化、全覆盖、具有较强预警功能和激励作用的内部质量保证体系，形成富有高职和地域特色的现代质量文化，不断提升办学活力和人才培养质量。

(三) 工作任务

(1) 建立目标体系。依据学校"十三五"事业发展规划及其子规划，构建由学校总体发展目标、各子规划目标、院系部门发展规划目标、部门年度工作目标、专业建设目标、课程建设目标、教职工职业生涯发展规划、学生成长成才规划等构成的层级分明、内容关联的目标体系，即形成目标链。

(2) 建立标准体系。依据学校目标体系，制定各部门工作标准、专业分类建设标准、课程分类建设标准、各专业建设标准、各课程建设标准、师资队伍建设标准、学生全面发展标准等，确保呼应与支撑相关发展目标，构建由各层面工作标准构成的内容关联、相对独立的标准体系，即形成标准链。

(3) 建立质量改进螺旋。依据学校目标体系和标准体系，各部门发挥主体作用，以服务对象需求为中心、以问题为导向，认真研究、主动创新，抓住"事前、事中、事后"三个环节推进各项工作,在工作过程中实时分析数据、发布预警、诊断问题、及时改进,向更高的目标发展,形成循环提升的质量改进螺旋。

(4) 建设"三中心一平台"的智能校园管理平台。建设基于大数据分析的智能校园管理平台,包括专业发展中心(含课程建设、课堂教学实施)、教师发展中心、学生全面发展中心、学校质量管理平台。逐步实施"过程采集"和"实时采集",确保数据及时、真实、准确,注重状态数据的深度应用,实现与学校各类数据平台(报表)的数据共享和全方位比较。

(5) 建立常态化诊断与改进工作机制。将学校绩效考核工作与诊改工作相融合,以考核性诊断促进内部质量保证体系的有效运行。不断完善质量保证制度,切实把控质量全程,强化长期动态的过程性诊断、前瞻性预测,关注人才培养质量生成全过程,逐步构建富有内生动力的常态化诊断与改进工作机制。

(6) 形成富有高职和地域特色的现代质量文化。研究、传播齐文化中有关工匠精神、质量文化的优秀成分,强化全员质量意识,贯彻落实全面质量管理观,推进质量立校战略的实施,构建"三维三全"文化育人体系,不断丰富内部质量保证体系内涵,形成富有高职和地域特色的现代质量文化,全面提升人才培养质量。

(四) 组织实施

(1) 整体设计,分步实施。整体设计学校"五纵五横一平台"内部质量保证体系,即按照决策指挥、质量生成、资源建设、支持服务、监督控制等五个系统,从学校、专业、课程、教师、学生等五个层面,以智能校园管理平台为依托,建设完整且相对独立的自我质量保证机制。结合学校工作实际,以目标体系和标准体系的建立为基础,分步实施,循序渐进地推进内部质量保证体系建设工作。

(2) 加强调度,扎实推进。学校内部质量保证体系建设委员会将根据诊改工作任务及进程,定期召开研讨会和调度会,重点研讨诊改工作难点、实时调度诊改工作进展,及时通报诊改工作中的经验与问题。有效建立内部质量保证体系与运行学期报告和年度报告机制,扎实推进诊改工作深入进行。

(3) 自主诊改,持续改进。在有效运行内部质量保证体系的基础上,组织各部门依据智能校园管理平台数据,对内部质量保证体系运行情况及效果进行自主诊改,撰写自我诊改报告并将自主诊改情况写入学校质量年度报告。引导全体师生员工切实转变观念,围绕质量目标和标准,开展自我诊断、运行、监控,实现质量的持续改进和不断提高。

(4) 总结凝练,循环提升。各部门以质量为各项工作的核心,总结凝练本部门质量保证体系建设与运行过程中的经验与问题,根据自主诊改发现的问题制定解决措施并有效实施,促使全体师生员工牢固树立先进质量理念,确保质量改进螺旋有据可依、有迹可查,实现各项工作质量的循环提升。

(五) 保障措施

(1) 加强宣传培训。各部门加大诊改工作的宣传和培训力度，采取丰富多彩的宣传形式，积极组织并参加校内外的诊改工作培训，使全体师生员工深入了解诊改工作对学校发展的重要意义，认真领会诊改工作内涵，激发内生动力，转变观念、形成共识，不断提高全体师生员工的质量保证主体意识和责任感。

(2) 健全组织保障。成立党委领导下的学校内部质量保证体系建设委员会和各级内部质量保证组织，明确工作职责，为诊改工作的顺利实施提供组织保障。相关部门围绕各层面的目标和标准要求，重点从人力资源、财务支持、教学资源、安全保障、生活保障和文化保障等方面，明确工作着力点，系统建立科学有效的保障机制。

(3) 完善工作机制。总结学校多年来的质量管理工作，建立符合诊改理念要求的质量管理机制。通过诊断改进引导各部门有效建立并运行质量保证体系，开展以实时数据为主要依据的自我考核，重点在于发现问题、剖析成因、改进创新。完善奖惩机制，将考核结果与部门和个人奖惩措施挂钩，形成质量保证体系运行的动力机制。

(4) 学习工作方法。诊改工作的顺利开展需要学习并灵活应用以下质量管理理论和方法：目标管理(MBO)、知识管理、"最近发展区"理论、8字形质量改进螺旋、SWOT分析法、SMART原则、WBS项目分解法、OPPM项目管理、PDCA循环、关键绩效指标(KPI)、全面质量管理(TQM)、精细化管理等，为诊改工作提供有力保障。

三、制订实施方案

学校根据诊改要求和发展实际，制订并不断完善《内部质量保证体系建设与运行实施方案》(2016年12月制订，2017年5月第1次修订，2019年7月第2次修订)。

(一) 工作背景

为贯彻《国务院关于加快发展现代职业教育的决定》，建立常态化职业院校自主保证人才培养质量机制，教育部决定从2015年秋季学期开始，逐步在全国职业院校建立教学工作诊断与改进(以下简称"诊改")制度，全面开展诊改工作。诊改工作是常态化自主保证人才培养质量机制，引导和促进高职院校不断完善内部质量保证体系，提升内部质量保证工作成效。开展诊改工作有利于促进高职院校建立人才培养质量制度保证体系；完善治理结构，提高治理能力；强化质量意识，以内涵建设为重点，形成特色质量文化。

根据《教育部办公厅关于建立职业院校教学工作诊断与改进制度的通知》(教职成厅〔2015〕2号)，教育部职业教育与成人教育司组织研讨并印发了《高等职业院校内部质量保证体系诊断与改进指导方案(试行)》(教职成司函〔2015〕168号)。《关于确定职业院校教学诊断与改进工作试点省份及试点院校的通知》(教职成司函〔2016〕72号)确定高职诊改工作试点院校27所。学校作为国家诊改工作试点院校之一，于2016年正式启动了诊改工作，并将接受全国诊改专委会的复核。诊改工作试点院校的主要任务是：以诊断与改进为手段，促使高职院校建立全要素网络化的内部质量保证体系；加强人才培养工作状态数据管理系统的建设与应用，完善预警功能，提升教育教学管理信息化水平；引导高职院校提升质量意识，促进全员、全过程、全方位育人，树立现代质量文化。

学校自2003年开始实施全面绩效考核以来，逐步树立了全面质量、全程质量、全员质量的质量观，制订了职责清晰、标准明确、工作到位、反馈畅通、持续改进的工作标准，构建了由目标指向、项目管理、质量控制、工作绩效和特色创新等指标组成的质量控制与绩效考核体系，初步形成了学校特色的质量文化。2016年上半年，学校启动了第一轮专业诊断与改进工作，对建立健全专业设置与调控机制、优化专业结构体系进行了探索。

同时也应看到，学校现行的考核机制与诊改机制存在以下差距：学校绩效考核侧重对各部门年度工作任务完成的质量和成效的考核，对专业建设、课程建设、教师发展、学生发展等层面的绩效考核关注度不够高，尚未建立相对独立的质量目标、标准和考核指标体系；绩效考核的主要依据是自我总结材料和满意度调查，没有完全实现以源头采集、实时采集的常态数据为依据实施的考核；绩效考核注重年终工作成效，没有充分发挥绩效考核在职能部门和学校教职工自主诊断、自我改进、螺旋提升等方面的导向作用。

(二) 指导思想

以《国务院关于加快发展现代职业教育的决定》《高等职业院校内部质量保证体系诊断与改进指导方案(试行)》精神为指导，以提高学生家长、行业企业、政府部门等利益相关方对人才培养工作的满意度为目标，以自主改进和持续创新为动力，以完善质量标准和制度为保障，按照"需求导向、自我保证，多元诊断、重在改进"的工作方针，结合学校工作实际，开展多层面、多维度的诊断与改进工作，建立完善的内部质量保证体系和常态化的诊断与改进工作机制，切实履行人才培养工作质量保证主体责任。

(三) 目标任务

1. 工作目标

围绕学校"培养学生的就业竞争力和发展潜力"的核心目标，在学校、专业、课程、教师、学生等不同层面建立起完整且相对独立的自我质量保证机制，建设"三中心一平台"的智能校园管理平台，通过持续规范的自我约束、自我诊断、自我改进、自我发展，构建网络化、全覆盖、具有较强预警功能和激励作用的内部质量保证体系，形成鼓励创新、包容失误、褒奖改进、追求卓越的现代质量文化，不断提升办学活力和人才培养质量。

2. 工作任务

(1) 建立目标体系。以学校"十三五"事业发展规划及其子规划为主要依据，构建由学校总体发展目标、各子规划目标、院系发展规划目标、部门年度工作目标、专业建设目标、课程建设目标、教职工职业生涯发展规划、学生成长成才规划等构成的层级分明、内容关联的目标体系，即形成目标链。

(2) 建立标准体系。依据学校目标体系，制定完善的各部门工作标准、各岗位工作标准、专业分类建设标准、课程分类建设标准、教师发展标准、学生全面发展标准等，确保呼应与支持相关层面的发展目标，构建由各层面工作标准构成的内容关联、相对独立的标准体系，即形成标准链。

(3) 建立质量改进螺旋。依据学校目标体系和标准体系，各部门、各岗位增强质量主体意识、发挥质量主体作用，以服务对象需求为中心、以问题为导向，认真研究、主动创新，抓住"事前、事中、事后"三个环节推进各项工作，在工作中实时分析数据、发布预警、诊断问题、及时改进，向更高的目标发展，形成循环提升的质量改进螺旋。

(4) 建设"三中心一平台"的智能校园管理平台。建设基于大数据分析的智能校园管理平台，包括专业(课程)发展中心、教师发展中心、学生发展中心、质量管理平台。逐步实施"过程采集"和"实时采集"，确保数据及时、真实、准确，注重状态数据的深度应用，实现与学校各类数据平台(报表)的数据共享和全方位比较。

(5) 建立常态化诊断与改进工作机制。将学校绩效考核工作与诊改工作相融合，推动各质量主体开展自主诊断与改进工作，建立并有效运行内部质量保证体系。不断完善诊改工作制度，切实把控质量全程，强化长期动态的过程性诊断、前瞻性预测，关注人才培养质量生成过程，逐步构建富有内生动力的常态化诊断与改进工作机制。

(6) 形成鼓励创新、包容失误、褒奖改进、追求卓越的现代质量文化。强化全员质量意识，贯彻落实全面质量管理观，推进质量立校战略的实施，研究、传播齐文化中有关工匠精神、质量文化的优秀成分，构建文化育人体系，不断丰富内部质量保证体系内涵，形成鼓励创新、包容失误、褒奖改进、追求卓越的现代质量文化，全面提升人才培养质量。

(四) 体系建设

1. 构建目标体系，形成目标链

围绕学校"培养学生就业竞争力和发展潜力"的核心目标和"十三五"事业发展规划确定的"国内一流、国际水准"的建设目标，构建学校的目标体系。建立动态调整机制，确保学校的发展目标符合国家经济社会发展和高职教育发展的需要。

(1) 充分调研，认真制定了《淄博职业学院"十三五"事业发展规划(2016—2020年)》及子规划，统筹规划、准确定位，明确学校的发展目标。

(2) 各院系依据学校"十三五"事业发展规划及相关子规划的发展目标，结合本院系发展实际，制定院系发展规划和各专业(课程)发展规划。

(3) 各处室依据学校"十三五"事业发展规划及相关子规划的发展目标，围绕保障专业建设、课程建设、师资队伍建设和学生全面发展等目标的实现，充分调研管理服务对象的需求，制定本部门和科室的工作目标。

(4) 教职工依据学校和所在部门的发展目标，在充分进行自我分析的基础上，制定个人职业生涯规划，明确个人发展目标，并由所属部门进行指导、分析。

(5) 学生根据学校和所在专业的发展目标，结合个人实际情况，制定个人成长成才规划，明确个人发展目标，并由班级导师进行指导、分析。

(6) 在具体实施过程中，根据学校发展需要，对学校具体工作目标、各部门和各岗位具体工作目标、学生个人发展目标进行动态微调。

2. 构建标准体系，形成标准链

围绕学校"培养学生的就业竞争力和发展潜力"的核心目标以及学校在整体发展、专业建设、课程建设、师资队伍建设、学生全面发展、校园文化建设、信息化建设等方面的具体目标，以保证学生全面发展和教师阶梯成长为重点，制定具体的质量标准。

(1) 根据学校"十三五"事业发展规划及子规划，将建设目标逐级分解落实到各个年度、具体部门，主要内容参考表5-1、表5-2、表5-3以及表5-4。

表5-1 "十三五"事业发展规划建设任务分解书

项目/保障	任务/工程/行动计划	观测点	责任部门	协助部门	备注

表5-2 "十三五"事业发展规划年度建设任务分解书

项目/保障	任务/工程/行动计划	观测点	2016年	2017年	2018年	2019年	2020年	负责人	联系人

表5-3 各部门"十三五"事业发展规划年度建设任务分解书

部门负责人信息	姓名		办公室电话		手机				
项目/保障/牵头部门	任务/工程/行动计划	观测点	2016年	2017年	2018年	2019年	2020年	联系人	

(续表)

部门负责人信息	姓名		办公室电话		手机	

表5-4 "十三五"事业发展子规划年度建设任务分解书

牵头部门		部门负责人			联系方式		
一级任务	二级任务	2016年	2017年	2018年	2019年	2020年	联系人

(2) 管理服务工作标准。管理服务工作标准主要由部门职能及内设机构工作职责、岗位说明书进行描述和规定，主要内容参考表5-5、表5-6、表5-7和表5-8。

表5-5 部门职能及内设机构工作职责

部门职能			
部门名称		部门编号	
内设机构数		人员编制数	
部门等级		中层职位数	
主要职能			
内设机构工作职责			
内设机构名称		所在部门	
人员编制数		内设机构编号	
工作职责			

表5-6 岗位说明书

岗位基本信息	岗位名称				岗位编号	
	所在部门				直接上级	
	编制数		岗位等级	岗位系数	工资系列	
	岗位概述					
岗位职责及工作任务描述						

(续表)

类别	职责内容			工作标准	权责程序			发生周期	工作记录形式
	大项目	中项目	小项目		全权负责	需报审	承办		

表 5-7　部门常规工作清单

序号	工作职责	工作任务	分管责任人	责任人	完成时限	主要观测点和计分办法	工作材料	预算	预算执行率

表 5-8　部门年度工作计划一览表

一、工作思路与目标

(一) SWOT 分析：

(二) 指导思想：

(三) 工作目标：

二、××年度拟改进的工作任务

序号	工作任务	责任人	完成时限	任务预期成效	备注

三、××年度项目工作任务

序号	工作任务	责任人	完成时限	任务预期成效	备注

四、××年度要点工作任务

序号	工作任务	责任人	完成时限	任务预期成效	备注

五、××年度项目分解任务

(续表)

序号	工作任务	责任人	完成时限	任务预期成效	备注

注：各部门可根据本部门拟开展工作任务数增减行数

(3) 专业建设标准。建立和完善专业建设标准体系，主要由专业分类建设标准、各专业建设标准、各专业人才培养方案等组成，主要内容参考表 5-9。

表 5-9　专业建设标准一览表

名称	内容说明
学校专业分类建设标准	学校专业体系包括国家级重点专业、省级重点专业、院级重点专业和需求专业等 4 类专业。每一类专业的建设标准主要包括培养方案、教学团队、资源建设、教学运行、实践教学建设成果、社会评价等内容
各专业教学标准	主要包括《各专业建设标准》《各专业人才培养方案》

(4) 课程建设标准。根据课程建设目标，建立和完善课程建设标准体系，主要由课程分类建设标准、各课程标准、混合式教学改革课程建设标准等组成，主要内容参考表 5-10。

表 5-10　课程建设标准一览表

名称	内容说明
学校课程分类建设标准	学校课程建设体系包括国家级重点课程、省级重点课程、院级重点课程和一般课程等 4 类课程。每一类课程的建设标准主要包括课程建设质量、课程基础条件、课程建设成效等内容
各课程标准	各门课程标准主要包括课程目标、课程内容、教学组织、课程考核、教学资源建设等
混合式教学改革课程建设标准	为促进课程教学模式和手段改革，针对智能网络教学环境，制定混合式教学改革课程建设标准，主要包括教学设计(整体设计、教学资源设计与制作)、教学活动(课前、课中、课后)、教学评价(线上线下结合、教学目标完成、学习过程跟踪评价、学习效果评价)等
教师教学质量评价办法	教师教学质量评价主要针对常规课堂教学、校内实验(训)教学和学生实习教学环节，从思想政治素质、教学过程和教学效果等方面进行全面、全程、全员评价

(5) 教师发展标准。根据师资队伍建设发展规划和目标，建立和完善教师发展标准，主要内容参考表 5-11。

表 5-11 教师发展标准一览表

类别	名称	内容说明
基本标准	教师职业道德规范	主要从爱国守法、敬业爱生、教书育人、严谨治学、服务社会、为人师表及师德禁行行为等方面进行规范
	教师行为规范	主要包括思想道德规范、教育教学规范和日常礼仪规范三个方面
	专职教师任职基本标准	主要包括学历、学位、高校教师资格标准、身体素质标准、普通话标准等
	兼职教师任职基本标准	主要包括学历、学位、高校教师资格标准、身体素质标准、普通话标准等
	专职导师、兼职导师任职基本标准	主要包括任职条件、工作职责、考核等方面的标准
	行政管理人员任职基本标准	主要包括任职条件、工作职责、考核等方面的标准
发展标准	新任教师标准	主要包括基本条件、综合成长能力、教学能力、科研与社会服务能力、学生管理与服务能力等方面的标准
	助理讲师标准	主要包括综合成长能力、教学能力、科研与社会服务能力、学生管理与服务能力等方面的标准
	讲师标准	主要包括综合成长能力、教学能力、科研与社会服务能力、学生管理与服务能力等方面的标准
	副教授标准	主要包括综合成长能力、教学能力、科研与社会服务能力、学生管理与服务能力等方面的标准
	教授标准	主要包括综合成长能力、教学能力、科研与社会服务能力、学生管理与服务能力等方面的标准
	专职导师、兼职导师发展标准	主要包括发展通道等方面的标准
	行政管理人员发展标准	主要包括发展通道等方面的标准

(6) 学生全面发展标准。根据学生全面发展规划和目标，建立和完善学生全面发展标准，主要内容参考表 5-12。

表 5-12 学生全面发展标准一览表

类别	内容说明
学校合格学生标准	依据学校学生全面发展总体目标，厘定学校学生发展目标内涵，包含学生的思想政治素质标准、科学文化素质标准、身心健康素质标准和社会实践素质标准等方面，制定合格学生的基本标准
各专业学生发展标准	依据学校合格毕业生标准，突出专业属性和专业特性，结合人才培养方案以及学生就业的各项要求，除了涵盖四项基本素质以外，还要突出学生在技能、素质拓展、创新创业等方面具体的、可操作性的标准和要求

(续表)

类别	内容说明
优秀学生发展标准	1. 依据《普通高校管理规定》，制定学校学生的评优办法，包含评选条件、评选方法和表彰奖励等三个方面，明确学生争做优秀学生、优秀学生干部的标准，学生可以根据这些条件明确自己努力的方向 2. 依据《中国共产主义青年团章程》，制定学校团员的评优办法，包含评选类型、条件、比例、程序、表彰奖励等八个方面，明确团员争做优秀团员、团干部的标准，团员可以根据这些条件明确自己努力的方向 3. 依据学校学生全面发展总体目标和学生实际情况，制定优秀毕业生标准

3. 构建质量主体自我提升的质量改进螺旋

(1) 学校层面质量改进螺旋。结合学校实际情况，在充分研讨论证的基础上，计划建设"五纵五横一平台"内部质量保证体系，即按照决策指挥、质量生成、资源建设、支持服务、监督控制等五个系统，从学校、专业、课程、教师、学生等五个层面，以"三中心一平台"的智能校园管理平台为依托，建设完整且相对独立的自我质量保证机制，建立健全自我诊改工作制度，形成全要素、网络化的内部质量保证体系，通过有效运行逐步建立学校层面质量改进螺旋，各部门、各岗位至少每年度开展一次系统的自我诊改，如图5-2所示。

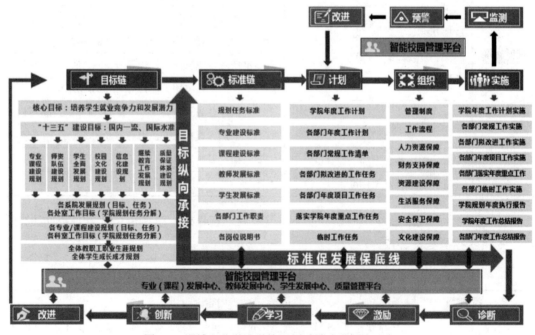

图5-2　淄博职业学院学校层面质量改进螺旋示意

(2) 专业层面质量改进螺旋。依据学校总体专业建设目标和标准，建立健全专业层面自我诊改工作制度，至少每年度开展一次专业层面系统的自我诊改，保证学校总体专业建设目标的实现。各专业团队要根据专业发展目标和标准，建立各个专业自我诊断和改进机制，防微杜渐，实时监测专业建设过程，及时发现问题并妥善解决。各专业至少每年度开展一次系统的自我诊改，自主查找问题，制定改进措施，不断提升专业建设质量，形成各专业质量改进螺旋。

(3) 课程层面质量改进螺旋。依据学校总体课程建设目标和标准，建立健全课程层面自我诊改工作制度，至少每学期开展一次课程层面系统的自我诊改，保证学校总体课程建设目标的实现。各门课程团队要根据课程发展目标和标准，建立各门课程自我诊断和改进机制，防微杜渐，实时监测课程建设过程，及时发现问题并妥善解决。各门课程至少每学期开展一次系统的自我诊改，自主查找问题，制定改进措施，不断提升课程建设质量，形成各门课程质量改进螺旋。

(4) 教师层面质量改进螺旋。依据学校总体师资队伍建设目标和标准，建立健全教师层面自我诊改工作制度，至少每年度开展一次教师层面系统的自我诊改，保证学校总体师资队伍建设目标的实现。教师要根据个人发展目标和标准，实时监测个人发展过程，防微杜渐，发现问题，及时解决。每位教职工至少每年度开展一次系统的自我诊改，不断提升职业发展质量，形成教师的职业发展质量改进螺旋。

(5) 学生层面质量改进螺旋。依据学校总体学生发展目标和标准，建立健全学生层面自我诊改工作制度，至少每学期开展一次学生层面系统的自我诊改，保证学校总体学生发展目标的实现。学生要根据个人发展目标和标准，实时监测自己成长成才过程，防微杜渐，发现问题，及时解决。每位学生至少每学期开展一次系统的自我诊改，不断提升自身成长成才质量，形成学生全面发展的质量改进螺旋。

4. 建设"三中心一平台"的智能校园管理平台

(1) 系统设计并建设基于大数据分析的智能校园管理平台。树立"大数据"理念，深入挖掘人才培养工作过程中的数据需求，建设符合学校内部质量保证体系建设需要的智能校园管理平台，包括专业(课程)发展中心、教师发展中心、学生发展中心、质量管理平台。在建立科学的校本数据中心的基础上，深化应用数据，及时掌握和分析人才培养工作状况，随时进行诊断、反馈、改进和提高，全面支持诊改工作深入开展，如图 5-3 所示。

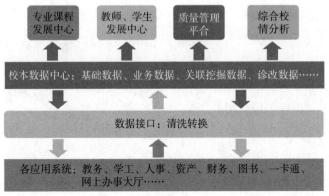

图 5-3　淄博职业学院智能校园管理平台建设框架图

(2) 逐步实现数据的"过程采集"和"实时采集"。逐步实现对学校工作目标、工作任务、实施成效等数据的分析报告以及教师发展、学生全面发展、资源建设、支持服务行为、学习即时诊断、教学即时诊断、定期评教评学评服务、绩效考核等信息的源头采集与实时采集功能，确保数据及时、真实、准确，为学校、部门、教师、学生和家长提供数据查询、数据统计、信息反馈，及时发布预警，督促管理服务对象采取切实措施，解决潜在问题。

(3) 注重状态数据的深度应用，实现人才培养过程监控。根据学生和教师的发展需求，深入剖析需求内涵，确定描述和表征管理对象的主要数据，分析数据来源、确定采集方式；明确管理目标和标准，设置科学合理的激励、预警机制，形成完整的数据结构和逻辑框架，实现学生全面发展和教师阶梯成长在线跟踪。实现过程监控，及时发布预警。

(五) 组织实施

1. 健全组织

(1) 诊改工作领导小组。成立诊改工作领导小组，学校党委书记、院长任组长，学校党委副书记任副组长，成员包括各部门负责人。工作职责：进行内部质量保证体系的顶层设计；部署诊改任务，听取汇报，对诊改工作进行统一领导和协调。

(2) 诊改工作办公室。工作职责：根据诊改工作领导小组的设计与部署制订诊改工作实施方案；监控工作实施，检查工作落实，协调工作进度；向诊改工作领导小组汇报工作进展情况，发布或通报诊改信息。

(3) 三级内部质量管理组织。建立党委领导下的学校质量管理机构、各部门质量保证、专业(课程)与管理服务质量保证三级内部质量管理组织，明确工作职责，在日常工作中强化质量管理意识，有效建立并运行内部质量保证体系，不断提升管理服务质量和人才培养质量。

① 学校质量管理机构。诊改工作办公室负责研究形成内部质量保证体系诊断与改进理念，制定学校和专业层面的质量保证政策及质量文化建设规划，考核学校各部门工作绩效和质量。常设机构质量控制与绩效考核办公室由学校党委直接领导，负责执行质量监控、自我诊改机制建立与运行等工作。

② 各部门质量保证。各部门质量保证工作由本部门负责人负责，做好院系和处室的质量管控。

院系质量保证工作包括审定专业标准、专业人才培养方案、课程标准，保证专业建设的实施质量，撰写院系自主诊断报告。

处室质量保证工作包括审定管理服务质量目标与标准，保证管理服务工作的实施质量，撰写处室质量自主诊断报告。

③ 专业(课程)与管理服务质量保证。专业(课程)与管理服务质量保证工作分别由专业(课程)负责人、相关科室负责人负责，做好专业(课程)与相关管理服务的质量管控。

专业(课程)质量保证工作包括编制专业标准、人才培养方案、课程标准、专业(课程)质量自我诊改,进行学生学业情况调查分析,保证课程实施质量,撰写专业(课程)质量自主诊断报告。

管理服务质量保证工作包括编制管理服务质量目标与标准、管理服务质量自我诊改,进行管理服务满意度调查分析,为人才培养提供保障。

2. 实施计划

(1) 各部门根据学校每年下发的工作要点和所承担的"十三五"事业发展规划建设任务制订本部门的年度工作计划。部门年度工作计划要紧密围绕工作目标和质量标准,提出切实可行的具体建设措施和明确的预期。

(2) 各专业建设团队根据专业建设标准制订专业人才培养方案,人才培养方案需要经过需求调研、目标定位、课程设置、专家论证、方案撰写、方案审核、方案修订等流程。

(3) 各门课程建设团队和教师根据课程建设标准制订课程授课计划,课程授课计划应紧密围绕学生情况分析和专业人才培养方案制订。不断丰富以专业教学资源库为主体的数字化教学资源,构建在线结构化课程,开发微课、企业案例、虚拟仿真等教学项目,完善学习诊断机制,实施线上线下混合式教学模式、推进教与学方式的变革。

(4) 组织人事处、教务处及各院系按照"十三五"师资队伍建设规划年度分解任务以及师资建设标准,制订学校、院系师资建设年度计划,采取引进、培训等措施,确保年度师资建设任务的完成;学校各部门强化服务教师成长发展的意识,为师资队伍建设、教师的成长发展营造良好的氛围;全体教师根据个人制定的职业生涯规划,制订并落实年度个人发展计划。

(5) 学生处统筹各院系,根据学生全面发展标准,分专业、年级制订学生全面发展工作计划,加强学生的思想政治教育,创新科学文化教育和职业技能的培养,引导学生积极参加社会实践,促进学生的思想政治、科学文化、身心健康和实践能力等综合素质的提高。指导帮助学生制定个人成长成才规划,确定自己的职业目标,督导学生努力学习、工作和实践,不断提升自己的就业竞争力和发展潜力,实现全面发展的目标。

(6) 在具体实施过程中,各部门、各岗位、全体学生要密切关注学校发展状态,依据学校具体工作目标、各部门和各岗位具体工作目标、学生个人发展目标的动态调整,及时修订完善工作计划,确保各部门、全体师生员工的发展与学校发展协调一致。

3. 改进提升

质量控制与绩效考核办公室根据内部质量保证体系诊断与改进的要求,优化部门年度考核方案,注重对工作过程的监控与预警。依托质量管理平台,不断建立健全诊改制度,加强质量控制,加大工作过程质量的诊断与分析,逐步实现以实时采集数据为依据的即时考核,促进各部门紧紧围绕质量开展内涵建设,提高支持服务质量,生成并运用生源质量报告、毕业生质量报告、毕业生跟踪报告等，促进专业人才培养质量的不断提升。

(六) 自我诊改

1. 学校层面自我诊改

(1) 质量主体。各部门(由质量控制与绩效考核办公室统筹负责)。

(2) 主要任务。包括以下四个方面。

① 各部门依据部门工作目标和部门工作职责，认真执行工作标准，构建并运行部门工作质量改进螺旋。

② 依托学校质量管理平台，对照部门工作计划和运行观测点，实时监测部门工作质量，进行数据分析，发现问题，内部发布预警，及时纠错、改进。

③ 诊改周期为每年度一次。质量控制与绩效考核办公室至少每年度开展一次学校层面系统的自我诊改，各部门至少每年度开展一次本部门系统的自我诊改，结合日常自我诊断结果，总结成效、找出问题、制定改进措施，不断提升各部门工作质量。

④ 质量控制与绩效考核办公室依托学校质量管理平台，对各部门进行年度绩效考核，明确问题，督导改进。

(3) 主要运行观测点。学校层面运行观测点主要包括工作计划制订与执行情况、公共指标、业务指标、执行力、成效与贡献、满意度等。

2. 专业层面自我诊改

(1) 质量主体。各专业团队(由教务处统筹负责)。

(2) 主要任务。包括以下四个方面。

① 各专业团队依据专业建设目标，认真执行专业建设标准，构建并运行专业质量改进螺旋。

② 依托专业(课程)发展中心，对照专业建设计划和运行观测点，实时监测专业建设质量，进行数据分析，发现问题，内部发布工作预警，及时纠错、改进。

③ 诊改周期为每年度一次。教务处至少每年度开展一次学校专业层面系统的自我诊改，各专业至少每年度开展一次系统的自我诊改，结合日常自我诊断结果，总结成效、找出问题、制定改进措施，不断提升专业建设质量。

④ 质量控制与绩效考核办公室依托学校质量管理平台，对各教育教学部进行年度绩效考核，明确问题，督导改进。

(3) 主要运行观测点。专业层面运行观测点主要包括在校生数、招生数据、专任教师数、师资队伍分析、生师比、教科研、获奖(包括团体和个人)、实验实训设施、教学资源建设使用数据、校企合作、就业率、社团建设等。

3. 课程层面自我诊改

(1) 质量主体。各课程团队(由教务处统筹负责)。

(2) 主要任务。包括以下三个方面。

① 各课程团队依据课程建设目标，认真执行课程建设标准，构建并运行课程质量改进螺旋。

② 依托专业(课程)发展中心，对照课程建设计划和运行观测点，实时监测课程建设质量，进行数据分析，发现问题，内部发布工作预警，及时纠错、改进。

③ 诊改周期为每学期一次。教务处至少每学期开展一次学校课程层面系统的自我诊改，各门课程至少每学期开展一次系统的自我诊改，结合日常自我诊断结果，总结成效、找出问题、制定改进措施，不断提升课程建设质量。

(3) 主要运行观测点。课程层面运行观测点主要包括网络教学平台课程数据、混合式教改课程数据、学习状态分析、学习达标率、课程教学测评结果等。

4. 教师层面自我诊改

(1) 质量主体。全体教师(由组织人事处统筹负责)。

(2) 主要任务。包括以下四个方面。

① 教师依据个人发展目标，认真执行发展标准，构建并运行教师质量改进螺旋。

② 依托教师发展中心，对照个人发展计划和教师运行观测点，实时监测个人发展质量，进行数据分析，发现问题，自我预警，及时纠错、改进。

③ 诊改周期为每年度一次。组织人事处至少每年度开展一次学校教师层面系统的自我诊改，每位教职工至少每年度开展一次系统的自我诊改，结合日常自我诊断结果，总结成效、找出问题、制定改进措施，不断提升个人发展质量。

④ 组织人事处组织各院系依托教师发展中心，至少每年度对教师进行一次绩效考核，明确问题，督导改进。

(3) 主要运行观测点。教师层面运行观测点主要包括学历学位、所授课程、科研(获奖、专利、课题、论文等)、评教(包括课堂评价)、收入(工资奖金等)、导师工作、培训进修、挂职锻炼、兼职实践、行业工作经历等。

5. 学生层面自我诊改

(1) 质量主体。全体学生(由学生处统筹负责)。

(2) 主要任务。包括以下三个方面。

① 学生依据个人发展目标，认真执行发展标准，构建并运行学生质量改进螺旋。

② 依托学生发展中心，对照个人发展计划和学生运行观测点，实时监测个人发展质量，进行数据分析，发现问题，自我预警，及时纠错、改进。

③ 诊改周期为每学期一次。学生处至少每学期开展一次学校学生层面、系统的自我诊改，每位学生至少每学期开展一次系统的自我诊改，结合日常自我诊断结果，总结成效、找出问题、制定改进措施，不断提升个人发展质量。

(3) 主要运行观测点。学生层面运行观测点主要包括政治表现、思想水平、道德品质、法纪观念、集体观念、劳动观念、生活态度、学习态度、学习成绩(专业素质和人文素养)、实操技能、科研创新、拓展能力、身体素质、运动能力、自我评价、人际关系、社会适应、心理行为、创新能力、实践能力、组织协作能力、社会活动能力等。

(七) 保障措施

(1) 加强宣传培训。各部门要加大诊改工作的宣传和培训力度，采取丰富多彩的宣传形式，积极组织并参加校内外的诊改工作培训，使全体师生员工深入了解诊改工作对学校发展的重要意义，认真领会诊改工作内涵，激发内生动力，转变观念、形成共识，不断提高全体师生员工的质量保证主体意识和责任感。

(2) 做好组织保障。建立党委领导下的各级内部质量保证组织，明确工作职责，为诊改工作的顺利实施提供组织保障。相关部门围绕各层面目标和标准要求，重点从人力资源、财务支持、教学资源、安全保障、生活保障和文化保障等方面，明确工作着力点，系统建立科学有效的保障机制。

(3) 完善工作机制。总结学校多年来的质量管理工作，建立符合诊改理念的质量管理机制。通过优化绩效考核运行机制，引导各部门建立并有效运行质量保证体系，开展以实时数据为主要依据的自我诊改，重点在于发现问题、剖析成因、改进创新。完善奖惩机制，将考核结果与部门和个人奖惩措施挂钩，形成质量保证体系运行的动力机制。

(4) 学习工作方法。诊改工作的顺利开展需要学习并灵活应用以下质量管理理论和方法：目标管理(MBO)、知识管理、"最近发展区"理论、8字形质量改进螺旋、SWOT分析法、SMART原则、WBS项目分解法、OPPM项目管理、PDCA循环、关键绩效指标(KPI)、全面质量管理(TQM)、精细化管理等，为诊改工作的持续推进与常态运行提供智力支持。

四、开展"说诊改"活动

为持续推动学校诊改工作，2019年4月学校发布并实施了《淄博职业学院"说诊改"活动实施方案》，全体师生员工结合2018年度已开展的自我诊改工作，公开交流自我诊改工作成效、问题与改进措施，进一步加深了对诊改工作的认识、提升了质量主体意识。学校将把"说诊改"活动作为诊改工作的一项制度性安排，列入常规工作清单，定期开展。

(一) 总体目标

在各部门、全体教师、相关学生已开展自我诊改工作的基础上，各部门组织师生员工通过公开交流的形式，以"事前目标标准明确、事中监测预警及时、事后诊断改进有效"为主要内容开展"说诊改"活动，进一步明确了各岗位的发展目标和标准，反思作为质量主体的自主诊改工作，使全体师生深刻领会诊改工作的内涵与意义、系统总结诊改工作的主要成效，促进学校持续高质量发展。

(二) 活动内容

1. 部门负责人"说诊改"

(1) 完成质量管理平台中各部门"运行观测点"数据的编辑填报。

(2) 制作部门负责人"说诊改"课件，依托质量管理平台阐述本部门诊改工作。主要内容包括第一，总结上一年度本部门诊改制度建立情况(目标体系、标准体系、运行观测点、工作流程、质量控制文件等)；第二，依据部门职责和"十三五"规划等，分析本部门存在的主要问题和原因；第三，对照问题和差距提出改进的具体措施或项目工作任务，全面支撑优质校建设和争创"双高计划"。

(3) 提前在部门全体会议或以其他形式进行公开交流。

2. 专业带头人/人文素养课业务带头人"说诊改"

(1) 完善专业建设规划，熟练应用专业(课程)发展中心，明确专业/人文素养课的发展目标和标准。

(2) 制作专业带头人/人文素养课业务带头人"说诊改"课件，依托专业(课程)发展中心阐述本专业或人文素养课诊改工作。主要内容包括第一，总结上一年度以来本专业/人文素养课诊改工作情况(目标、标准、运行观测点、质量循环提升等)；第二，依据建设规划和标准等，分析本专业/人文素养课存在的主要问题和原因；第三，对照问题和差距提出改进的具体措施，全面支撑优质校建设和争创"双高计划"。

(3) 提前在专业/人文素养课团队全体会议或以其他形式进行公开交流。

3. 课程负责人"说诊改"

(1) 完善课程建设规划，熟练应用专业(课程)发展中心，明确课程的发展目标和标准。

(2) 制作课程负责人"说诊改"课件，依托专业(课程)发展中心阐述本课程诊改工作。主要内容包括第一，总结 2016 年以来本课程诊改工作情况(目标、标准、运行观测点、质量循环提升等)；第二，依据建设规划和标准等，分析本课程存在的主要问题和原因；第三，对照问题和差距提出改进的具体措施，全面支撑优质校建设和争创"双高计划"。

(3) 提前在专业团队全体会议或以其他形式进行公开交流。

4. 教职工"说诊改"

(1) 教师本人在教师发展中心设置个人"年度目标"，并完善个人 CRP 信息。

(2) 制作个人"说诊改"课件，依据教师发展中心和个人上年度自我诊断报告阐述本人诊改工作。主要内容包括第一，本人职业发展目标和标准；第二，当前状态值和差距值，存在差距的主要原因分析；第三，拟采取的改进措施。

(3) 提前在部门全体会议上或以其他形式进行公开交流。

5. 学生"说诊改"

(1) 提前通过黑板报、宣传栏、微信公众号等渠道，大力宣传"诊改"。

(2) 提前组织学生撰写《学年自我诊断报告》，可以参照学生发展中心"成长成才规划"和"诊断与改进"的相关内容，组织成 Word 文档材料。

(3) 提前组织开展以"诊改"为主题的班会活动。

(4) 分阶段开展以"成长成才规划与全面发展"为主题的演讲比赛。

五、持续推进诊改工作

2019 年 5 月学校在完成复核工作后，继续推进诊改工作。学校党委于 2019 年 6 月印发了《关于持续推进诊改工作的实施意见》(淄职院政办字〔2019〕11 号)。

为持续推进内部质量保证体系诊断与改进工作，切实建立常态化的自主保证人才培养质量机制，根据全国职业院校教学工作诊断与改进专家委员会诊改复核专家组《淄博职业学院现场诊改复核反馈意见》以及《淄博职业学院 2019 年度诊改工作计划》(淄职院政办字〔2019〕11 号)，特制定本实施意见。

（一）指导思想

以落实诊改复核反馈意见为契机，深入研究内部质量保证体系诊断与改进工作，进一步优化诊改工作实施方案，总结诊改工作经验，解决诊改工作中存在的问题，实现学校内部治理现代化，为切实提高办学水平和人才培养质量奠定坚实基础。

（二）总体目标

不断更新诊改理念，充分发挥职能部门在诊改工作中的责任主体作用，进一步优化目标链和标准链，在学校、专业、课程、教师和学生等五个层面更有效的运行 8 字形质量改进螺旋，增强信息化系统对学校管理和诊改工作的支持作用，加强质量文化建设，完善激励制度，充分激发质量主体的内生动力，持续推进内部质量保证体系诊断与改进工作常态化。

（三）主要问题

(1) 各部门诊改工作不均衡，总体来看院系好于职能部门，职能部门的责任主体作用发挥不够。

(2) 专业和课程层面诊改工作的整体设计与实施不到位。

(3) 信息化平台建设在为学校管理和教育教学服务方面还有差距。

(4) 各部门对 8 字形质量改进螺旋的研究欠缺、应用不够科学。

（四）工作发力点

(1) 发挥职能部门责任主体作用，持续推进各层面诊改工作深入实施。

(2) 完善信息化平台建设，提升师生员工的获得感和幸福感。

(3) 深入研究并建立科学落实 8 字形质量改进螺旋的有效机制。

(五) 任务措施

1. 制定各层面持续推进诊改工作任务清单

由质量控制与绩效考核办公室、教务处、组织人事处、学生处、信息化办公室分别负责制定学校、专业/课程、教师、学生和信息化建设等方面的持续推进诊改工作任务清单，质量控制与绩效考核办公室负责汇总，6 月 30 日前完成。

2. 完善信息化平台建设，加强数据运行与深度应用

(1) 由信息化办公室统筹协调相关部门完善信息化平台建设，做好信息化平台使用的指导与培训工作，10 月 31 日前完成智能校园管理平台"三中心一平台"的优化。

(2) 各部门要依托"三中心一平台"开展日常管理工作，特别是要围绕部门工作目标与标准，加强研究与思考、健全工作推进机制，全面实施精细化管理。

3. 加强对内部质量保证体系诊断与改进的研究与应用

(1) 各部门要进一步组织诊改工作的学习与研究，特别是要深入领会 8 字形质量改进螺旋的内涵，将诊改的思维方式和工作方法融入人才培养过程，在实际工作中科学应用 8 字形质量改进螺旋，在年度工作总结中要呈现诊改工作成效。

(2) 由质量控制与绩效考核办公室负责完善、上报并发布《淄博职业学院内部质量保证体系建设与运行实施方案》，8 月 31 日前完成。

第二节　系统建立诊改工作机制

一、制订工作计划

学校根据诊改工作进展，制订学期或年度工作计划。各部门根据学校整体要求，将诊改工作纳入部门年度工作任务清单。

(一)《2016—2017 学年第二学期内部质量保证体系建设与运行工作方案》

1. 总体思路

以体系设计为引领，以目标体系和标准体系打造为基础，以工作质量改进螺旋构建与运行为核心，以校本特色平台建设为支撑，以制度完善和诊改导向的绩效考核为保障，以形成诊改工作常态化的体制机制和质量文化为目标，凝神聚力，扎实推进诊改。

2. 内部质量保证体系建设工作组织机构及职责分工

(1) 学校内部质量保证体系建设委员会。工作职责：指导内部质量保证体系的顶层设计，部署诊改任务，听取汇报，对诊改工作进行统一领导和协调。

学校内部质量保证体系建设委员会下设诊改工作办公室和质量保证体系建设工作组，诊改工作办公室设在科技与规划发展处，质量保证体系建设工作组由相关部门牵头负责。

(2) 诊改工作办公室。工作职责：根据诊改工作领导小组的设计与部署制订诊改工作方案；监控工作实施，检查工作落实，协调工作进度；向诊改工作领导小组汇报工作进展情况，发布或通报诊改信息。

(3) 内部质量保证体系建设工作组。根据内部质量保证体系建设工作要求，结合学校工作实际，设立各相关工作组。

① 学校层面工作组工作职责：负责各部门年度工作计划、工作职责、工作清单、工作制度、工作流程、岗位标准等的建设工作，负责学校质量管理平台的建设与运行工作。

② 专业(含课程)层面工作组工作职责：负责学校专业目标体系和标准体系、课程目标体系和标准体系等的建设工作，负责专业发展中心的建设与运行工作。

③ 师资层面工作组工作职责：负责学校师资队伍目标体系和标准体系等的建设工作，负责教师发展中心的建设与运行工作。

④ 学生层面工作组工作职责：负责学校学生全面发展目标体系和标准体系的建设工作，学生处负责学生全面发展中心的建设与运行工作。

⑤ 智能校园管理平台建设工作组工作职责：相关部门分别负责相关中心(平台)的建设与运行工作，信息化办公室负责智能校园管理平台建设的总体协调和技术支持。教务处、信息化办公室负责学校智能校园管理平台与全国高职院校人才培养状态数据采集与管理平台的衔接工作。

⑥ 部门内部质量保证工作组工作职责：负责本部门目标体系、标准体系及其他内部质量保证体系的建设工作。

3. 具体目标

持续开展诊改工作宣传和培训，推动学校目标体系和标准体系的建立，基本上建成了教师发展中心和学生全面发展中心，启动专业发展中心和学校质量管理平台建设，使自主保证人才培养质量成为全体教职员工的共识，为建立各个层面的质量改进螺旋、建设"三中心一平台"的智能校园管理平台、完善内部质量保证体系奠定坚实基础。

4. 工作任务及进程

(1) 诊改工作宣传与培训。

(2) 建立目标体系。梳理各子规划目标和院系部发展规划目标，确保呼应和支撑学校"十三五"事业发展规划总体目标。尽快发布学生全面发展规划、校园文化建设规划、继续教育建设规划、内部质量保证体系建设规划。

① 制定各部门年度工作目标，确保与学校发展目标的匹配与衔接。

② 制定学校专业分类建设目标、学校课程分类建设目标、指导建立各专业建设目标和各课程建设目标，确保与学校专业(课程)总体发展目标的匹配与衔接。

③ 制定学校师资队伍分类建设目标、指导确定院系师资队伍建设目标以及指导制定教职工职业生涯发展规划，确保与学校师资队伍总体发展目标的匹配与衔接。

④ 厘定学校学生发展目标内涵，指导制定院系或各专业学生发展目标和指导制定学生职业生涯发展规划，确保与学校学生全面发展总体目标的匹配与衔接。

(3) 建立标准体系。指导制定并完善各部门工作标准，如工作职责、工作清单、工作制度、工作流程等，确保呼应与支撑本部门的工作目标。

① 制定并完善学校专业分类建设标准、学校课程分类建设标准等各类相关标准，指导确定各专业建设标准和各课程建设标准，确保呼应与支撑学校各专业、各门课程等建设目标。

② 制定并完善学校师资队伍分类建设标准等相关标准，指导制定院系师资队伍建设标准以及教职工职业生涯发展标准，确保呼应与支撑学校师资队伍各类发展目标。

③ 出台学校学生基本发展标准，指导建立院系或各专业学生发展标准，出台学生职业生涯发展指导性意见等，确保呼应与支撑学校各专业学生发展目标。

(4) 建设"三中心一平台"的智能校园管理平台。

① 完善并发布智能校园管理平台建设工作方案。

② 完成智能校园管理平台数据采集等基础性工作，建立学校、专业、课程、教师和学生等层面的过程性诊断要素，并进行量化。

③ 基本建成教师发展中心并投入使用。

④ 基本建成学生全面发展中心并投入使用。

⑤ 启动专业(课程)发展中心建设。

⑥ 启动学校质量管理平台建设。

5. 工作要求

内部质量保证体系建设与运行工作是一项全新理念下的工作，学校作为全国首批诊改试点院校之一，要勇于探索创新，争做诊改试点工作的示范单位。

(1) 认真学习。所有部门、全体教职工要认真学习相关文件，领会诊改工作内涵，充分认识诊改工作对学校发展的重要意义，激发学习、创新动力，不断增强质量意识和责任感。

(2) 扎实推进。诊改工作是全员、全方位、全过程的工作，与每个部门、每位教职工的工作息息相关，关系到每个学生的发展。全体教职员工要切实转变观念，认真研究工作、学习方法，实现质量的持续改进和不断提高。

(3) 自我保证。内部质量保证体系的诊改工作，强调"自我保证"，质量目标、质量标准等根据实际情况自行确定。围绕质量目标，开展自我诊断、运行、监控，实现循环提升。

(4) 数据管理。各部门应树立"大数据"理念，深入挖掘本部门的数据需求，积极参与智能校园管理平台的建设与应用，努力消除信息孤岛，提高学校的管理信息化、网络化和精细化水平，全面推进诊改工作深入开展。

(5) 加强调度。诊改工作领导小组将根据诊改工作任务及进程，实时调度诊改工作进展，及时通报诊改工作中的经验与问题，推动学校内部质量保证体系的有效建立及运行。

(二) 2017—2018 学年第一学期内部质量保证体系建设与运行工作方案

2017 年 5 月 9 日学校发布了《2016—2017 学年第二学期内部质量保证体系建设与运行工作方案》，各部门根据工作方案积极推进内部质量保证体系建设与运行工作，并取得了阶段性成效。为进一步推进本学期学校内部质量保证体系的建设与运行工作，特制订本方案。

1. 本学期工作思路

延续 2016—2017 学年第二学期工作思路，继续推进诊改工作向纵深发展。在完善目标体系和标准体系的基础上，重点是构建各部门主要工作的质量改进螺旋，全面完成智能校园管理平台的建设和应用，逐步建立诊改工作常态化的体制机制，形成鼓励创新、包容失误、褒奖改进、追求卓越的现代质量文化。

2. 本学期工作目标

继续深入开展诊改工作宣传和培训，持续完善学校各层面的目标体系和标准体系，构建各层面、各部门主责的质量改进螺旋，建成智能校园管理平台并投入试运行，推动自我诊改成为全体教职员工的共识。

3. 工作任务

(1) 诊改工作宣传与培训。

(2) 推进工作流程建设。质量控制与绩效考核办公室负责工作流程制定工作的总体规划。院办公室牵头负责各部门开展工作流程的制定与完善工作，信息化办公室负责技术支持。各部门根据诊改工作和教育管理信息化相关要求，立足本部门实际，以制度为依托，全面梳理各项工作流程，并提报至少 2 项工作流程。信息化办公室根据各部门提报情况，完成工作流程的建设，并在智能校园管理平台运行。

(3) 完成岗位说明书的修订工作。组织人事处负责统筹各部门，完成岗位说明书的修订工作。

(4) 构建专业和课程分类建设体系。教务处负责制定学校整体专业和课程分类建设目标、专业和课程分类建设标准，指导各院系制定《各专业建设目标和标准》以及《各院系课程建设目标和标准》。

(5) 完善师资队伍建设目标体系和标准体系。组织人事处负责完善学校整体师资队伍建设目标和标准，按照职称分级完善教师个人发展标准，指导各院系制定各专业师资队伍建设目标、标准以及教师个人发展目标、标准。

(6) 完善学生全面发展目标体系和标准体系。学生处负责制定学校整体学生发展目标和标准。学生处指导各院系制定各专业学生发展目标和标准，学生个人全面发展标准由基本标准和专业特色标准组成。

(7) 完善各部门的目标体系和标准体系。各部门根据学校各层面整体的目标体系和标准体系，完善本部门的目标体系、标准体系。

(8) 构建质量改进螺旋。根据学校整体目标体系和标准体系，指导各部门规范工作制度和流程，履行工作职责和任务清单，形成学校层面的质量改进螺旋，逐步建立学校质量改进机制。

① 依托专业(含课程)发展中心，根据学校整体专业(含课程)分类建设目标和标准，组织实施学校整体专业(含课程)建设，形成学校整体专业(含课程)建设的质量改进螺旋，初步建立学校整体专业(含课程)建设质量改进机制。

② 依托教师发展中心，根据学校整体师资队伍建设目标和标准，组织实施学校整体师资队伍建设，形成学校整体师资队伍建设的质量改进螺旋，初步建立学校整体师资队伍建设质量改进机制。

③ 依托学生发展中心，根据学校整体学生发展目标和标准，组织实施学校整体学生全面发展，形成学校整体学生发展的质量改进螺旋，初步建立学校整体学生全面发展质量改进机制。

各部门应根据本部门的目标体系和标准体系，组织实施各项工作，形成本部门主责的质量改进螺旋(2～3项)，初步建立部门工作质量改进机制。应聚焦部门工作职责、注重问题导向，针对本部门存在的突出问题，构建有效的质量改进螺旋。

(9) 建成智能校园管理平台。整体推进智能校园管理平台建设工作，信息化办公室统筹负责智能校园管理平台建设工作，相关部门与信息化办公室密切协同，整体推进智能校园平台建设工作，2017年年底质量控制与绩效考核办公室对此项工作进行专项分析与考核。建设期间，信息化办公室可根据工作进展随时进行专项调度。

① 基本建成专业(含课程)发展中心并全面使用。
② 在基本建成专业(含课程)发展中心的基础上，重点做好智能课堂建设。
③ 完善教师发展中心并全面使用。
④ 完善学生发展中心并全面使用。
⑤ 完善学校质量管理平台建设并全面使用。
⑥ 各部门使用学校智能校园管理平台("三中心一平台")。

(三) 淄博职业学院2018年度诊改工作计划

2018年诊改工作的总体要求是：继续深入开展诊改工作宣传和培训，进一步完善学校、专业、课程、教师、学生等层面的目标体系和标准体系，明确工作质量诊断点、完善工作质量控制文件，构建与运行各层面、各部门工作质量改进螺旋，全面建成并有效运行"三中心一平台"的智能校园管理平台，有序开展自主诊改工作，完善诊改导向的绩效考核机制，顺利通过国家诊改工作复核。

1. 深入宣传、研讨保证主体意识

结合本部门工作实际，组织师生员工研讨质量保证体系建设与运行工作至少2次，促使全体师生员工逐步建立质量观念。

2. 完善目标体系

(1) 完善"五横"目标体系。完善学校各层面层级分明、内容关联的目标体系资料汇编。

(2) 完善各部门目标体系。完善各部门层级分明、内容关联的目标体系资料汇编。

(3) 实现目标体系信息化。在完善目标体系的基础上，完成各层面、各部门工作目标、工作职责的信息化，使工作目标能够在"智能校园管理平台"中呈现。

3. 完善标准体系

(1) 完善"五横"标准体系。完善学校各层面内容关联、相对独立的标准体系资料汇编，在部门工作职责和岗位说明书中增加对质量改进的要求。

(2) 完善各部门标准体系。完善各部门内容关联、相对独立的标准体系资料汇编。

(3) 实现标准体系信息化。在完善标准体系的基础上，完成各层面、各部门工作标准的信息化，使各类工作标准能够在"智能校园管理平台"中呈现。

4. 构建与运行问题导向的质量改进螺旋

(1) 完善工作流程。依据部门工作目标和职责，完善各项工作流程，尤其应增加对质量问题的反馈和处理流程，并实现关键工作流程信息化。

(2) 明确质量诊断点。拟定各层面、各部门的工作质量诊断点，完善相关数据的字段定义、数据来源等工作。

(3) 完善质量控制文件。结合部门制度建设，至少完善2项部门主要工作的质量控制文件，重点是增加对质量问题的界定和处理程序。

(4) 落实质量改进。根据工作实际，至少完成2项部门主要工作的质量改进螺旋总结报告，总结如何针对工作过程中发现的问题，主动发起工作改进程序以及取得的工作成效等。

5. 建成智能校园管理平台

(1) 完成平台建设。系统设计"三中心一平台"的主要功能模块和关键质量诊断点，完成智能校园管理平台建设并不断完善。

(2) 规范数据管理。制订学校数据管理办法，细化"三中心一平台"各功能模块质量

诊断点的对应数据，规范数据来源和维护办法，确保数据真实、准确。

(3) 运行指导与保障。制订"三中心一平台"的使用指南，加强对各部门使用智能校园管理平台的指导与改进，注重状态数据的深度应用。

6. 组织实施自主诊改工作

(1) 制订自主诊改工作方案。根据学校诊改工作总体安排，依托学校智能校园管理平台，制订自主诊改工作方案。

(2) 开展自主诊改。根据学校自主诊改工作方案，各部门根据自主诊断结果，撰写自我诊改报告，总结工作成效、找出存在的问题，分析原因并制订改进措施。

(3) 持续改进提升。在国家开展诊改工作复核前，各高职院校应根据自主诊改工作情况，以问题为导向，持续改进，促进学校整体工作质量的循环提升。

7. 建立常态化诊改工作机制

(1) 制订学校诊改工作考核办法。根据学校总体安排，制订详细的诊改工作年度考核办法。

(2) 完善学校绩效考核制度。加强对各部门工作质量的过程控制与考核，重点在于引导各部门自主发现问题、剖析成因、改进创新，促进诊改工作常态运行。

(四) 淄博职业学院 2019 年度诊改工作计划

2019 年诊改工作总体目标是：继续推动学校内部质量保证体系的建设与运行，建立健全学校、专业、课程、教师、学生等层面的诊改制度，形成诊改工作长效机制；不断完善并有效运行"三中心一平台"的智能校园管理平台，全面支撑内部质量保证体系诊断与改进工作；建立各部门、各岗位的常态化自我诊改机制，不断完善诊改理念下的绩效考核运行机制；通过国家的诊改复核，根据诊改复核意见促进学校持续高质量发展。

1. 建立健全诊改制度

(1) 开展全体师生员工"说诊改"活动。结合 2018 年度各部门、全体师生自我诊断报告，进一步明确各部门、各岗位的目标、标准，强化质量过程的自我监控，以"事前目标标准清晰明确、事中监测预警及时有效、事后诊断改进具体有效"为主要内容，开展全体师生员工"说诊改"活动。

(2) 建立健全各层面的诊改制度。完善学校各层面的目标体系、标准体系、运行观测点、工作流程、质量控制文件等诊改制度，重点是完善对质量问题的界定和处理程序，形成诊改工作的长效机制。

(3) 建立健全各部门的诊改制度。根据各部门职责分工，完善各部门的目标体系、标准体系、运行观测点、工作流程、质量控制文件等诊改制度，重点是完善对质量问题的界定和处理程序，形成诊改工作长效机制。

2. 有效运行智能校园管理平台

（1）完成平台建设。根据"三中心一平台"的系统设计，不断完善专业(课程)发展中心、教师发展中心、学生发展中心和学校质量管理平台，并制订使用指南，指导各部门有效使用智能校园管理平台，注重状态数据的深度应用。

（2）有效应用平台。根据牵头部门的要求，有效使用智能校园管理平台，运用平台监测学校日常管理工作，发布预警并主动改进。各院系要根据教务处的统一要求，依托专业(课程)发展中心开展各专业和各门课程的自我诊断工作。

（3）规范数据管理。加强各类数据管理，细化"三中心一平台"各功能模块中运行的观测点的对应数据，规范数据来源和维护办法，确保数据真实、准确。

3. 完成国家诊改复核工作

（1）统筹诊改复核准备工作。向全国职业院校教学工作诊断与改进专家委员会提报诊改复核工作申请，撰写学校内部质量保证体系自我诊断报告，制订迎接诊改复核工作方案，编撰学校诊改工作资料集。

（2）完成各层面诊改复核准备工作。完成各层面自我诊断报告，梳理各层面诊改制度，完善并推广应用"三中心一平台"的智能校园管理平台，根据相关要求准备各层面诊改复核汇报材料。

（3）有效开展自我诊改工作。完成本部门自我诊断报告，根据自我诊断结果，不断推进本部门内部质量保证体系的建设与运行，重点是建立本部门有效的诊改制度，同时能够熟练应用"三中心一平台"的智能校园管理平台。

4. 建立常态化自我诊改机制

（1）制订学校诊改工作改进方案。根据国家诊改复核意见，制订诊改工作改进方案，优化绩效考核机制，重点引导各部门自主发现问题、剖析成因、改进创新，促进内部质量保证体系诊断与改进工作的常态运行。

（2）改进各层面的自我诊改工作。根据国家诊改复核意见，各内部质量保证体系建设与运行工作组牵头部门分别负责改进各层面的自我诊改工作，分析问题成因、制订改进措施，形成各层面常态化自我诊改机制。

（3）持续改进提升。各部门根据学校统一安排，坚持问题导向，有效开展自我诊改工作，主动发现问题、分析问题形成原因、制订改进措施，不断改进本部门和各岗位的工作质量，促进学校整体工作质量的循环提升。

二、定期调度研讨

根据诊改工作进程，适时召开诊改工作调度会、研讨会，均由院领导主持和参与，主要是诊改工作团队参加，调度诊改工作进展、研讨诊改工作中的具体问题。坚持问题导向，针对推进过程中出现的问题，重点问题重点调度、难点问题反复调度，推进诊改工作深入实施。近年来，共召开诊改工作专题调度会、研讨会 20 余次。不要求所有部门齐步走，但要求必须都要行动起来。关键职能部门定期集中办公，推进智能校园管理平台建设等重点工作。

相关会议纪要择要如下：

(一) 淄博职业学院诊改工作调度会会议纪要〔2017 第 1 号〕

2017 年 5 月 4 日上午，学校在 1020 会议室组织召开内部质量保证体系诊断与改进工作研讨会，就本学期诊改推进工作进行了专题研讨部署。学院院长杨百梅、党委副书记姜义林出席会议，组织人事处、科技与规划发展处、教务处、学生处、信息化办公室、质量控制与绩效考核办公室等部门负责人及诊改工作办公室全体成员参加了会议。

会上，诊改工作办公室相关人员汇报了《淄博职业学院 2016—2017 学年第二学期内部质量保证体系建设与运行工作方案》；各部门根据学院诊改工作总体安排，结合本部门职责，对本学期内部质量保证体系建设与运行工作方案、智能校园管理平台建设思路与任务分工等进行了深入研讨。本学期，学院将全面推进"三中心一平台"的智能校园管理平台建设，计划初步建成教师发展中心和学生全面发展中心，并完成专业(课程)发展中心和学校质量管理平台建设的基础工作。通过研讨，进一步明确了教师发展中心和学生全面发展中心的内涵与外延，理清了智能校园管理平台体系架构、具体内容、任务分工、实施流程等方面的建设思路。

最后，杨百梅作总结讲话。她指出，本次会议非常重要，就如何解决前期诊改工作中存在的问题达成了共识，为后期学校诊改工作的全面推进奠定了坚实基础。她要求，一是诊改工作办公室要在总结前期工作经验的基础上，尽快出台关于诊改工作的指导意见，重点是要制定今后工作的总体规划；二是各牵头部门要认真思考，周密部署，作好诊改各项工作的顶层设计；三是要围绕智能校园平台建设工作任务，与信息化办公室保持及时密切的对接协调，各项工作要分步实施，注意先后次序和相互衔接。

(二) 淄博职业学院诊改工作调度会会议纪要〔2017 第 2 号〕

2017 年 5 月 8 日下午，学校在 1018 会议室组织召开内部质量保证体系诊断与改进工作推进会议，就本学期诊改工作任务做了具体部署。学校领导杨百梅、姜义林、曾照香、田立忠、高霞、耿玉河出席了会议，各部门负责人及诊改工作办公室相关成员参加了会议。会议由姜义林副书记主持。

会上，科技与规划发展处负责人详细解读了《淄博职业学院 2016—2017 学年第二学期内部质量保证体系建设与运行工作方案》，她指出，本学期诊改工作的重点任务是建立目标体系和标准体系，基本建成教师发展中心和学生全面发展中心，启动专业发展中心和学校质量管理平台建设工作，使自主保证人才培养质量成为全体教职员工的共识。组织人事处负责人介绍了《关于开展教职工职业生涯规划设计的指导意见》的指导思想、制定教职工职业生涯规划的原则、步骤、具体要求等，强调部门负责人是本部门教职工职业生涯规划的责任人。信息化办公室负责人介绍了智能校园管理平台建设情况，还对智能校园管理平台建设的工作思路、重点难点、任务要求等做了说明。部分与会部门负责人就如何开展本学期的诊改工作进行了交流互动。

院长杨百梅作总结讲话。她指出，第一，今天的诊改工作推进会议标志着学校诊改工作进入一个新的全面推开阶段，要"统一号令、全面推进"。部门负责人是诊改工作的第一责任人，学校、专业(课程)、师资、学生等层面的牵头部门要认真系统地梳理相关工作，各院系要密切配合、全面开展诊改工作。第二，诊改工作办公室和各部门要高度重视诊改培训工作、有效开展各层面的培训，宣传部门要注重典型事件、典型任务的宣传报道，要让诊改工作深入人心、人人参与。第三，坚持将诊改和日常工作融为一体，虽然在最终形成诊改的理念、模式、路径、效果之前，老师们要做大量新的工作，但诊改的体制机制一旦形成，工作将比原来简单、方便、易控、易查。第四，诊改工作是一场管理模式的变革，要由外部监管变为自主保证质量，而诊改就是推动这一管理模式变革的有效抓手，早认识、早行动、早出成效。她希望，各部门克服困难，将诊改工作作为本部门工作的新起点和新突破，主动开展诊改工作，真正做到自我诊断、自我改进，推进学校内涵式全面发展。

(三) 淄博职业学院诊改工作调度会会议纪要〔2017第3号〕

2017年5月25日上午，学校召开诊改工作目标体系、标准体系建设研讨会。杨百梅院长、姜义林副书记出席会议，学校内部质量保证体系建设工作组的负责人和院系、处室代表及诊改工作办公室相关成员参加了会议。会议由姜义林主持。

会上，教务处、组织人事处、学生处分别汇报了专业(含课程)层面、师资层面、学生层面的目标体系、标准体系的建设目录和内容说明；科技与规划发展处、后勤服务管理处汇报了本部门的目标体系、标准体系的建设目录和工作措施；质量控制与绩效考核办公室汇报了岗位说明书和部门工作标准的编制思路。与会人员对上述汇报内容进行了充分的研讨。诊改工作办公室负责人就汇报材料的进一步规范完善和相关工作的持续推进进行了部署。

杨百梅院长作了总结讲话。她指出，所有汇报部门都对诊改工作目标体系和标准体系的建设进行了认真深入的系统思考，充分肯定了汇报材料的质量，指出要发挥典型引路的作用，带动、推进其他部门的诊改工作深入开展。她指示，诊改工作办公室要尽快制定《关于内部质量保证体系诊断与改进工作的指导意见》，争取尽快提交党委会研究。杨院长还对会议的组织、效率、成果等提出了具体要求。

(四) 淄博职业学院诊改工作调度会会议纪要〔2017第4号〕

2017年9月8日上午，学校在北区立德楼十楼第一会议室召开诊改工作调度会议，学校党委副书记、院长杨百梅，党委副书记姜义林出席，学校内部质量保证体系建设工作组负责人以及诊改工作办公室相关成员参加了会议。会议由姜义林主持。诊改工作办公室通报了学校层面、专业(含课程)层面、师资层面、学生层面的目标体系和标准体系建设情况。学校内部质量保证体系建设工作组负责人就前期诊改工作进展、存在的问题及工作设想进行了充分研讨。杨百梅和姜义林对下一步诊改工作提出了要求。纪要如下：

(1) 学生处负责制定学校整体学生发展目标和标准，指导各院系制定各专业学生发展目标和标准，学生个人全面发展标准由基本标准和专业特色标准组成。将有关数据全部录入学生全面发展中心，学生全面发展中心投入试运行。上述工作于 2017 年 10 月 30 日前全部完成，请学生处于 9 月 15 前完成工作配档表，同时报诊改工作办公室备案。

(2) 教务处负责制定学校整体专业(含课程)分类建设目标和标准，指导各院系制定各专业(含各门课程)建设目标和标准，2017 年 9 月 30 日前完成。教务处负责提出学校教师教学成果管理系统的建设需求，由信息化办公室负责技术支持，2017 年 11 月 10 日前建成并开放使用。

(3) 组织人事处负责制定学校整体师资队伍建设目标和标准，按照职称分级完善教师个人发展标准，指导各院系部制定各专业师资队伍建设目标、标准以及教师个人发展目标、标准，2017 年 10 月 30 日前完成。组织人事处负责统筹各部门，完成岗位说明书的修订工作，2017 年 11 月 30 日前完成。

(4) 质量控制与绩效考核办公室负责统筹完成学校标准体系的制定工作，2017 年 9 月 30 日前完成。

(5) 质量控制与绩效考核办公室负责工作流程制定工作的总体规划。院办公室牵头负责各部门开展工作流程的制定与完善工作，信息化办公室负责技术支持。2017 年 12 月 31 日前，每个部门至少完成 2 个工作流程并在智能校园管理平台运行。2018 年 6 月 30 日前，全面完成学校基本工作流程的制定与网络运行。

(6) 信息化办公室统筹负责智能校园管理平台的建设工作，各部门要与信息化办公室进行密切协同，加快推进智能校园平台建设工作，2017 年年底质量控制与绩效考核办公室要对此项工作进行专项分析与考核。在智能校园平台建设期间，信息化办公室可根据工作进展随时进行专项调度。2017 年 9 月 30 日前，完成学校质量管理平台建设并投入运行。2017 年 11 月 30 日前，完成智能课堂的测试并全面投入使用。2018 年 6 月 30 日前，全面建成智能校园管理平台并运行良好。

诊改工作办公室将根据会议纪要对相关工作进行调度与检查。

(五) 淄博职业学院诊改工作调度会会议纪要〔2017 第 5 号〕

2017 年 10 月 13 日下午、10 月 16 日下午，学校在北区立德楼十楼第一会议室召开诊改工作调度会，学校党委副书记、院长杨百梅，党委副书记姜义林出席，学校内部质量保证体系建设工作组相关负责人以及诊改工作办公室成员参加了会议。会议由诊改工作办公室负责人宗美娟主持。诊改工作办公室重点汇报了师资层面、学生层面的诊改工作进展情况以及智能校园管理平台的建设情况。与会人员就前期诊改工作进展、存在的问题及工作改进设想进行了充分研讨。杨百梅和姜义林对下一步诊改工作提出了要求。纪要如下：

（1）组织人事处负责构建学校整体师资队伍建设质量改进螺旋，在完善师资队伍目标体系和标准体系的基础上，进一步完善了教师发展中心建设，重点是完善教师发展中心的数据，随时更新数据，精准展示教师发展动态，帮助各个专业团队和每名教师对照目标和标准，寻找差距和问题，逐步实现自我诊断、自我改进，不断提升工作质量。

（2）学生处负责构建学校整体学生发展质量改进螺旋，进一步完善学生全面发展目标体系和标准体系，重点是按照各专业逐渐完善学生个人全面发展标准。下一步要尽快将学生发展所有数据录入学生全面发展中心，由信息化办公室负责技术支持，使学生全面发展中心尽快投入试运行，随时更新数据精准展示学生发展动态。

（3）信息化办公室统筹负责智能校园管理平台建设工作，协助组织人事处完善教师发展中心建设，协助学生处完成学生全面发展中心的数据录入并投入运行，协助教务处建成专业(含课程)发展中心并全面投入使用。

（六）淄博职业学院诊改工作调度会会议纪要〔2017 第 6 号〕

2017 年 12 月 25 日下午，学校在北区立德楼十楼第一会议室召开诊改工作调度会，学校党委副书记姜义林出席，学校各内部质量保证体系建设工作组负责人以及诊改工作办公室成员参加了会议。会议由党委副书记姜义林主持。各内部质量保证体系建设工作组汇报了诊改工作进展、问题与工作措施。与会人员就如何推动各层面诊改工作进行了充分研讨。姜义林对下一步诊改工作提出了要求。纪要如下：

（1）各工作组牵头部门前期做了大量工作，但是距离预期工作目标还有一定差距，下一步各牵头部门要积极主动、想办法推进内部质量保证体系建设。

（2）教务处要在寒假期间认真设计好专业(课程)发展中心的功能与框架，与信息化办公室密切协作，建成专业(课程)发展中心雏形。

（3）质量控制与绩效考核办公室要进一步完善学校质量管理平台的功能。质量管理平台关注的是结果，专业(课程)发展中心、教师发展中心、学生发展中心关注的是过程管理。下一步在完善各中心的功能、实现实时数据采集的基础上，质量管理平台可以根据需要抽取数据，简化和优化绩效考核工作。各职能处室主要负责控制质量管理过程，质量控制与绩效考核办公室主要负责督导过程和考核结果。

（4）组织人事处和学生处在制订实体教师发展中心和学生发展中心建设方案时，一定要结合前期智能校园管理平台建设中对于教师发展中心和学生发展中心的整体设计，突出质量保证体系建设，并深入研究诊断观测点，为实施自主诊改提供保障。下一步拟以学校科研工作为案例，研究制定诊断观测点，促进绩效考核使用数据的简化与优化。

（5）关于工作流的推进问题，各部门对于有必要开展的工作流应抓紧时间进行整体设计，同时要慎重推广，做好测试工作。

(七) 淄博职业学院诊改工作调度会会议纪要〔2018 第 1 号〕

2018 年 3 月 9 日上午,学校在北区立德楼十楼第二会议室召开诊改工作调度会,学校党委副书记、院长杨百梅,党委副书记姜义林出席,学校各内部质量保证体系建设工作组负责人以及诊改工作办公室成员参加了此次会议。会议由姜义林主持。各内部质量保证体系建设工作组汇报了今年的诊改工作计划。与会人员就今年诊改工作重点、智能校园管理平台建设等进行了深入的交流和研讨。杨百梅和姜义林对下一步诊改工作提出了要求。纪要如下:

1. 杨百梅对诊改工作提出要求

(1) 学校今年要接受国家诊改工作复核,工作任务繁重,各牵头部门一定要深入思考,攻坚克难,团结合作,有力推进各项诊改工作的顺利完成。

(2) 请教务处和组织人事处进一步深入思考专业建设、课程建设、教师发展的诊改工作具体任务和措施,从学校整体发展的角度对专业(含课程)发展中心和教师发展中心进行规划和建设。

(3) 请学生处加强统筹调度,在前期工作的基础上,发挥团队优势,突破难点问题,进一步推进学生发展中心建设。

(4) 请信息化办公室和诊改工作办公室继续做好总体统筹和协调工作,及时开诚布公地与各牵头部门沟通诊改工作过程中的具体问题,并达成共识,由各牵头部门负责各层面诊改工作的系统设计、信息化办公室提供技术支持,共同推进诊改工作深入发展。

2. 姜义林对诊改工作提出意见

(1) 今年诊改工作的思路是在基本形成的学校目标体系和标准体系的基础上,完善工作流程和质量控制文件,实现质量诊断点数据的实时采集,确保数据及时、真实、准确,及时对问题数据进行处理与反馈,加强过程考核与问题改进,逐步形成质量改进螺旋。

(2) 为加快推进诊改工作,请信息化办公室和诊改工作办公室统筹安排,下周召集各内部质量保证体系建设工作组牵头部门集中办公,每个部门安排一名具体负责智能校园管理平台建设的人员参加,一周内完成智能校园管理平台的具体方案,列出明确的建设任务清单,推动智能校园管理平台建设任务的全面落实。

(3) 请教务处、组织人事处和学生处分别统筹负责专业(含课程)发展中心、教师发展中心和学生发展中心的建设,3 月底基本完善教师发展中心和学生发展中心、基本形成专业(含课程)发展中心,4 月开始全面投入试运行并继续完善。

(4) 请质量控制与绩效考核办公室、诊改工作办公室在完善学校质量管理平台的基础上,根据诊改工作要求,制定学校、各部门、各教育教学部/各科室、各位教师的工作质量诊断点,并以此为基础完善绩效考核办法。

(八)淄博职业学院诊改工作调度会会议纪要〔2018 第 2 号〕

2018 年 3 月 16 日下午，学校在北区立德楼十楼第一会议室召开诊改工作调度会，学校党委副书记、院长杨百梅，党委副书记、诊改工作办公室主任姜义林出席，学校各内部质量保证体系建设工作组负责人以及诊改工作办公室成员参加了会议。会议由姜义林主持。各内部质量保证体系建设工作组分别汇报了专业(含课程)发展中心、教师发展中心、学生发展中心的建设框架以及质量管理平台的完善设想。与会人员就智能校园管理平台建设进行了深入的交流和研讨。杨百梅和姜义林对下一步诊改工作提出了要求。纪要如下：

1. 杨百梅对诊改工作提出要求

(1) 请诊改工作办公室制定今年诊改工作的推进进程。总体目标是顺利通过国家诊改工作复核，继续引领全国高职院校诊改工作、作诊改工作的排头兵。请按照诊改工作未来的时间要求，倒排工期、制定详细的工作进程，明确各层面、各部门的具体工作目标和任务、完成时间节点、具体工作要求等。

(2) 请各牵头部门在推进诊改工作的过程中，加强学习研究，深入领会诊改工作内涵，体现通过诊改工作更好地服务于教师发展和学生发展的理念。

2. 姜义林对诊改工作提出意见

(1) 按照预计今年 9 月底接受国家诊改工作复核的要求，推进学校诊改工作。

(2) 关于专业(含课程)发展中心。请教务处于 3 月 23 日前完成功能模块的设计，并与信息化办公室做好对接，启动专业(课程)发展中心建设。专业发展中心和课程发展中心要分别进行系统设计，要对专业和课程进行分类管理、对比分析。

(3) 关于学生发展中心。请学生处在现有建设的基础上，进一步完善学生管理层面的数据分类汇总分析，并注意相关系统的准确表述。

(4) 关于教师发展中心。请组织人事处在完善总体框架建设的基础上，依据《教师发展中心建设配档表》于 4 月 17 日前完成人事信息数据的采集与审核工作。

(5) 关于质量管理平台。请诊改工作办公室会同质量控制与绩效考核办公室参照"人才培养工作状态数据采集平台"中要求采集的数据，拟定各层面、各部门的工作质量诊断点，完善相关数据的字段定义、数据来源、采集等工作，制定数据维护办法，确保相关数据的完整、准确。

(九)淄博职业学院诊改工作调度会会议纪要〔2018 第 3 号〕

2018 年 5 月 17 日上午，学校在北区立德楼十楼第一会议室召开诊改工作调度会，学校党委副书记、院长杨百梅，党委副书记、诊改工作办公室主任姜义林出席，学校各内部质量保证体系建设工作组负责人以及诊改工作办公室成员参加了会议。会议由姜义林主持。各内部质量保证体系建设工作组分别汇报了教师发展中心、学生发展中心、专业(含课程)发展中心、质量管理平台、总体智能校园管理平台的建设情况和下一步工作计划。杨百梅和姜义林对下一步诊改工作提出了要求。纪要如下：

1. 杨百梅对诊改工作提出要求

(1) 当前面临的问题。诊改工作是学校发展的需要，同时今年下半年要迎接国家诊改工作复核，任务重大、时间紧迫。

(2) 关于工作思路。各工作组负责人是各自负责领域的专家，务必要多动脑筋、下足功夫，充分做好推进智能校园管理平台建设的研究和规划。要具备思维高度，把握各自领域、业内和高职界的前沿动态，坚持正确的工作导向，对各层面诊改工作进行科学的顶层设计，统筹考虑工作实施。要以清晰的逻辑思维制订各项工作计划并落实相关工作，确保诊改工作能够切实引领学校未来的发展。权威和尊严来自于实力，要善于用心思考、提升自己，促进学校的发展。

(3) 关于工作方法。相关工作负责人要根据受众情况，理清思路、充分准备，以适当的方式和语言呈现所做工作的真实状态，使受众能够理解并把握真实情况，提高工作汇报和问题研讨的效率与质量。

(4) 关于工作推进。诊改工作任务繁重，需要大家全力投入和无私奉献。诊改工作办公室要根据2018年度诊改工作计划，进一步分解工作任务、明确工作进程，并加强工作调度和协调，及时了解相关部门的需求，做好工作的过程监控和管理，高质量地完成各项工作。

(5) 几个具体问题。请组织人事处在设计教师发展中心时，明确教师综合成长能力的基本指标，提高社会声誉、影响力、兼职情况、参与社会服务、国际交流、职业资格证书等要素；请学生处在设计"学生成长成才规划书"时，围绕"培养学生的就业竞争力和发展潜力"的核心目标，进一步做好相关内涵的深入分析和总体框架的顶层设计，结合"四个融为一体"，重新梳理并系统思考各种能力的内在逻辑关系，明确具有学校特色的学生成长成才规划发展目标。

2. 姜义林对诊改工作提出意见

(1) 关于时间节点。要加快推进"三中心一平台"建设，要求在6月30日前完成全部平台建设并开通运行，同时"三中心一平台"的相关数据要上线运行。请各工作组分别明确各中心的具体完成时间，由诊改工作办公室统筹调度。

(2) 关于工作职责。信息化办公室牵头技术开发团队，负责按照时间进度，提供必要的技术支持，确保"三中心一平台"按时上线；教务处、组织人事处、学生处、质量控制与绩效考核办公室分别牵头专业(含课程)发展中心、教师发展中心、学生发展中心、质量管理平台的业务管理团队，明确相关层面的目标、标准、工作任务和诊断点，在相关中心或平台上线后，按时完成数据的上线运行。

(3) 关于工作推进。请各工作组牵头部门调动一切优势资源、充实诊改工作人员，诊改工作办公室将根据工作需要、随时调度，推动工作进度，确保按时完成"三中心一平台"建设任务。

(4) 几个具体问题。请组织人事处进一步优化教师发展中心的模块与功能，定义教师基本信息的含义和内容，升级教师职业生涯规划呈现形式，实现相关信息的结构化、标准化、数据化；请学生处结合目前学生发展标准的 4 个维度和 24 个要素指标，体现"培养学生的就业竞争力和发展潜力"的核心目标，对相关指标进行调整完善；请教务处完成专业(含课程)发展中心基础数据的界定与采集，实现专业(含课程)发展信息的结构化、标准化、数据化；请质量控制与绩效考核办公室围绕目前已明确的工作质量诊断点，尽量简化、优化质量管理平台，重点关注诊改工作的实施过程以及诊断结果的使用；请信息化办公室与开发企业做好沟通，确保研发技术团队到位，按时完成智能校园管理平台的上线运行。

(十) 淄博职业学院诊改工作调度会会议纪要〔2018 第 4 号〕

2018 年 7 月 12 日上午，学校在北区立德楼十楼第二会议室召开诊改工作调度会，学校党委副书记、院长杨百梅，党委副书记、诊改工作办公室主任姜义林出席，学校各内部质量保证体系建设工作组负责人、智能校园管理平台开发技术团队成员及诊改工作办公室成员参加了会议。会议由姜义林主持。各内部质量保证体系建设工作组分别汇报了总体智能校园管理平台、学生发展中心、专业(含课程)发展中心、教师发展中心的建设情况、存在的问题和下一步工作计划。杨百梅和姜义林对智能校园管理平台下一步建设提出了要求。纪要如下：

1. 杨百梅对智能校园管理平台建设提出要求

(1) 总体工作要求。学校前期诊改工作已经走在全国前列，接下来要将迎接诊改复核作为一个契机，真正推动学校各项工作质量的不断提升。请各牵头部门按照工作节点做好工作计划和人员安排，务必在暑假期间完成智能校园管理平台建设的各项工作。

(2) 关于工作方法。工作汇报要有整体工作背景的介绍、总体要求的说明，工作思路要清晰、工作目标与原则要明确；文件中的文字表述要严谨、科学，关键内容要经过反复推敲。同时要发挥团队的作用，敞开心胸、架子放下、位子放低，虚心听取他人的意见、建议，从而取得更好的工作成效。

(3) 关于平台的整体设计。一是各牵头部门要与技术团队对接好具体工作安排，务必保证沟通的及时和畅通；二是平台设计应考虑适应变化的问题，确保体现学校整体的工作导向、新概念、特色等。

(4) 几个具体问题。请组织人事处进一步做好教师校本培训体系的整体设计，并在教师发展中心呈现出来；请诊改工作办公室会同院办公室、组织人事处和财务处完善教师外出参加会议、培训、讲课的流程；请技术团队以"校园绿"为基调设计平台，并呈现学校吉祥物"欢欢"的形象。

2. 姜义林对智能校园管理平台建设提出要求

(1) 关于工作重点。暑期的首要任务是完成专业(含课程)发展中心、教师发展中心、学生发展中心"三中心"的建设工作。最重要的是先构建完整的基本框架，投入运行之后再补充完善细节。要求信息化办公室与技术团队做好沟通，确保到位足够的技术开发人员，并要求教务处、组织人事处、学生处做好配合工作。

(2) 关于各中心的设计。"三中心"的整体设计必须体现管理层级，要让学校管理部门、各院系到各专业、每位师生都能够通过"三中心"获取相关的信息，有效支撑各层面的诊改工作。

(3) 关于质量管理培训。下一步要加强质量管理理论和方法的培训，帮助各级干部和教师提升质量管理能力。请质量控制与绩效考核办公室利用假期做好准备，并筹划下半年相关的培训工作。

(十一) 淄博职业学院诊改工作调度会会议纪要〔2018 第 5 号〕

2018 年 8 月 28 日下午，党委副书记、诊改工作办公室主任姜义林在学校北区立德楼十楼第二会议室主持召开诊改工作调度会。学校各内部质量保证体系建设工作组负责人、智能校园管理平台开发技术团队成员及诊改工作办公室成员参加了会议。各内部质量保证体系建设工作组分别汇报和展示了暑期工作情况以及下阶段数据采集与运行工作安排。姜义林对"三中心一平台"的智能校园管理平台建设提出了要求。纪要如下：

(1) 请组织人事处和学生处于 9 月 3 日前完善教师发展中心和学生发展中心的整体设计说明。下一步，"三中心一平台"要分别制订使用说明书，对"三中心一平台"的整体设计和具体使用做出详细的说明。

(2) 请组织人事处、教务处和学生处于 9 月 5 日前分别制订教师发展中心、专业(课程)发展中心和学生发展中心的数据采集与运行方案，进一步明确各中心需要采集的数据名称、数据来源、数据采集方式、数据审核流程、完成时间节点等。

(3) 学校拟于 9 月 6 日召开诊改工作调度会，请各内部质量保证体系建设工作组分别汇报"三中心一平台"的整体设计说明和数据采集方案。

(4) 请信息化办公室与技术开发团队做好协调，确保在 9 月 30 日前全面完成"三中心一平台"的上线运行，保障学校在建设"三中心一平台"智能校园管理平台的基础上稳步推进诊改工作。

(十二) 淄博职业学院诊改工作调度会会议纪要〔2018 第 6 号〕

2018 年 10 月 25 日下午，党委副书记、诊改工作办公室主任姜义林在学校北区立德楼七楼 728 主持召开诊改工作调度会。学校各内部质量保证体系建设工作组负责人、智能校园管理平台开发技术团队成员及诊改工作办公室成员参加了会议。各内部质量保证体系建设工作组分别汇报了"三中心"建设工作进展。姜义林对"三中心一平台"智能校园管理平台建设提出了工作要求。纪要如下：

（1）请各部门和技术团队按照 12 月份接受国家诊改复核的工作目标，倒排工期，加快推进三中心建设。

（2）请相关部门于 10 月 31 日前完善各中心整体设计说明，进一步厘清建设思路，准确描述关键问题。

（3）请相关部门依据整体设计，与技术团队密切沟通，于 11 月 30 日前基本完成各中心的主要模块建设和数据完善。

（4）请学生发展中心于 11 月 10 日前完善基本数据；请专业发展中心于 11 月完成一次专业诊断测试；请教师发展中心加快推进相关模块建设和数据完善。

（5）请新版质量管理平台于 11 月 10 日前完成测试工作。

（十三）淄博职业学院诊改工作调度会会议纪要〔2018 第 7 号〕

2018 年 12 月 12 日下午，党委副书记、院长杨百梅、党委副书记兼诊改工作办公室主任姜义林在学校北区立德楼 1039 会议室主持召开诊改工作调度会。会议重点研讨了自我诊改工作。杨百梅和姜义林对相关工作提出了要求。纪要如下：

1. 杨百梅对自我诊改工作提出要求

（1）自我诊改工作要充分依托智能校园管理平台进行，建议在教师发展中心和学生发展中心中增加"我要帮助"和"我要申述"模块，建立沟通渠道，充分了解广大师生员工的诉求。

（2）要突破诊改工作中的难点问题，如课程层面的自我诊改工作，要进一步完善课程建设团队，进而推动专业和课程层面的自我诊改工作。

（3）各个牵头部门要进一步梳理诊改工作制度并确保其有效运行，关键是通过编制"三中心一平台"的使用说明书等形式，指导各部门有效开展自我诊改工作。

2. 姜义林对自我诊改工作提出要求

（1）通过自我诊改工作进一步推动诊改工作常态化运行，要以建立系统完善的诊改工作制度作为工作目标，特别注意要将考核制度融入诊改制度中，进一步完善考核机制。

（2）关于任务分工要继续发挥各牵头部门的作用，质量控制与绩效考核办公室、教务处、组织人事处、学生处分别负责学校、专业/课程、教师、学生层面等的自我诊改工作。

（3）围绕各部门、各岗位的工作实际确定各个层面的自我诊改周期，学校、专业、课程、教师等层面每年度 1 次，学生个人每学年 1 次。

（4）自我诊改工作内容要牢牢把握"事前目标标准、事中监测预警、事后诊断改进"这 3 个环节，促进各项工作质量的循环提升。

（5）自我诊改工作要依托智能校园管理平台和运行观测点开展，突出问题导向，用数据说话，实现诊改工作过程的信息化。

(6) 各部门、各岗位要进一步梳理各自的工作目标和标准，应特别关注与学校"十三五"事业发展规划以及子规划的对应衔接情况。

(十四) 淄博职业学院诊改工作调度会会议纪要〔2018 第 8 号〕

2018 年 12 月 26 日上午，党委副书记、诊改工作办公室主任姜义林在学校北区立德楼 1039 会议室主持召开诊改工作调度会。学校各内部质量保证体系建设工作组负责人、智能校园管理平台建设团队成员及质量控制与绩效考核办公室相关人员参加了会议。"三中心"部门的负责人分别汇报了"三中心"的建设现状与应用情况，质量控制与绩效考核办公室负责人汇报了"三中心"建设如何与学校管理工作相结合的建议思路。姜义林对"三中心"建设与诊改复核工作提出了要求。纪要如下：

(1) 请质量控制与绩效考核办公室联系全国职业院校教学工作诊断与改进专家委员会秘书处，尽快确定国家对学校诊改试点工作进行复核的具体时间，争取在 2019 年 3 月完成。

(2) 请组织人事处、教务处、学生处、信息化办公室和质量控制与绩效考核办公室根据学校发布的《淄博职业学院内部质量保证体系自我诊改工作方案》，分别制订相关层面自我诊改工作的工作进程，并于 12 月 27 日(周四)下班前发至质量控制与绩效考核办公室李联卫邮箱。

(3) 请各部门结合日常管理工作进一步梳理管理思想，在明确管理职能和目标的基础上，向技术团队提出"三中心"的建设需求，实现信息化建设服务于管理工作的总体要求。要把各层面的管理职能体现在信息化平台上，而不是为了诊改而建设信息平台，从而促进管理水平的提升、不断改进管理工作。在各层面管理工作中，要注意"层级管理"的总体设计，完成从总体管理到各层级管理职能的实现与展示，同时要做好管理过程关键数据的采集与管理工作。

(十五) 淄博职业学院诊改工作调度会会议纪要〔2019 第 1 号〕

2019 年 4 月 18 日下午，学校在北区立德楼十楼第一会议室召开诊改工作调度会，学校党委副书记、院长杨百梅，党委副书记姜义林出席会议，学校各内部质量保证体系建设工作组负责人及其成员、智能校园管理平台开发技术团队成员参加了会议。会议由姜义林主持。质量控制与绩效考核办公室汇报了学校内部质量保证体系建设与运行工作总体情况以及迎接全国职业院校教学工作诊断与改进专家委员会诊改复核专家组对诊改工作进行复核的准备工作，各内部质量保证体系建设工作组重点就"三中心"建设与运行情况进行了深入研讨。姜义林对"三中心"建设与诊改复核工作提出了要求。纪要如下：

(1) 要进一步梳理各层面诊改工作思路，按照"明确工作目标与标准、监测运行观测点、建设与运行内部质量保证制度、取得系列成果"的思路，系统总结、准确表述各层面和各部门的工作成果与成效。

(2) 请组织人事处做好教师发展中心数据的完善与核实工作，做好岗位说明书的梳理与在线呈现，在教师发展中心完善"我的诉求"模块。

(3) 请学生处做好学生发展中心数据的完善与核实工作。

(4) 请教务处做好专业(课程)发展中心的数据完善并尽快运行。

(5) 请质量控制与绩效考核办公室进一步梳理并下达迎接诊改复核的具体工作任务，请组织人事处、教务处、学生处、信息化办公室根据要求完成相关工作。

(6) 请质量控制与绩效考核办公室制订迎接诊改复核工作方案，适时召开工作部署会。

(7) 请组织人事处、教务处、学生处、质量控制与绩效考核办公室在各自层面上推进全院的"说诊改"活动，根据实施方案要求在 4 月 30 日前进行全面检查与督导。

三、建立检查通报机制

学校定期发布诊改工作通报，通报具体问题和具体部门，并提出改进要求。同时通报优秀案例，作为诊改工作范例，起到示范、引领、推动作用。

相关工作通报择要如下。

(一) 关于学校各层面内部质量保证体系相关材料提报情况的通报(〔2017〕1 号)

根据《淄博职业学院 2016—2017 学年第二学期内部质量保证体系建设与运行工作方案》(2017 年 5 月 9 日发布)和《关于发布优质校创建和诊改工作相关任务的通知》(7 月 13 日发布)要求，7 月 30 日前质量控制与绩效考核办公室、教务处、组织人事处、学生处应提报本部门内部质量保证体系建设与运行学期报告，以及牵头负责层面的目标体系和标准体系资料汇编。

1. 存在问题

(1) 部分部门提报资料时间滞后，影响院系部相关标准的制定，如×××等 3 个部门。

(2) 提报材料未按照通知要求提报，材料不完整、不系统。

(3) 未充分发挥各层面工作组牵头部门的作用，缺乏对相关层面质量保证体系建设工作的总体统筹与调度，未形成相关层面的整体资料。

2. 工作要求

(1) 请×××等部门根据学校发布的《淄博职业学院各层面目标体系和标准体系建设目录一览表》，统筹完成牵头负责层面的目标体系和标准体系资料汇编。

(2) 请×××等部门根据学校诊改工作部署，加大工作力度，履行各层面工作组牵头部门职责，分别做好学校层面、专业(含课程)层面、师资层面、学生层面的内部质量保证体系建设工作，重点是建设与应用智能校园管理平台、明确各层面诊断点以及构建各项工作的质量改进螺旋。

(二) 关于 2016—2017 学年第二学期内部质量保证体系相关材料提报情况的通报(〔2017〕2 号)

根据《淄博职业学院 2016—2017 学年第二学期内部质量保证体系建设与运行工作方案》(2017 年 5 月 9 日发布)和《关于发布优质校创建和诊改工作相关任务的通知》(7 月 13 日发布)的要求,2017 年 8 月 30 日前各部门需提报本部门内部质量保证体系建设与运行学期报告,以及目标体系和标准体系资料汇编(其中,质量控制与绩效考核办公室、教务处、组织人事处、学生处分别负责学校相关层面质量保证体系建设与运行工作,2017 年 9 月 8 日已做专题调度与通报)。诊改工作办公室对各部门的提报材料进行了全面检查,现将相关情况通报如下:

1. 基本情况

(1) 提报时间。25 个部门按时提报,占 61%;11 个部门迟报,占 27%;5 个部门未提报,占 12%。

(2) 提报质量。7 个部门提报的材料符合要求,占 20%;14 个部门提报的材料基本符合要求,占 39%;15 个部门提报的材料不符合要求,占 41%。

2. 工作亮点

文化传媒系、动漫艺术系、科技与规划发展处/高职教育研究所、工会、离退休工作处、校医院、资产经营有限公司等 7 个部门,面对诊改工作这项具有开创性的系统工作,在没有经验、没有模板的情况下,根据学校工作部署,主动研究、积极思考,结合本部门工作实际,初步系统的构建了本部门的目标体系和保证体系,为下一步诊改工作的有效开展奠定了基础。

3. 主要问题

(1) 共有 5 个部门未提报材料,包括×××等部门;共有 11 个部门迟报,包括×××等部门。

(2) 部分部门提报的材料不完整,如缺少本部门内部质量保证体系建设与运行学期报告,涉及×××等部门;如缺少目标体系和标准体系的具体内容,涉及×××等部门;如缺少资料汇编目录,涉及×××等部门。

(3) 部分部门提报的材料未进行系统整理、只是简单罗列现有资料,涉及×××等部门。

(4) 部分部门提报的材料未以部门为单位对目标体系和标准体系进行系统整理,涉及×××等部门。

4. 工作要求

(1) 请未提报或不符合提报要求的部门,根据诊改工作要求,针对本部门存在的问题,完成或完善"本部门 2016—2017 学年第二学期内部质量保证体系建设与运行学期报告"以及"目标体系和标准体系资料汇编"。要求建立目录并分类建立文件夹，文件夹内的文件要标明序号。

(2) 请各部门进一步主动研究、积极思考诊改工作，按照诊改工作与常规工作相结合的要求，加大工作力度，结合部门工作实际，做好本部门内部质量保证体系的建设与运行工作。本学期诊改工作的重点是，在完善目标体系和标准体系的基础上，明确工作质量诊断点、构建各项工作的质量改进螺旋以及全面建成并应用智能校园管理平台。

（三）关于内部质量保证体系相关材料提报情况的通报（〔2018〕1 号）

各部门根据学校要求提报了 2017—2018 学年第一学期内部质量保证体系建设与运行的相关材料，诊改工作办公室进行了全面检查，现将相关情况通报如下：

1. 通报背景

(1) 2017 年 11 月 6 日诊改工作办公室发布了《2017—2018 学年第一学期内部质量保证体系建设与运行工作方案》，要求各部门在进一步完善目标体系和标准体系的基础上，构建本部门主责的质量改进螺旋(2～3 项)，并完成本部门"内部质量保证体系建设与运行学期报告"，于 2018 年 1 月 10 日前提报。

(2) 2017 年 12 月 14 日诊改工作办公室通过内部邮箱发布了任务提醒。

(3) 2018 年 3 月 8 日诊改工作办公室通过内部邮箱发布了《关于完善 2017 年下半年诊改工作材料的通知》，要求"各部门结合工作实际、参考附件，对本部门的质量改进螺旋和学期报告进行修订完善，并于 2018 年 3 月 30 日前提报，如无须修订不必再次提报。"

2. 提报情况

(1) 提报时间。43 个部门已按要求提报，1 个部门经提示后仍未提报。

(2) 提报质量。共提报各部门主责的质量改进螺旋 100 个，其中 82 个符合要求、13 个基本符合要求、5 个不符合要求。

3. 存在问题

(1) 共有 1 个部门未提报材料：校企合作与就业指导处。

(2) 共有 2 个部门提报的质量改进螺旋不符合要求：机电工程学校、稷下研究院。主要问题是没有围绕智能校园管理平台设计质量改进螺旋、未形成 8 字形质量改进螺旋。

4. 通报反馈

请未提报或不符合提报要求的部门，根据诊改工作办公室前期发布的 3 次工作要求，修订或完成本部门主责的质量改进螺旋和学期报告。

5. 下期要求

(1) 根据 2018 年 3 月 26 日发布的《淄博职业学院 2018 年诊改工作计划》，各部门于

2018年4月30日前需要完成以下2项工作：完善层级分明、内容关联的目标体系资料汇编；完善内容关联、相对独立的标准体系资料汇编(其中质量控制与绩效考核办公室、教务处、组织人事处、学生处分别负责学校、专业(课程)、教师、学生等层面目标体系和标准体系的完善工作)。诊改工作办公室将根据学校工作安排进行检查。

(2) 请各部门进一步主动研究、认真落实，做好内部质量保证体系的建设与运行工作。诊改工作下一步的工作重点是：智能校园管理平台"三中心一平台"的建设与应用(包括"三中心一平台"的建设运行；目标体系、标准体系和工作流程的信息化)、完善部门各项工作流程(重点是增加对质量问题的反馈和处理流程)、明确部门主要工作的质量诊断点、完善2项部门主要工作的质量控制文件、完成2项部门主要工作的质量改进螺旋总结报告等。诊改工作办公室将定期调度，按照任务完成的时间节点进行检查。

(四) 关于2018年上半年诊改工作抽查情况的通报(〔2018〕2号)

根据学校发布的《关于对2018年上半年诊改工作进行抽查的通知》的要求，各部门提报了至少2份质量控制文件、2份质量改进螺旋总结报告，诊改工作办公室进行了全面检查，现将相关情况通报如下：

1. 提报情况

(1) 提报时间。45个部门均按时提报。

(2) 提报质量。共提报质量控制文件85份、质量改进螺旋总结报告91份。其中39个部门提报的材料符合要求、6个部门提报的材料基本符合要求。旅游管理系、文化传媒系的材料较系统，动漫艺术系日常教学检查实施方案中的反馈机制较完善。

2. 存在问题

从总体上来看，各部门提报的质量控制文件中，对如何针对工作中发现的问题，主动发起工作改进程序、循环提升工作质量的明确规定相对较薄弱。

3. 工作要求

(1) 请各部门在已建立的目标体系和标准体系基础上，进一步梳理本部门的规章制度和工作流程，重点加强诊改制度建设，确保内部质量保证体系长效运行。

(2) 请各部门充分应用已投入运行的"三中心一平台"的智能校园管理平台，并不断完善数据管理，依托数据分析改进和提升各项工作质量。

(五) 关于内部质量保证体系相关材料提报情况的通报(诊改工作通报〔2019〕第1号)

根据《淄博职业学院内部质量保证体系自我诊改工作方案》和《关于征集内部质量保证体系诊断与改进工作资料的通知》的要求：2019年2月15日前各部门开展2018年度自

我诊改工作并提报自我诊断报告；2019年2月20日前各部门自主提报：2016年以来教职工个人或集体著述的有关质量管理的作品(如专著、论文或文章等)以及各部门、教师个人、学生个人关于内部质量保证体系诊断与改进的实践案例。质量控制与绩效考核办公室对各部门提报的材料进行了全面检查，现将相关情况通报如下：

1. 各部门2018年度自我诊断报告

(1) 提报情况。32个部门按时提报，11个部门经提示后提报，2个部门未提报(校企合作与就业指导处、后勤服务管理处)。

(2) 提报质量。42个部门提报的自我诊断报告符合要求，其中7个部门的内容翔实(护理学校、学生处、招生办公室、继续教育学校、财务处、产业处、稷下研究院)；1个部门提报的自我诊断报告不符合要求(陶瓷琉璃艺术系)。

2. 各部门诊改工作资料

(1) 提报情况(自主提报)。18个部门共提报诊改工作资料58项，经审核15个部门的32项入选学校诊改工作资料集。

(2) 提报质量。财务处、图书馆、稷下研究院、建筑工程学校、文化传媒系等5个部门提报的诊改工作资料数量多且质量好，共有22项资料入选学校诊改工作资料集，占入选总数的69%。

3. 存在问题

从总体上看，各部门对诊改工作的重视程度与工作进展不均衡。有的部门对诊改工作缺乏深入研究，未能与部门常规工作深度融合；有的部门没有充分关注本部门质量管理工作，质量保证制度建设相对薄弱。

4. 工作要求

(1) 请各部门根据《淄博职业学院2019年度诊改工作计划》和《淄博职业学院"说诊改"活动实施方案》的要求，研究部署本部门诊改工作，认真完成诊改工作。

(2) 请各部门围绕"事前目标标准明确、事中监测预警及时、事后诊断改进有效"的诊改工作思路，系统总结本部门诊改工作成效。

(六) 2018年上半年第1～19周平台通报(含校园巡查)问题分析报告

为使各级领导干部和教职工对全院运行中的各类问题有较全面的了解，并有针对性地开展工作，不断提升管理服务水平，质量控制与绩效考核办公室对2017—2018学年第二学期1～19周平台通报(含校园巡查)问题进行了汇总统计分析，相关情况现报告如下：

1. 教学管理方面

(1) 主要问题。个别院系实践教学管理不精细，或学生实习计划提交后未通过审核或未安排入岗或周记提交率与批阅率较低。

(2) 建议。针对实践教学管理中存在的问题，相关院系应加强教学过程检查，发现问题及时解决。

(3) 反馈及整改情况。责任部门对平台通报的教学管理问题反馈率100%，整改率100%。

具体情况见表5-13。

表5-13 通报的教学管理方面的具体问题及反馈整改情况一览表

序号	主要问题	反馈及整改情况	通报周
1	工商管理学院市场营销专业未按时(学生实习前2周)提交学生实习计划且提交后未通过审核；工商管理学院市场营销教育教学部有1人未导入顶岗实习管理系统中，226人未安排入岗；机电工程学院、化学工程系的3个教学部周记提交率或批阅率较低	已整改	3

2. 学生管理方面

(1) 主要问题如下。

① 部分院系值班人员迟报岗；个别院系未按照规定报送值班人员调换情况。

② 部分院系的学生在校外喝酒打架。

③ 北校区个别班级学生上课迟到，课堂上说话、看手机的较多。

④ 个别院系困难资助评选工作不细致，出现了学生投诉现象。

⑤ 个别院系校园文明检查成绩不达标。

(2) 建议如下。

① 值班人员迟报岗主要是责任心问题，相关院系应做好提醒工作。

② 学生管理部门应加强对学生进行制度教育和文明行为教育，使学生养成良好的行为习惯。

③ 针对困难资助工作中出现的问题，相关院系应分析问题产生的原因，杜绝类似问题的产生。

(3) 反馈及整改情况：责任部门对平台通报的学生管理问题反馈率100%，整改率100%。

具体情况见表5-14。

表5-14 通报的学生管理方面的具体问题及反馈整改情况一览表

序号	主要问题	反馈及整改情况	通报周
1	3月20日，电子电气学院值班人员迟报岗(19:20)	已整改	4
2	3月22日，建工学院(19:45)、陶琉系(19:23)值班人员迟报岗	已整改	4

(续表)

序号	主要问题	反馈及整改情况	通报周
3	在"爱心一日捐"困难资助评选工作中，电子电气学院由于审核工作不到位，出现学生投诉现象。经调查核实，情况属实，取消被投诉学生受助资格	已整改	5
4	2018年4月4日上午日常教学检查发现北校区2号教学楼2308教室2015级电气自动化W1、W2班有5名学生8:35进教室，学生自述去厕所了，教室内学生说话、看手机的较多	已整改	5
5	4月3日，电子电气学院晚自习迟报岗	已整改	6
6	3月份，电子电气学院未完成月度小结工作	已整改	6
7	3月30日(周五)晚，发生学校学生在校外喝酒打架事件，涉及机电学院8人、汽车系2人、电子电气学院2人、信息系6人，共计18名学生。冲突造成一定的人身伤害和财物损失，造成不良的社会影响	已整改	7
8	在第九周校园文明检查中，化工系因学生迟到、在教室吃饭等原因，致使校园文明检查成绩不达标	已整改	10
9	在第10周校园文明督查中，建工学院因学生迟到、带饭等原因，致使校园文明成绩不达标	已整改	12
10	6月6日，干部值班人员巡查北校区时发现汽车系2名学生打架，受伤者报警，学苑派出所出警，并带走相关学生进行调查	已整改	15
11	6月24日，制药与生物系未按照规定报送值班人员调换情况	已整改	17

3. 维护维修方面

(1) 主要问题如下。

① 三个校区的部分体育设施损坏不能使用；部分体育设施锈蚀严重需维修。

② 北校区1号教学楼111多媒体教室门前消防箱玻璃破碎；地下车库排污泵不能启动；西墙侧门的两扇门之间的连接失效。

③ 西校区电子阅览室、图书室灯杆老化；门卫北侧一下水井盖损坏沉陷。

④ 南校区八号学生公寓东墙外墙面铁皮脱落；尚德楼A区东侧2楼楼梯西墙有漏水现象。

(2) 建议。归口管理职能部门加大巡查力度，及时掌握一线信息，提高服务的及时性。

(3) 反馈及整改情况。责任部门对平台通报的维护维修方面的问题反馈率100%，整改率75%。

具体情况见表5-15。

表 5-15 通报的维护维修方面的具体问题及反馈整改情况一览表

序号	主要问题	反馈及整改情况	通报周
1	3月8日安全大检查发现南校区八号学生公寓东墙外墙面铁皮脱落	已整改	2
2	3月8日安全大检查发现西校区电子阅览室、图书室灯杆老化,易脱落存在安全隐患	已整改	2
3	3月13日校园环境巡查发现北校区1号教学楼111多媒体教室门前消防箱玻璃破碎(3月16日复查时还未维修)	已整改	2
4	3月20日校园环境巡查发现南校区尚德楼A区东侧2楼楼梯西墙有漏水现象,经查证是二楼女卫生间设施损坏导致漏水,并告知管理部门检查维修。22日下午复查时,还在漏水,请管理部门抓紧组织维修	已整改	3
5	校园环境巡查发现北校区一二号教学楼东侧路面、广场西出口附近,雨水道排水不畅,出现较深积水;北校区地下车库,四处换风设备通道口出现倒灌水现象,一处积水池排污泵不能启动,积水外溢。建议管理部门安排对三校区校园所有雨水井进行清挖杂物;对沿路绿化带内的绿化碎干树枝等杂物进行清理;对南北校区地下车库漏水和积水池排水设备进行检查,使其保持正常运行	已整改	11
6	日常教学督导检查发现三个校区的部分体育设施损坏不能使用;部分体育设施锈蚀严重需维修	已反馈	12
7	5月29、30日消防安全专项大检查发现西校区门卫北侧一下水井盖损坏沉陷,影响交通安全	已反馈	13
8	6月10日,干部值班人员巡查北校区时,发现西墙侧门的两扇门之间的连接失效	已整改	15

4. 消防安全方面

(1) 主要问题如下。

① 北校区餐厅、浴室消防箱未按时巡查。

② 三个校区个别区域安全出口标志和应急灯不亮。

③ 三个校区部分重点消防区域消防箱和消防通道被阻挡。

④ 西校区4号实训楼西首北侧室外消火栓护栏被车辆撞坏。

(2) 建议。图书馆、超市、餐厅和实训室管理部门应加强日常检查,及时消除安全隐患。

(3) 反馈及整改情况。责任部门对平台通报的消防安全方面的问题反馈率100%,整改率100%。

具体情况见表5-16。

表 5-16　通报的消防安全方面的具体问题及反馈整改情况一览表

序号	主要问题	反馈及整改情况	通报周
1	3月8日安全大检查发现北校区餐厅、浴室消防箱未按时巡查	已整改	2
2	3月8日安全大检查发现西校区实训楼两头安全出口标志不亮。厚德楼一处安全出口标志不亮,四号教学楼两处安全出口标志不亮	已整改	2
3	3月8日安全大检查发现西校区餐厅北侧走廊杂物堵塞安全通道	已整改	2
4	3月8日安全大检查发现西校区新华书店南门堵塞,存在安全隐患	已整改	2
5	3月8日安全大检查发现西校区电子阅览室北电脑桌阻挡消防箱	已整改	2
6	3月29、30日消防安全专项大检查发现北校区四号学生公寓楼梯口、五号学生公寓西楼梯口疏散标志不亮	已整改	6
7	4月25、26日消防安全检查发现北校区汉堡俱乐部果汁机阻挡消防箱	已整改	8
8	4月25、26日消防安全检查发现南校区女生宿舍里存在大量使用棉布幔帐现象	已整改	8
9	4月25、26日消防安全检查发现南校区学生公寓门禁安装在门厅内,阻挡疏散通道	已整改	8
10	5月29、30日消防安全专项大检查发现北校区大学生活动中心消防箱被杂物阻挡	已整改	13
11	5月29、30日消防安全专项大检查发现南校区第二餐厅二楼售饭处应急灯不亮	已整改	13
12	5月29、30日消防安全专项大检查发现南校区十五号连廊自行车堵塞消防通道	已整改	13
13	5月29、30日消防安全专项大检查发现西校区4号实训楼西首北侧室外消火栓护栏被车辆撞坏	已整改	13
14	6月29、30日消防安全专项大检查发现北校区餐厅二楼桌椅阻挡消防箱	已整改	18
15	6月29、30日消防安全专项大检查发现北校区二号教学楼一楼消防箱玻璃损坏	已整改	18

5. 用电安全方面

(1) 主要问题如下。

① 北校区浴室和立德楼大厅存在给电动车充电现象。

② 三个校区的餐厅、南北校区超市、南校区浴室及北校区个别实训室存在连环插用电问题。

③ 南、西校区浴室或配电箱线路太乱，或使用连环插、电磁炉做饭或在浴室厅内给电动车充电。

④ 个别院系学生在公寓内使用违规电器。

(2) 建议如下。

① 餐厅、浴室和超市管理部门应加强消防安全自查力度，及时消除安全隐患。

② 学生管理人员应加强对学生的用电安全教育并加大自查力度。

(3) 反馈及整改情况。责任部门对平台通报的用电安全方面的问题反馈率100%，整改率100%。

具体情况见表5-17。

表5-17 通报的用电安全方面的具体问题及反馈整改情况一览表

序号	主要问题	反馈及整改情况	通报周
1	3月8日安全大检查发现北校区匠心楼141实训车间电源线和插座使用不规范	已整改	2
2	3月8日安全大检查发现北校区移动通信营业厅使用电源连环插	已整改	2
3	3月8日安全大检查发现北校区学子超市使用电源连环插	已整改	2
4	3月8日安全大检查发现北校区汉堡俱乐部仓库内使用电源连环插，门内使用连环插给电动车充电，堵塞通道	已整改	2
5	3月8日安全大检查发现北校区餐厅二楼使用连环插	已整改	2
6	3月8日安全大检查发现南校区尚德楼1FD区西创业吧使用连环插，用电量过大，电源插座线发热，存在安全隐患	已整改	2
7	3月8日安全大检查发现西校区浴室门口配电箱线路太乱	已整改	2
8	3月8日安全大检查发现西校区新华书店一个插排插7~8个插头	已整改	2
9	3月13日，汽车系1号公寓303宿舍学生违规使用电热壶	已整改	3
10	3月26日，会计学院1号公寓553宿舍使用电热锅	已整改	5
11	3月28日，会计学院1号公寓224、231宿舍使用电热锅	已整改	5
12	3月29、30日消防安全专项大检查发现北校区汉堡俱乐部仓库内使用连环插	已整改	6
13	3月29、30日消防安全专项大检查发现北校区金齐地超市面包汉堡屋使用连环插	已整改	6
14	3月29、30日消防安全专项大检查发现南校区浴室使用连环插、电磁炉做饭	已整改	6
15	3月29、30日消防安全专项大检查发现南校区浩博超市二楼使用电锅做饭	已整改	6
16	4月25、26日消防安全检查发现南区浴室厅内有电动车充电	已整改	8

(续表)

序号	主要问题	反馈及整改情况	通报周
17	4月25、26日消防安全检查发现西校区餐厅一楼北通道墙内开关损坏，漏电	已整改	8
18	5月29、30日消防安全专项大检查发现北校区浴室大厅内有电动车充电	已整改	13
19	5月29、30日消防安全专项大检查发现北校区实训楼147室电源线布置不规范	已整改	13
20	6月29、30日消防安全专项大检查发现北校区、南校区学生公寓部分房间使用连环插，乱拉电线现象严重，存在安全隐患	已整改	18
21	6月29、30日消防安全专项大检查发现北校区立德楼北大厅存在给电动车电池充电现象	已整改	18
22	6月29、30日消防安全专项大检查发现北校区餐厅一楼切配间使用连环插	已整改	18
23	6月29、30日消防安全专项大检查发现南校区浴室使用连环插，存在安全隐患	已整改	18
24	6月29、30日消防安全专项大检查发现南校区二餐厅一楼制作间插排上使用多个插头	已整改	18
25	6月29、30日消防安全专项大检查发现西校区餐厅三楼使用连环插	已整改	18

6. 路灯管理

(1) 主要问题。西校区部分路灯不亮或闪烁。

(2) 建议。职能部门加强对路灯状况的检查，发现问题及时解决。

(3) 反馈及整改情况。责任部门对平台通报的路灯管理方面的问题反馈率100%，整改率100%。

具体情况见表5-18。

表5-18 通报的路灯管理方面的具体问题及反馈整改情况一览表

序号	主要问题	反馈及整改情况	通报周
1	3月18日干部值班检查发现西校区部分路灯不亮或闪烁，建议维修	已整改	3

7. 宣传标识文化方面

(1) 主要问题。南校区体育运动场西边宣传标语个别字损坏脱落。

(2) 建议。职能部门对宣传标语进行定期检查，发现问题及时解决。

(3) 反馈及整改情况。责任部门对平台通报的宣传标识文化方面的问题反馈率100%，整改率50%。

具体情况见表5-19。

表5-19　通报的宣传标识文化方面的具体问题及反馈整改情况一览表

序号	主要问题	反馈及整改情况	通报周
1	3月19日干部值班检查发现南校区体育运动场西边宣传标语个别字损坏脱落	已整改	4
2	5月25日校园环境巡查发现南校区体育场西侧护网上"共建文明城市"标语有三个字("共""城""市")损坏，建议及时修补	已反馈	12

8. 节约校园

(1) 主要问题。西校区三个院系个别教室存在无人开风扇问题。

(2) 建议。相关部门要加强对学生的能源节约教育，责任到人，根据情况及时关闭电源。

(3) 反馈及整改情况。责任部门对平台通报的节约校园方面的问题反馈率100%，整改率100%。

具体情况见表5-20。

表5-20　通报的节约校园方面的具体问题及反馈整改情况一览表

序号	主要问题	反馈及整改情况	通报周
1	2017年5月28日11:59医学技术学院西校区B205无人开风扇	已反馈整改情况	14
2	2018年6月21日17:06药学系西校区B406无人开风扇	已反馈整改情况	18
3	2018年6月22日12:03护理学院西校区C102无人开风扇	已反馈整改情况	18

9. 规范管理方面

(1) 主要问题如下。

① 个别部门员工在大型会议期间未按要求将手机关闭或静音。

② 值班干部值班报告迟报。

(2) 建议如下。

① 相关责任部门要加强对员工会议纪律的教育。

② 值班干部按要求按时提报值班报告。

(3) 反馈及整改情况。责任部门对平台通报的规范管理方面的问题反馈率100%，整改率100%。

具体情况见表5-21。

表 5-21　通报的规范管理方面的具体问题及反馈整改情况一览表

序号	主要问题	反馈及整改情况	通报周
1	4月10日下午2018年度内涵建设讲坛第一讲会议期间，创新创业学院一名教师未按要求将手机关闭或静音，影响会议秩序	已整改	6
2	继续教育学院值班干部值班报告迟报	已整改	7

10. 各方面具体问题所占权重对比

上述 9 个方面具体问题所占权重比较情况，见表 5-22。

表 5-22　第 1～19 周通报的具体问题分布情况一览表

序号	类别	问题数	反馈数	反馈率(%)	整改数	整改率(%)
1	教学及管理	1	1	100	1	100
2	学生管理	11	11	100	11	100
3	维护维修	8	8	100	6	75
4	消防安全	15	15	100	15	100
5	用电安全	25	25	100	25	100
6	路灯管理	1	1	100	1	100
7	宣传标识文化	2	2	100	1	50
8	节约校园	3	3	100	3	100
9	规范与管理	2	2	100	2	100
	合计	68	68	100	100	96

从表 5-10 可以看出，开学以来最突出的问题是用电安全，其次是消防安全、学生管理。

11. 2018 年上半年 1～19 周与 2017 年上半年 1～20 周通报问题对比

2018 年上半年 1～19 周与 2017 年上半年 1～20 周问题对比，见表 5-23。

表 5-23　2018 年 1～19 周与 2017 年上半年 1～20 周通报的具体问题对比一览表

序号	类别	2018年上半年1～19周通报问题项次	2017年上半年1～20周通报问题项次	同期通报问题项次对比	同比增(减)率(%)
1	教学及管理	1	16	-15	-1500
2	学生管理	11	31	-20	-182
3	维护维修	8	18	-10	-125
4	卫生清理	0	18	-18	—
5	消防安全	15	24	-9	-60
6	用电安全	25	22	3	12

(续表)

序号	类别	2018年上半年1~19周通报问题项次	2017年上半年1~20周通报问题项次	同期通报问题项次对比	同比增(减)率(%)
7	饮食管理	0	1	-1	—
8	超市管理	0	3	-3	—
9	路灯管理	1	0	1	100
10	宣传标识文化	2	0	2	100
11	节约校园	3	13	-10	-333
12	规范与管理	2	11	-9	-450
	合计	68	157	-89	-131

从表5-23可以看出，2018年上半年1~19周通报(含校园环境巡查)的问题比2017年上半年1~20周减少了131%，减少幅度较大的是教学管理、规范管理和节约校园等。

12. 各院系被通报问题及反馈整改情况

各院系被通报问题及反馈整改情况，见表5-24。

表5-24 第1~19周平台通报(含校园巡查)院系问题及反馈整改情况统计

序号	部门名称	被通报问题数	部门反馈数	反馈率(%)	部门整改数	整改率(%)
1	机电学院	4	4	100	4	100
2	汽车系	3	3	100	3	100
3	电子电气学院	6	6	100	6	100
4	信息系	1	1	100	1	100
5	化工系	2	2	100	2	100
6	制药与生物系	1	1	100	1	100
7	建工学院	2	2	100	2	100
8	会计学院	2	2	100	2	100
9	工商学院	2	2	100	2	100
10	陶瓷系	1	1	100	1	100
11	马克思主义学院	1	1	100	1	100
	合计	25	25	100	100	100

从表5-24中可以看出本学期1~19周被通报问题最多的是电子电气学校，其次是机电学校，院系部反馈整改情况总体较好。

13. 各处室被通报问题及反馈整改情况

各处室被通报问题及反馈整改情况，见表5-25。

表5-25　第1～19周平台通报(含校园巡查)处室问题及反馈整改情况统计

序号	部门名称	被通报问题数	部门反馈数	反馈率(%)	部门整改数	整改率(%)
1	宣传统战部	2	2	100	2	100
2	学生处	4	4	100	4	100
3	图书馆	4	4	100	4	100
4	后勤处	27	27	100	26	96
5	保卫处	1	1	100	1	100
6	继续教育学校	1	1	100	1	100
7	产业处	7	7	100	7	100
	合计	46	46	100	100	98

从表5-25可以看出本学期1～19周被通报问题最多的是后勤处，其次为产业处、学生处和图书馆，处室情况反馈整改情况总体较好。

14. 相关职能部门通报机制执行情况

本学期建立了通报发布机制的职能部门通报机制具体执行情况见表5-26。

表5-26　2018年上半年1～19周部门发布通报数据统计

序号	部门	通报名称	通报内容	通报周期	应发通报数量	实际发布通报数量	制度规定通报周期执行情况(%)	备注
1	党办院办	1. 院级会议通报	会议出勤、纪律	随机	3	3	100	
		2. 档案管理通报	整档归档规范性、报送及时性、档案队伍	每年	1	1	100	
		3. 领导干部值班情况通报	值班情况	每周	18	18	100	
		4. 督办工作情况通报	党委会、专题工作会议、上级督办等工作事项落实	每季度	2	2	100	
		5. 高等教育基层报表填报情况通报	按时采集情况、采集质量	每年	—	—	—	
		6. 部门工作总结及工作要点报送情况通报	报送情况、工作质量	每年	—	—	—	

(续表)

序号	部门	通报名称	通报内容	通报周期	应发通报数量	实际发布通报数量	制度规定通报周期执行情况(%)	备注
2	组织人事处	1. 职工考勤情况通报	出勤率、考勤报送	每月	5	5	100	
		2. 教职工信息情况通报	教职工个人档案材料更新情况、审核情况	每学期	1	1	100	
		3. 党员发展情况通报	发展人数、发展程序	每学期	1	—	—	
		4. 党费收缴情况通报	党费收缴情况、金额	每季度	2	2	100	
		5. 党建制度建设检查情况通报	制度建设情况、制度落实情况	每学期	1	1	100	
3	工会	1. 计划生育信息报送情况通报	报送情况、计划生育率	每月	4	4	100	
		2. 会员会费收缴情况通报	缴纳情况、金额	每年	—	—	—	
4	团委	共青团工作情况月度通报	常规、临时、重大工作参与完成情况以及创新工作、社团工作等内容	每月	3	3	100	
5	宣传统战部	精神文明建设通报	《淄博职业学院文明院系、文明处室、文明教育教学部评选考核办法》中精神文明建设考核细则相关指标的落实情况	每季度	2	2	100	
6	纪检监察室	纪检监察工作情况通报	党风廉政建设和违规违纪查处情况	随机	2	2	100	
7	科技规划与发展处	1. 规划情况通报	"十三五"规划执行情况	每年	—	—	—	
		2. 内部质量保证体系建设工作情况通报	内部质量保证体系建设任务完成情况	每学期	1	1	100	
		3. 优质校建设项目工作通报	优质校建设任务完成情况	随机	3	3	100	

(续表)

序号	部门	通报名称	通报内容	通报周期	应发通报数量	实际发布通报数量	制度规定通报周期执行情况（%）	备注
8	教务处	教学管理工作通报	日常教学运行情况、各院系部教学检查执行情况、教师教学常规工作开展情况、学籍变动情况、实验、实训教学组织与实施情况、合堂、多媒体教室教学开展情况、人才培养状态数据采集情况	每两周	10	10	100	
9	学生处	学生工作情况通报	学生晚自习、早操、教室卫生检查情况、学生日常文明行为检查、各院系值班人员晚上夜间及早操值班到岗及履行职责情况、学生宿舍卫生、违纪情况、各院系报送材料的完成情况、学生的重大违纪情况、院系参加学生处组织会议的出勤情况、各院系对通报问题的反馈情况	每周	17	17	100	
10	校企合作与就业指导处	1. 校企合作开展情况通报	合作企业协议签订、项目开展情况	每年	—	—	—	
		2. 就业工作通报	就业率、就业常规工作情况	每学期	7	7	100	
		3. 校友会工作情况通报	校友信息收集和使用、校友联谊活动	每学期	1	0	0	
		4. 社会捐赠情况通报	捐赠单位和数额	每年	—	—	—	
11	招办	1. 招生工作通报	(1) 招生计划申报情况通报	每年	1	1	100	
			(2) 单独招生情况通报	每年	1	1	100	
			(3) 招生宣传情况通报	每年	—	—	—	
		2. 专升本录取情况通报	专升本录取名单和院校	每年	—	—	—	

(续表)

序号	部门	通报名称	通报内容	通报周期	应发通报数量	实际发布通报数量	制度规定通报周期执行情况(%)	备注
12	继续教育学院	1. 社会培训和非全日制学历教育情况通报	各院系社会培训项目和人数，在校生、社会人员：参加非全日制教育情况	每学期	1	1	100	
		2. 职业技能鉴定工作情况通报	组织报名、参加人数、鉴定结果、合格率	每年	—	—	—	
		3. 普通话水平测试情况通报	组织报名、参加人数、测试结果	每年	—	—	—	
13	财务处	1. 部门预算执行情况公示通报	公示部门、时间	每季度	2	2	100	
		2. 政府采购项目执行情况通报	项目提报部门提报政府采购项目申请情况、预算执行完成率	每年	—	—	—	
		3. 项目预算执行进度通报	纳入考核的项目预算是否达到规定使用比例	按通知要求				
		4. 优质校预算执行进度通报	优质校建设资金使用情况	每半年	1	1	100	
14	信息化办公室	智能校园运行情况通报	智能校园管理平台、办公系统、站群及各部门业务系统使用效率、运行情况；网络、一卡通、数字广播运行数据及保障情况	每季度	2	1	100	
15	后勤处	1. 校园环境检查通报	卫生、设施、设备情况	每季度	2	2	100	
		2. 校园物业与绿化服务工作督查通报	卫生、服务、绿化维护等情况	每周	19	19	100	
		3. 饮食管理工作通报	卫生、供应、服务等情况	每周	18	18	100	
		4. 能源管理与保障工作情况通报	能源运行情况、节能情况	每两周	9	9	100	

(续表)

序号	部门	通报名称	通报内容	通报周期	应发通报数量	实际发布通报数量	制度规定通报周期执行情况（%）	备注
16	保卫处	1. 消防安全综合检查情况通报	设施设备运行情况、安全隐患	每月	4	4	100	
		2. 专项活动安全情况通报	安全保障措施	随机	—	—	—	
		3. 应急疏散演练情况通报	应急疏散演练情况	每学期	1	0	0	
17	资产处	1. 资产清查情况通报	资产情况	每年	—	—	—	
		2. 资产管理情况通报	资产利用、损坏情况	每学期	2	2	100	
18	国际学院	国际合作办学情况通报	合作项目参与率和参与人次	每学期	1	0	0	
19	产业处	商业网点安全检查情况通报	食品及消防安全检查情况	每月	4	4	100	

从表 5-26 可以看出，本学期 1～19 周通报机制执行情况总体情况较好，希望建立通报机制的部门，坚持问题导向，加强工作检查，明确问题责任部门，及时发布通报，提高发布通报质量，将工作落到实处。

要求：①各部门按照诊改工作理念，针对通报的各类管理问题，认真分析产生问题的原因，对照本部门工作加强自主诊断、自主改进，不断提升管理服务水平；②已建立通报发布机制的部门，要认真总结经验，不断创新，严格执行，逐步形成具有自己特色的管理机制。

四、纳入年度考核

根据实际工作情况进行诊改专项考核，制定诊改工作专项考核标准，纳入部门年度考核成绩。

（一）2018 年度"内部质量保证体系建设"绩效考核指标体系

1. 考核原则

(1) 坚持过程考核与成效考核相结合。

(2) 坚持质量基准与突出特色相对照。

(3) 坚持牵头部门与参与部门相区别。
(4) 坚持建设任务与考核职责相对等。

2. 考核依据

(1) 《淄博职业学院 2018 年度部门绩效考核办法》。
(2) 淄博职业学院每学期内部质量保证体系建设任务要求。
(3) 淄博职业学院内部质量保证体系建设工作通报。
(4) 淄博职业学院内部质量保证体系建设工作相关文件。

3. 考核赋分办法

考核赋分办法见表 5-27 所示。

表 5-27 考核赋分办法

序号	考核内容	分数比例(%)	考核点	备注
1	过程管理	30	1. 所有材料按时提报； 2. 所有材料符合提报要求； 3. 基本符合要求不扣分	
2	反馈改进	20	1. 按照反馈要求，及时改进； 2. 以问题为导向，通过改进取得实效	
3	平台建设与使用	30	1. 智能校园管理平台(三中心一平台)建设任务按时完成(各层面牵头部门)； 2. 分别制定"三中心一平台"的使用指南，并有效开展师生员工的培训与指导工作(各层面牵头部门)； 3. 按照学校要求，全面使用智能校园管理平台(各部门)	
4	牵头部门	10	学校内部质量保证体系建设各层面工作组的牵头部门发挥统筹协调作用，按时优质完成相关建设任务，相关牵头部门予以加分	
5	特色/亮点	10	相关部门的内部质量建设体系建设工作有特色/亮点，予以加分	

(二) 2019 年度"内部质量保证体系建设"考核赋分说明

1. 考核依据

(1) 2019 年内部质量保证体系建设与运行材料提报情况。
(2) 2019 年参与诊改复核工作情况。

2. 考核赋分办法(2 分)

(1) 考核基准分。各内部质量保证体系建设牵头部门考核基准分为 2.00 分，其他部门考核基准分为 1.00 分。

(2) 加分项。包括以下三个方面。

① 提报材料质量高、起到示范作用的部门加 0.20 分/次。

② 有诊改工作案例入选学校诊改资料汇编的部门加 0.20 分。

③ 诊改复核重点检查的 6 个专业所在院系，参加诊改复核汇报的院系加 0.60 分，其他院系加 0.30 分。

(3) 减分项。包括以下四个方面。

① 材料提报时间。A 等，按时提报不扣分；B 等，迟报扣 0.05 分/次；C 等，截止通报发布时间未提报扣 0.10 分/次。

② 材料提报质量。A 等，符合要求不扣分；B 等，基本符合要求扣 0.05 分/次；C 等，不符合要求扣 0.10 分/次。

③ 未按要求反馈改进。扣 0.10 分/次。

④ 截至目前未提报材料。得分为 0 分。

第三节　应用大数据开展诊改工作

随着互联网的风生水起，信息量暴增的大数据时代应运而来，"大数据"正在对包括教育在内的每个领域产生影响。"诊改"工作的依据是事实和数据，"诊改"必须坚持用数据说话，随着智慧校园的全面快速推进，海量的教育大数据为内部质量保证体系诊断与改进提供了数据基础，为变革教育方式、促进教育公平、提升教育质量提供支撑。

一、筑牢诊改基础

大数据是实现高职院校"诊改"工作的各要素全覆盖，提高"诊改"的实时性与真实性，进一步健全内部质量保证体系的重要手段。教育大数据来源于多种途径，比如学校各业务系统产生的过程数据、上级部门的宏观数据、各种机器的感知数据以及"爬"来的互联网数据等。完成数据采集后，通过数据的积累、清洗、转换、规整、治理等整合归类处理，进入大数据中心。

大数据从数据的抽取采集、集成融合、清洗整合到归档监控，完成数据治理，打通数据孤岛，实现学校数据的源头唯一，同时实现业务信息互联互通、数据资产可信可用，为以数据为基础面向用户构建便捷服务提供支持。

二、实现诊改落地

运用大数据技术，构建教学质量诊断分析模型，进行习惯行为预判、趋势分析和展望。再通过大数据分析，实现自我诊断的数据化和对问题的精准定位，实现动态校情分析与智能决策等功能，围绕"诊改"五个层面(学校、专业、课程、教师、学生)像。传统技术很难实现不同类型数据的关联分析和挖掘，因此，需要大数据技术的各种支持。

通过对学校业务及应用系统进行数据梳理和抽取，形成大数据中心，在此基础上，基于质量保障体系中的目标链、标准链、检测链建立学校、专业、课程、教师、学生等5个层面的精准画像，对学校的所有指标进行全方位的展现，全面了解学校的整体教学质量情况，并对薄弱环节及时改进和跟踪，辅助其进行自主诊改。

(一) 建立学生画像

利用数据中心提供的标准化行为与内容数据，包括学生的各门课程成绩、图书馆借阅、一卡通消费等，运用大数据分析手段，量化学生在规律性、努力程度、学习技能、经济状况、社交关系等多维度的特性，揭示学生成长轨迹，基于预测模型对学生的学业成绩、就业倾向、心理状况等进行预测，从而可为学校对学生进行个性化与精准化的教育管理与引导提供重要依据。如图5-4所示。

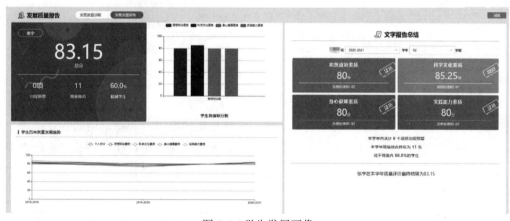

图 5-4 学生发展画像

(二) 建立教师画像

通过打通校园管理层面不同业务系统间的数据孤岛，实现以教师为主体的数据挖掘，对教师个体及群体的人事信息、科研项目、学科成果及教学状况进行精准刻画，服务于高职院校人事、科研管理的数据支撑应用，如图5-5所示。

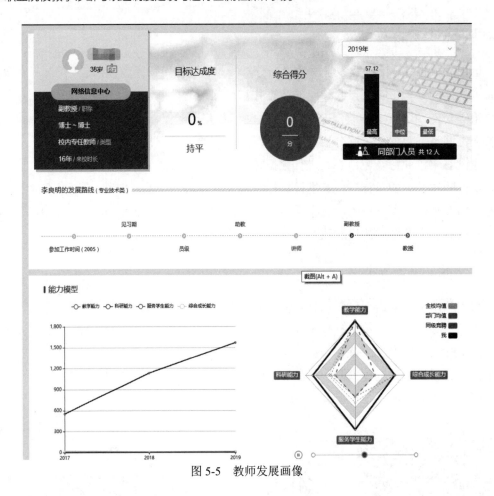

图 5-5 教师发展画像

(三) 大数据应用提升诊改效率

体现智慧校园现实化打破物理校园边界、业务系统边界以及职能部门边界，围绕学校教学、科研、管理和服务构建各类业务系统，为广大师生提供个性化、一站式、线上线下结合的综合应用。内部质量保证体系诊断与改进信息化平台的搭建，支撑"诊改"工作信息化，提升学校的教育教学质量。

智慧展现层，智慧校园的展示窗口采用先进的设计理念和开发技术，实现各种设备的信息来源统一。信息推送及时，打破信息化系统接入和使用的时空局限，让所有人可以便捷、零距离、安全高效地使用系统，实现智慧校园的"4A"应用：任何设备(Anydevice)、任何时间(Anytime)、任何地点(Anywhere)、任何人(Anyone)。

(四) 大数据思维拓宽诊改视野

借助大数据思维，为处理诊改数据提供了新的思路和途径，在掌握海量数据的前提下，促使教职工运用专业的方法进行数据处理，对于数据处理能力以及诊改工作效率的提升具有积极作用。

通过运用大数据进行诊改，使得学校管理者和专业教师更加具体地了解学校相关工作情况，从而提升教学诊改工作效率。也有助于实现对教学质量和管理工作的智能化监控，从而为制定科学的教学和管理方法提供依据，实现教学和管理工作的合理化和科学化。

(五) 大数据管理实现诊改机制创新

在诊改工作推进过程中，采用全面的评价方式，能够实现精准化的工作诊改。不过这需要完善相应的工作机制，通过构建高职院校、教育单位、教师、学生多位一体的诊改体系，实现及时诊改、阶段诊改以及年度诊改的常态化，以周期性带动精确性，促进高职院校诊改工作质量的提升。此外，将大数据对工作运行发挥的作用收录于部门考核标准中，这样能够达到激励的效果，促使各项工作持续性改进，从而促进学校工作质量和效率的提升。

(六) 大数据分析助力诊改精准智能

充分利用采集到的多维数据提供分析支撑，建设师生行为管控系统、一表通系统等上层应用，逐步构建用数据说话、用数据决策、用数据管理的管理模式。依托融合式数据中心的校本主题数据，建设集校本数据采集、清洗、分析及诊断评估与预警于一体的内部质量管理平台。通过智能分析工具进行校情的可视化展现，并提供学生学习、教师教学、专业建设、课程开发、学校管理、学习预警和安全预警等应用功能；同时，常态化地监控、反映院校发展质量的关键要素和主要指标，及时分析预警、动态调控，并自动生成自我诊改报告、数据分析报告，进而实现诊改工作的常态化、规范化和智能化，提升管理效益，保障教学管理服务质量。

第三篇
内部质量保证体系诊改工作案例

第六章　淄博职业学院诊改工作案例

第七章　淄博职业学院诊改工作研究
　　　　成果

第八章　试点院校诊改工作典型案例

淄博职业学院诊改工作案例

案例一 "体系+平台"建立常态化自主保证质量机制

李联卫

淄博职业学院作为全国高职院校内部质量保证体系诊断与改进工作试点院校,高度重视并全力推进诊改试点工作。学校系统设计并有效构建内部质量保证体系,打造智能校园管理平台,逐步建立常态化自主保证人才培养质量的有效机制。

一、整体设计,系统发力,构建内部质量保证体系

(一)建立健全质量保证组织

建立健全各级质量保证组织、打造高效管理团队是建立质量保证体系的重要举措。常设机构质量控制与绩效考核办公室由党委直接领导,负责学校全面质量管理工作。同时学校主要领导亲力亲为,以现有部门为基础,组建了诊改工作团队,由党委副书记姜义林担任诊改工作办公室主任,下设六个工作组,全面负责诊改机制常态化之前的研究推进工作。

(二)整体设计质量保证体系

围绕学校"培养学生就业竞争力和发展潜力"的核心目标,整体设计了学校、专业、课程、教师、学生等层面完整且相对独立的自我质量保证体系,并规划了"三中心一平台"

的智能校园管理平台，包括专业发展中心(含课程建设、课堂教学实施)、教师发展中心、学生发展中心、学校质量管理平台，全面支撑内部质量保证体系建设。

(三) 开展广泛深入的宣传培训

学校书记、校长带头参加诊改工作学习培训，参加校外相关培训人员近 100 人次，开展了系统的校内培训。自 2017 年开始，每学期开学前的干部读书会都将诊改工作作为主题，同时推进以质量文化为内容的校园文化建设，形成人人关注质量的良好氛围，促进了全体师生员工形成自主保证质量的意识。

(四) 明确分步推进的实施路径

学校坚持问题导向，分步推进诊改工作：明确路径、出台方案、打造范例、策略推进。2016 年是"十三五"事业发展规划编制与发布年、启动年，也是学校全国诊改工作试点的启动年，学校以建立目标体系为切入点，让各部门编制与完善规划，将诊改工作全面激活，如图 6-1 所示。

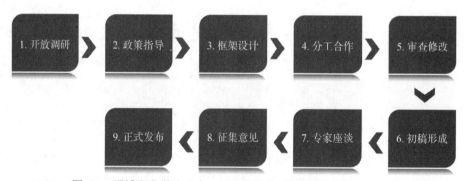

图 6-1　淄博职业学院"十三五"事业发展规划编制的九个环节

学校先后发布了《关于推进内部质量保证体系建设的指导意见》、每学期《内部质量保证体系建设与运行工作方案》等文件，部署具体工作任务。在实施过程中，研究先行、做出范例，并采用密集调度、集中办公、通报督导等形式，有力地推进了诊改工作。

二、数据管理，服务诊改，打造智能校园管理平台

(一) 建设校本特色的智能校园管理平台

学校以建设"三中心一平台"的智能校园管理平台为抓手，深入挖掘人才培养工作过程中的数据需求，建设基于大数据分析的智能校园管理平台，如图 6-2 所示。通过及时掌握和分析人才培养工作状况，实现过程监控，及时发布预警，随时进行诊断、反馈、改进和提高，全面助力内部质量保证体系的建设与运行。

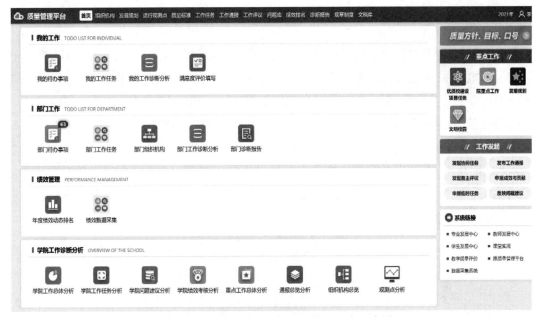

图 6-2　淄博职业学院智能校园管理平台示意图

(二) 质量管理平台促进各部门自主保证工作质量

学校质量管理平台实现了部门常规工作清单、年度工作计划、临时任务等的信息化，使各部门、各岗位的工作目标和标准更加明确、直观。同时强化过程控制，要求及时录入工作任务完成情况，相关部门及时发布工作通报，实现过程监控，及时发布预警，使各部门能够更直观地聚焦目标、关注过程，主动发现问题、提升工作质量。在质量管理过程中在信息化基础上，实现了年度绩效考核实时动态排名，绩效考核透明化、实时化，如图 6-3 所示。

序号	系院	过程考核（100分）							过程考核折算分（75分）	述职评议（10分）	学院领导考核（15分）	减分项	加分项	总分	排名
		日常工作（5分）	年度工作任务（8分）	党建工作专项（18分）	人才培养（25分）	成效与贡献（34分）	满意度（10分）	年终合计（100分）							
1	马克思主义学院	5.000	6.961	16.020	19.700	2.959	9.498	60.138	45.104	9.203	11.513	0.000	5.370	71.190	17
2	智能制造学院	3.290	7.616	15.850	18.388	14.622	9.623	69.389	52.042	9.345	14.013	0.000	8.260	83.660	3
3	电子电气工程学院	3.850	7.929	15.760	16.574	16.854	9.599	70.566	52.925	9.228	13.339	0.000	6.260	81.752	7
4	汽车工程学院	3.940	7.611	15.730	19.166	10.559	9.620	66.626	49.970	9.419	14.049	0.000	8.470	81.908	6
5	人工智能与大数据学院	3.690	7.637	16.220	16.682	22.316	9.636	76.181	57.136	9.357	14.514	0.000	6.170	87.177	1
6	材料与化学工程学院	4.130	7.993	15.640	15.970	22.427	9.647	75.807	56.855	9.339	14.266	0.000	6.230	86.690	2
7	制药与生物工程系	3.940	7.221	16.030	17.092	7.840	9.578	61.701	46.276	9.245	13.099	0.000	6.120	74.740	12
8	建筑工程学院	4.520	7.536	15.730	19.581	14.322	9.632	71.321	53.491	9.330	14.225	0.000	6.370	83.416	5
9	会计学院	3.990	7.700	16.370	17.781	13.289	9.639	68.769	51.577	9.344	13.425	0.000	6.500	80.846	10

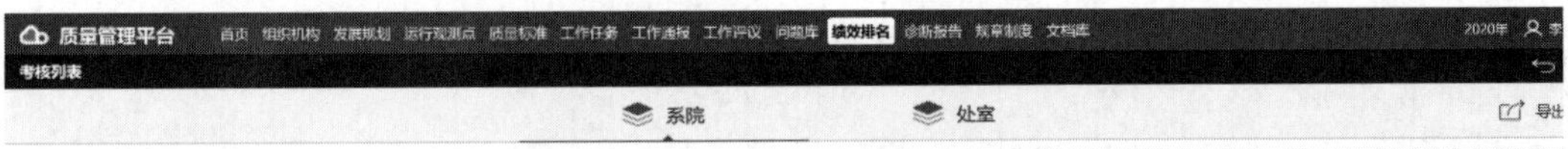

图 6-3　淄博职业学院质量管理平台——绩效动态排名示意图

(三)智能课堂实现教师自主保证课堂教学质量

学校于 2016 年 12 月启动了智能课堂项目建设，经过逐步试用、全面培训，于 2017 年 12 月 20 日发布了《淄博职业学院智能课堂项目实施方案》，公布了"智能校园使用指南"(教师端、学生端)，标志着智能课堂建设全面实施。2017 年 12 月 25 日—2018 年 1 月 5 日，智能课堂总访问量为 16 230 人次，全校教师注册率 100%，学生注册率 99.28%。智能课堂即时采集并整理统计教师课堂教学的过程信息，如学生出勤、课堂互动等，使课堂教学"透明化"，有助于教师更迅速、有效的主动发现问题，实现个人课堂教学质量的自主诊断与改进。同时，智能课堂教师日志模块中的考勤、设备、环境信息和教学建议等会实时传递给管理和服务部门，提升了教学管理和服务质量，如图 6-4 所示。

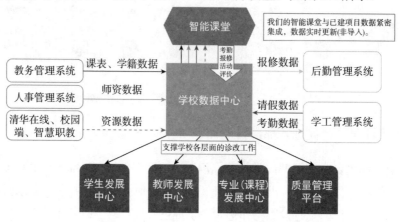

图6-4 淄博职业学院智能课堂运行示意图

案例二 强化顶层设计，规划把控全程，促进学生全面发展

郑家刚

淄博职业学院学生层面诊改工作以学生为中心，遵循教育和人才成长规律，系统指导学生制定成长成才规划，并坚持诊改工作与常规工作相结合、多维度对比与预警机制相结合，通过学生发展中心实现数据即时采集、实时呈现、及时预警，帮助学生把控成长过程，找差距、析原因，生成学生发展质量报告并制定改进措施，实现学生自我诊断、自我改进、自主发展。

一、统筹安排,系统指导学生制定成长成才规划

(一) 深入研究,明确学生全面发展目标与标准

1. 构建学生层面全面发展目标体系

围绕学校"培养学生就业竞争力和发展潜力"的核心发展目标,以学生处作为学生层面诊改工作的牵头部门,组织校企合作与就业指导处、团委、创新创业学院、各院系等相关部门,对学生全面发展内涵进行深入研究,厘清了学生全面发展的内涵。学生全面发展即学生素质的全面发展,主要包括思想政治素质、科学文化素质、身心健康素质和实践能力素质等四个方面的全面、协调、可持续发展。在此基础上,依据学校"十三五"事业发展规划以及学生全面发展规划,构建层级分明、内容关联的学生全面发展目标体系(见图6-5)。

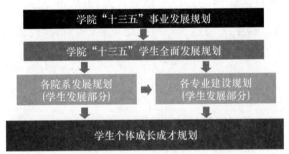

图 6-5　淄博职业学院学生全面发展目标体系

2. 完善学生全面发展质量标准

围绕学生全面发展目标体系,逐步完善学生全面发展质量标准(见图6-6)。一方面要引导学生自主学习,保证质量生成的品质,自主规划在校的学习与实训,促使其实现全面发展的目标;另一方面学生自我成长的有痕记录反过来能够改进提升我们的人才培养模式、设计以及运行体系。

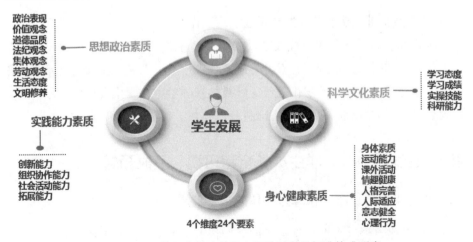

图 6-6　淄博职业学院学生全面发展质量标准构成要素

(二）顶层设计，制定学生成长成才规划模板

1. 设计符合学生成长规律的成长成才规划模板

根据学生全面发展目标体系和标准体系，学生处组织相关部门对学生成长成才规划工作进行了系统研究。在目前已开展的学生职业生涯发展规划的基础上，依据学生成长规律和学校学生管理实际，制定并实施《淄博职业学院学生成长成才规划工作指导意见》，制定了统一的学生成长成才规划模板，并系统指导全体学生制定成长成才规划，逐步构建规范化、常态化的学生成长成才规划工作体系，有效促进学生全面发展。

2. 学生成长成才规划的主要内容

《淄博职业学院大学生成长成才规划书》主要内容包括基本信息、SWOT 分析、基本情况、成长成才规划（长期目标即职业目标、短期目标）成长成才措施、成长成才诊断等，指导学生从思想政治素质、科学文化素质、身心健康素质、实践能力素质等 4 个维度全面规划自己未来的职业发展以及在校期间的学习成长。

（三）分步实施，全面指导学生制定成长成才规划

1. 学生处制定详细的规划填写指南

学生处制定了详细的《淄博职业学院<大学生成长成才规划书>填写指南》。

（1）从发展目标和评价维度两个方面对大学生成长成才的内涵进行了详细解读。

（2）明确了《大学生成长成才规划书》填写流程：学生入学后第一学期填写：基本信息、SWOT 分析、基本情况、成长成才规划、成长成才措施；导师负责指导和审核，达成一致意见后提交备案；学生从第二学年开始，每学年初填写：成长成才诊断；导师负责指导和审核，达成一致意见后提交备案。

（3）对《大学生成长成才规划书》中的每一项都做了填写说明。

2. 学生处统筹安排、院系具体指导规划填写工作

学生处制订并发布了《学生全面发展质量保证体系建设工作方案》，将学生成长成才规划制定工作列入部门工作计划，并召开专题工作调度会，对相关工作进行培训和部署。各院系根据学生处的统一部署，安排班级导师具体指导学生在学生发展中心填写《大学生成长成才规划书》，并对规划书的填写工作进行了审核。

二、建设学生发展中心，学生成长全程可视、及时预警

（一）建设集支持、诊断、保障为一体的学生发展中心

根据学生数量多、校区分散、管理难度大等特点，以诊改试点工作为契机，学校革新传统的线下管理服务模式，建设了集支持、诊断、保障于一体的学生发展中心，旨在构建

多方合作服务学生全面发展的工作联动机制和服务体系，构筑学生自我教育、自我管理、自我服务的活动阵地。大学生发展中心能够呈现诸如学生基本信息、班级管理、学习情况、心理健康、资助服务、学生社团、学生素质测评等有关学生发展的指标数据，使学生本人、学生家长及学校老师通过大学生发展中心可以明确学生在校期间的学习、工作、生活以及培养发展情况，及时发现不足并及时预警，定期生成学生个人发展质量报告，明确上阶段个人发展基本情况，确立下一阶段的发展目标及措施。学生可以通过大学生发展中心查看其在校学习期间的各种信息，了解自己的成长状况，完成个人事务办理，实现各类在线自助服务(见图6-7)。

图 6-7　淄博职业学院学生发展中心学生个人登录界面

(二) 建立学生全面发展质量诊断体系

学校在建立学生全面发展目标体系和标准体系的基础上，建立健全了"自主发展"为特征的学生全面发展质量保证体系，修订了《淄博职业学院学生全面发展质量评价办法(试行)》，优化了学生综合素质评价标准，充分运用大数据等信息技术，依据学生发展关键指标数据分析，科学呈现学生成长轨迹，实现学生综合素质诊断模块化数字预警，引领学生自主成长。

依托学生发展中心，对学生发展质量进行量化赋分，实现学生发展质量的信息化，每学年自动生成学生发展质量评价总分，建立科学全面的学生发展质量评价体系。学生发展质量评价总分＝思想政治素质分值×20%＋科学文化素质分值×60%＋身心健康素质分值×10%＋实践能力素质分值×10%。其中：

(1) 思想政治素质分值＝基本分(80 分)＋加分或减分。

(2) 科学文化素质分值＝该学年各科学业成绩平均分＋加分或者减分。

(3) 身心健康素质分值＝基本分(80 分)＋加分或减分。

(4) 实践能力素质分值＝基本分(80 分)＋加分或减分。

(三) 构建学生发展质量模块化预警机制

通过学生发展质量诊断模块化信息预警，实现学生发展质量过程性监控。对出现预警的学生，除了本人做到自警之外，辅导员与学生家长要密切配合，通过谈心谈话等多种形式共同做好学生的教育引导工作(见表6-1)。

表 6-1 学生发展质量标准及预警一览表

诊断要素	标准值	目标值		预警值	数据来源
		良好	优秀		
思想政治素质	80 分	>80 分 ≤90 分	>90 分	<80 分	学生管理系统
科学文化素质	60 分	>60 分 ≤80 分	>80 分	大专生学期内期末考试成绩不及格数≥3 门；中专生学期内期末考试成绩不及格数≥4 门	教务管理系统
身心健康素质	80 分	>80 分 ≤90 分	>90 分	<80 分	教务管理系统 学生管理系统
实践能力素质	80 分	>80 分 ≤90 分	>90 分	<80 分	学生管理系统

注：标准值、预警值学校统一设定，各院系(专业)根据实际情况自行设定学生群体的目标值，学生据此设定自己的发展目标值。

(四) 实现学生发展质量多维度对比分析

对学生发展质量的关键指标数据实施多维度对比。一是学生不同学期、学年的相关核心数据呈现不同年度的数据变化曲线，实现学生纵向对比；二是对照学生本人在本专业、本年级、本班级的排名情况，实现学生横向对比；三是根据各发展要素数值与标准值、目标值的差距，实现学生差异对比。通过多维度的对比，学生可寻找自身的差距与不足，分析产生原因，明确下一步努力的方向，从而实现学生自我诊断、自我改进、循环提升的目的(见图6-8)。

图 6-8 淄博职业学院学生发展质量多维度对比分析

三、建立长效机制,学生成长分层次自主诊改成效凸显

(一)构建环环相扣的学生成长分层次自主诊改工作机制

根据学校诊改工作的统一部署,成立了由学生处作为牵头部门的学生层面工作组,责任部门包括校企合作与就业指导处、团委、创新创业学院、各院系等部门,主要工作职责是负责学校学生全面发展目标体系和标准体系的建设、学生处负责学生全面发展中心的建设与运行工作。学生层面工作组制定并实施《淄博职业学院学生层面自我诊改工作实施办法》,学生处统筹、各相关部门协同,依托学生发展中心逐步建立了环环相扣的学生成长分层次自主诊改工作长效机制:学生处牵头学生层面工作组关注总体学生成长、院系关注各专业学生成长、辅导员关注班级学生成长、学生关注自我成长的长效工作机制。

(二)"说诊改"活动推动诊改工作持续运行

为持续推动学校诊改工作,2019年4月发布并实施《淄博职业学院"说诊改"活动实施方案》,全体师生员工结合2018年度已开展的自我诊改工作,公开交流自我诊改工作的成效、问题与改进措施(见图6-9),进一步加深了对诊改工作的认识、提升了质量主体意识。学校已把"说诊改"活动作为诊改工作的一项制度性安排,列入常规工作清单,定期开展。

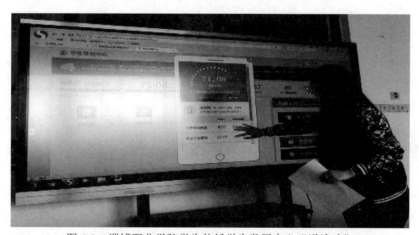

图6-9 淄博职业学院学生依托学生发展中心"说诊改"

(三)学生自我诊断、自主发展成效凸显

诊改工作的顺利实施促进了学生综合素质的显著提升,学生通过纵向、横向和差异性对比进行自我诊断,通过模块化预警显示个体发展的不足,明确下一步努力的方向和目标,从而实现学生的自我管理、自我发展和自我完善的循环提升。

汽车检测与维修技术专业2017级专本衔接班学生张雪丽对此深有体会:我们要有目标、有计划,不可盲目地"撞大运",好的计划是成功的开始,孔子在《礼记·中庸》中说,"凡事豫(预)则立,不豫(预)则废"就是这个道理,拥有成功的成长成才规划才能实

现完美人生。成长成才规划发掘了自我潜能,增强了个人实力,提升了应对竞争的能力,使我明确了目标,坚定了考研的脚步。

着力于学生全面发展,力促学生成长成才,是教育工作的出发点和落脚点。作为国家示范性高职院校、全国优质高职院校,我们将继续运用大数据思维前瞻性、创新性地开展工作,坚持全面与个性的统一,注重发挥特长,激发潜能,提高学生综合素质;充分发挥学生发展中心等信息化平台的作用,不断增强信息化服务能力,为学生自主发展和培养高素质技术技能人才奠定坚实基础。

案例三 岗位管理 项目运作:是推进高职院校部门诊改工作的有效方法

张森

"无从入手,眉毛胡子一把抓",这是当前高职院校有些部门面对诊改工作时的真实写照。高职诊改工作相对于"迎评",是一项全面、深刻、颠覆性的变革,涉及学校和部门工作的方方面面,综合性强,必须树立系统性思维,做好整体谋划和顶层设计,找准切入点,明确工作抓手,出实招、下实功、求实效。学校各部门在推进诊改工作的进程中,实行"项目主管制",对各项工作目标进行项目化管理、工作标准进行指标化分解,对于进一步建立明晰的目标体系、标准体系,形成完善的部门工作质量改进机制,实现螺旋提升,不失为一种有效的方法。

一、工作目标项目化,建立明晰的部门目标体系

目标是诊改的逻辑起点,目标是否明晰、可跟踪监控,是做好诊改工作的前提。当前,各院系基本建立起了"学校发展目标(发展规划及各项子规划)——二级单位目标(各部门年度工作计划)"等组成的目标链,但具体到一个部门的工作,这样的目标体系尚存在"过于笼统、难以实行有效的诊断与改进"等问题。为进一步建立明晰的诊改目标体系,2018年下半年,稷下研究院在部门内试行"工作项目主管制",将部门承担的规划任务、优质校建设任务及年度重点工作等统筹分解为12个工作项目,每位工作人员相应承担多个工作项目,成为各工作项目的主管;主管就是项目的一把手,每一项工作都能第一时间找到第一责任人,实现了工作目标项目化、业绩考核指标化;初步形成了"事到岗,岗到人,人人有事干,事事有人管"的内部质量保证体系,保障了各项工作目标的落地实施,有效推动了诊改工作的深入开展。

二、工作标准制度化，构建完善的部门标准体系

标准是诊改的标尺，标准是否科学、严谨，是做好诊改工作的重要保证。稷下研究院在实行"工作项目主管制"的基础上，针对每个工作项目的特点，制定了详细的工作流程和管理规定，以制度的形式对各个工作项目的完成时限、预期成效和实施效果做了明确规定，并与年终个人考核相挂钩，初步建立起了科学、严谨、完善的部门内部质量标准体系，如：针对《稷下论丛》、"稷下学术沙龙"等工作项目，制定了专门的编辑校对制度、活动组织管理制度及工作流程，每一项制度对应一个工作项目，既有量的规定也有质的要求，明确了工作风险控制点，形成了完整的项目内控体系，做到了工作有标准、业绩可量化，保证了部门各项工作的有效落地、高质量实施。

三、线上线下紧密结合，优化部门工作质量改进机制

构建适时改进的质量保证机制，不断提升工作水平，促进学校健康发展是诊改工作的主要目标。2018年下半年以来，稷下研究院在定期召开部门诊改会议、通过数据分析工作项目完成情况及存在问题的基础上，充分依托学校质量管理平台，线上线下结合，强化自主诊改，有效构建了部门工作质量改进机制，如：基于目标和标准，通过分析"稷下论坛""稷下学术沙龙"活动的参会人次、人员构成等基础数据，找出了该项工作存在的主要问题是：组织形式较单一、内容创新性不强、受众面较窄、师生参与度不高，与学校重点工作、专业文化建设等结合不够紧密。该院针对诊断出的问题，提出了下一步的改进措施：与各院系联合举办"稷下学术沙龙""稷下论坛"等活动，强化年度选题策划，每一期突出一个专业，将齐文化与专业文化建设紧密结合，进一步扩大受众面，增强影响力，助推省优质校智能制造、财经商贸、医药健康等五大专业群文化建设。

总之，在学校整体统筹和规划设计下，学校各部门应充分发挥主观能动性，不等不靠，在系统分析部门岗位职责和工作特点的基础上，以项目主管制为抓手，与日常工作相融合，在原有质量管理的基础上构建更加系统全面的内部质量保证体系，以此来推动部门诊改工作的落地生根，使诊改工作走到明处、落到实处。

案例四 注重服务质量提升，助力优质校建设

崔鑫

本案例在"高职院校图书馆助力优质校建设研讨会暨 CALIS 高职高专馆长培训会"上做了典型发言。原题目为："明方向，强内功，保质量，为优质校建设助航"

时间：2018年6月13日—15日

地点：河北对外经贸职业学院

图 6-10 和图 6-11 为参会场景。

图 6-10　高职院校图书馆助力优质校建设研讨会暨 CALIS 高职高专馆长培训会与会人员合影

图 6-11　淄博职业学院代表在高职院校图书馆助力优质校建设研讨会暨 CALIS 高职高专馆长培训会上发言

一、案例实施背景

2015 年，教育部印发了《高等职业教育创新发展行动计划(2015—2018 年)》，提出建设 200 所优质专科高等职业院校的目标，为高职战线树立改革发展的"新标杆"。中国职业技术教育学会副会长马树超认为在优质校建设中，必须体现国家的新要求：推进职业教育产教融合，具体表现为办学定位准确、专业特色鲜明、社会服务能力强、综合办学水平领先、与地方经济社会发展需要契合度高、行业优势突出。

学校积极响应教育部号召,在"十三五"事业发展规划中,体现了优质校建设的重要地位,提出以深圳职业技术学校为对标院校,以综合改革和诊改工作为推动力,全力推进质量提升、内涵发展,确保优质校建设任务高标准、高质量落地落实,为争创中国特色高水平高职院校和专业建设单位奠定坚实基础。

学校成立了五个专业群项目组和十个综合项目组:五个专业群项目组是智能制造专业群项目组、财经商贸专业群项目组、生化药品专业群项目组、医药健康专业群项目组、土木建筑专业群项目组,每个项目组都由副院长牵头。十个综合项目组是内部管理体制改革项目组、教育教学改革项目组、师资队伍建设项目组、技术技能积累项目组、社会服务项目组、信息化建设与应用项目组、国际合作与交流项目组、质量管理与保证体系建设项目组、特色文化建设项目组、学生发展质量保证体系建设项目组、财务保障组、督导考核组,为专业群项目组建设保驾护航。

11月16日下午,山东省优质校建设方案和任务书专家论证会在淄博职业学院北区召开,会上省教育厅专家组对淄博职业学院的省优质校建设方案和任务书进行了详细而充分的论证,给予高度评价,并提出了操作性很强的修改意见。这次会议标志着学校优质校建设向前迈进了一大步。

二、案例简介及创新点

简介:图书馆以学校优质校建设为契机,强化内部质量管理,建立了适合图书馆发展的目标链和标准链,并构架起了符合馆情的制度体系,加强了图书馆员工的服务技能培训,推进了图书馆质量改进螺旋项目建设,从而实现了助力学校优质校建设的目的。

关键词:目标链　标准链　质量改进螺旋　优质校　服务技能

创新点:①在质量管理内容上创新,不拘泥于传统的管理模式,从事物的源头抓起,形成有条理的目标链、标准链和制度链,让项目有目标、有程序;②建立了适合图书馆馆情的质量管理螺旋,每个项目都在实践中不断提升、不断优化,真正融入了学校优质校建设中。

三、案例实施

(一)建立适合图书馆发展的目标链

高职院校图书馆是为教科研服务的学术性机构,是为读者服务的优质场所,因而应有明确的发展目标。为适应学校优质校建设,为促进图书馆质量文化建设,目前图书馆确立了科学可行的目标体系:

1. 总体目标

以资源建设为重点,大力推进数字图书馆建设,努力使图书馆成为管理科学、服务优质、功能先进、环境优美的现代化文献信息中心。

2. 分目标

(1) 资源建设。纸质资源保质保量,大力推进数字图书馆建设,达到了国家相关标准要求。

(2) 读者服务。进一步加强入馆教育,实现常态化,提高普及率。

(3) 党建与内部质量保证体系诊断与改进工作。

(4) 科研和文化建设。以教育部课题为龙头,带动科研水平提升;加强社团指导工作,提高活动水平,推进书香校园建设。

(二) 建立符合图书馆馆情的标准链

图书馆在注重目标建设的同时,紧抓图书馆的标准建设,确立了8个工作流程和3个工作标准:

(1) 工作流程。报刊管理工作流程,电子资源采购与发布工作流程,流通管理工作流程,图书采访工作流程,图书分编工作流程,图书典藏工作流程,电子期刊发布工作流程,图书馆文检定工作流程。

(2) 工作标准。图书采编工作标准,图书流通管理质量标准,报刊管理工作标准。

目标链和标准链的确立,明确了图书馆的工作方向,优化了图书馆的工作环境,提升了图书馆职工的工作效率,并为评价图书馆的工作质量提供了标准依据。

(三) 建立适合图书馆发展的制度体系

图书馆制度建设,是图书馆服务学校质量文化建设的重要保障。建立与学校制度文化相适应的图书馆组织管理体系和管理制度,明确图书馆管理方针和追求目标,有效地发挥其教育功能,规范和引导广大馆员提高服务质量。近年来,我们在工作实践中认识到原有规章制度有些已不适应图书馆工作发展的需要,便修订了原来的制度,增加了新内容。使图书馆各项工作逐步步入科学化、规范化的轨道。这些规章制度主要包括图书馆纲领性制度:《淄博职业学院图书资料管理规定》,员工内部管理方面的制度《图书馆工作人员守则》《图书馆会议制度》《图书馆工作人员职责》《图书馆员工考勤制度》《图书馆科研成果管理和奖励办法》;业务管理方面的制度《图书馆安全防火规定》《图书馆采访工作细则》《图书馆分类编目工作细则》等。规章制度的建立,使我们的工作能有序运转,不但规范了工作人员的行为,规范了业务工作的管理,同时这些规章制度也调动了员工的积极性和主观能动性。

(四) 加强图书馆员工服务技能的培训

高校图书馆服务读者不仅依靠先进的技术和方法,更重要的是靠图书馆馆员的综合素质和人文关怀来影响读者。服务技能的提升，主要从以下三个方面进行。

(1) 提高馆员业务操作技能，每学期图书馆都会开展形式多样的技能比武，根据业务分工，设立了阅览比武组、技术比武组、流通比武组，各展所长，让馆员将优势发挥到极致。

(2) 丰富馆员业务知识内涵，图书馆馆员一定要成为复合型人才，或能在某一学科有一定的专长，才能为读者提供较深层次的服务。为此图书馆制订了业务学习计划，由各业务部门选择合适课题，进行必要知识的学习。

(3) 提升员工自身服务质量，管理人员队伍素质的建设，是图书馆环境建设非常重要的一环，工作人员的形象代表了图书馆的形象。为此专门聘请了旅游管理系专家为大家上课，教授形体艺术、语言艺术和礼仪等课程，并现场进行了演示。

(五) 建立适合图书馆发展的质量改进螺旋

质量管理是动态管理，应在工作中不断改进，现以数字资源建设质量改进螺旋为例，展示我馆在质量改进方面所做的努力。

(1) 以资源建设为重点，大力推进数字图书馆建设，建立健全数字资源服务架构，逐步提高数字资源购置费占比，目前数字资源数量达到 10 个以上。

(2) 依据"十三五"规划和图书馆数字资源采购与发布工作流程设置标准，制订了数字资源年度建设计划。

(3) 按照图书馆管理规定，进行购前调研、下一年度数字资源预算编制、配合采购、发布使用说明等工作。

(4) 通过信息管理平台对数字资源利用情况进行监控，以便为下一步资源建设提供依据。

(5) 通过信息管理平台进行数据分析，为下一年度数字资源建设预算提供数据支撑。

(6) 对检查中出现的问题及时提出预警，尤其是利用率特别低的数字资源。

(7) 对使用过程中读者提出的问题、资源出现的问题等进行原因分析，并逐步改进。

(8) 图书馆每半年对数字资源使用情况进行一次调研诊断，以及时发现运行中存在的问题。

(9) 图书馆每年进行一次总结分析，并将分析结果作为下一年度资源建设的依据。

(10) 以诊断结果为主要依据，及时总结，好的地方给予鼓励，差的地方惩戒，从而让数字资源建设工作形成良好循环。

(11) 组织有针对性的学习培训，不断提高数字资源建设的工作水平。改进数字资源建设的内容、方式，不断提升读者对数字资源建设的满意度。

(六) 助力学校优质校建设目标

优质校建设的内涵要求以质量立校，没有高质量的办学水平，就无从谈优质校建设。为此学校从抓质量建设入手，推进优质校建设。图书馆作为信息集聚和传播的枢纽，作为学术上的服务机构，在质量管理的内涵方面助力学校优质校建设。

（1）成立资料保障组，由馆长牵头，以采编部、技术部为主体，及时准确地为优质校建设各项目组提供优质资料。

（2）成立参考咨询组，由分管的副馆长牵头，以技术部相关人员为主体，注重平时积累，查阅与优质校建设相关的信息，及时与学校项目组沟通，提供有效信息或信息途径。

（3）成立文明馆舍组，由馆长牵头，以综合部、技术部为主体，配合文明校园建设项目，积极投入到教师发展中心和学生发展中心的建设中，合理安排场地，为学校产学融合出谋划策。

（4）成立特色文化组，由分管副馆长牵头，以采编部为主体，一是加大齐文化资料收集，着力推进齐文化进校园、进课堂系列活动，为学校创立"稷下"文化品牌提供资料保障；二是收集陶琉文化资料和"蒲文化"资料，形成有地域文化特色的馆藏资源，为实现学校让特色文化建设居全国高职院校领先水平的目标付出实际行动。

四、案例效果及启示

（1）通过目标链、标准链和制度建设，使图书馆工作有了准绳，各部门工作有条不紊，职责明确，效率明显上升，随之而来的是满意度的提高。其中教工满意度为 90.97%，学生满意度为 98.80%，综合排名居 24 个行政处室的第 3 位，较上一年度满意度提高了 3 个名次。

（2）鉴于图书馆在优质校建设中及时提供资料协助和信息咨询，表现突出，学校肯定了图书馆的做法，在 2018 年的十大任务中，文明校园建设是一项重要内容，其中教师发展中心和学生发展中心的建设场地放在图书馆，由图书馆牵头，与人事处、学生处一起完成建设任务。

（3）学校优质校建设是一项综合性的工作，涉及学校的方方面面，需要学校每个部门配合，真抓实干，才会有效果。作为信息中心的图书馆理应时不我待，只争朝夕，强化内部质量管理，继续发挥图书馆的资源优势，为学校优质校建设加油助力。

案例五　健全学生管理制度，改进学生违纪管理工作

刘晓麟

前期由于旅游管理系管理队伍不健全、学生生源质量较差等原因，导致学生纪律意识差，学生违纪现象较为严重。2017 年年底，旅游管理系根据学校构建各部门重点工作质量改进螺旋的要求，结合学生违纪严重这一突出问题，形成了旅游管理系学生违纪处理工作质量改进螺旋，进一步明确了工作过程中需要改进的问题点，通过在学生违纪处理工作中

引入预警机制，使学生管理工作得到了提升，学生违纪问题得到了改善。

一、工作目标明确，工作标准进一步完善

新学年根据学生工作计划明确了学生违纪处理工作的目标，随着学生管理工作的提升，目标不断在调整。《淄博职业学院学生手册》《淄博职业学院学生全面发展质量评价办法》为学生违纪处理工作的标准，确定了旅游管理系学生违纪处分流程。结合学生日常表现，对《旅游管理系导师考核办法》《旅游管理系班级量化考核办法》《淄博职业学院旅游管理系学生请假管理规定》等管理规定不断进行完善、修订，现在的各项管理规定比较适合当前旅游管理系学生管理工作的现状。

二、强化部署落实，以诊改促管理

通过各层面的会议对学生违纪处理工作进行部署和推进，将诊改、循环提升理念灌输给教师和学生。组织召开专题导师会议，对学生违纪处理流程、修改后的管理制度等进行学习。组织学生干部会议强调相关工作职责、工作流程。每周召开导师会议、学生干部会议、班会对学生违纪情况进行公布，督促导师、学生干部及学生个人进行改进。

加强日常检查工作力度，以诊改促管理。加大对晚自习、校园文明、教室卫生、公寓等方面的检查力度，进一步明确检查标准，规范检查、通报流程，对查出的问题认真做好记录，并在系内进行通报，对违纪学生的扣分及时录入学工系统。

三、强化教育引导，实行预警机制

学生违纪处理工作质量改进螺旋中有两个很重要的环节，一是教师对违纪学生的教育、引导。要求导师对当周出现的学生违纪现象及时处理，尽快找违纪学生谈话，了解其违纪原因，进行批评教育，并做好相关教育记录，学生科定期检查导师的谈话教育记录。现在，旅游管理系导师与学生交流谈话已经成为惯例。二是实行预警机制，在学生即将受处分时，提前"敲打"。虽然导师对学生的教育谈话更频繁了，但仍有屡教不改的学生。当学生违纪次数即将达到处分要求时，要求导师在与违纪学生谈话的同时，给学生下发《处分预警通知单》，告知学生已经违纪的次数及再次违纪将受到的处分，让学生引起重视。

旅游管理系 2018 级学生梁某某，自入学以来，学习态度不端正，生活散漫，无组织无纪律，屡次违反学校规章制度。入学没多久就出现旷课、迟到、开学逾期不归、宿舍卫生不打扫、公共场合吸烟等违纪现象，每次该生出现违纪情况后，导师都会第一时间与其进行谈话，对其进行教育。除了谈话教育外，还采取了诸多措施，如安排干部对其进行督促、让该生在办公室学习学生手册、在班内检讨、与家长交流等。导师的教育管理逐渐有了效果，该生违纪频率明显降低，但违纪事件仍未杜绝。当该生违纪数累计将要达到处分

要求时,导师向其下发了《旅游管理系处分预警通知单》,并告知该生前期违纪情况、即将受到的处分及处分对其带来的影响,让该生意识到自己已经没有"退路"了,只有严于律己、杜绝违纪这一条路可走。导师的耐心指导、对制度的严格落实、适时地告知提醒三方面结合促成了该生的转变,该生在校表现有了很大改观,至学期末未再出现违纪行为。

四、将诊改理念融入日常工作,循环提升意识逐步强化

对管理中出现的问题,及时出台新的管理办法加以应对,促进工作目标的实现。期中,学生科通过对比每周学生管理通报中反映的数据发现,个别班级学生迟到人数激增,单次检查迟到人数达到七八人次,而且有的学生是重复性违纪。为此,旅游管理系决定定期针对违纪学生组织教育培训,要求一周检查中一人两次以上违纪者或四人以上同时迟到者参加培训。学生科提前在平台上公布参加培训的学生名单,导师做好组织和点名工作。培训班主讲人由分管学生工作的负责人、学生科科长、导师担任。经过对违纪学生的培训,学生迟到现象得到有效控制。

五、质量意识得到加强,突出问题得到改善

(一)受处分学生人次明显减少

2017年因违纪受处分的学生达到了77人次。2018年导师与违纪学生谈话500余次,预警学生28人次,最终因违纪受处分的学生有19人次,减少了58人次,下降了75%(见图6-12)。9名学生受到预警后,严格要求自己,未出现违纪,未受到处分。

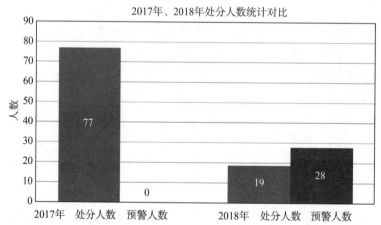

图6-12 旅游管理系2017年、2018年处分人数统计对比(实施预警制度前后对比)

(二)旅游管理系学生违纪人次较以往有所减少

2017—2018学年第一学期学生违纪人数达到1 232人次,2017—2018学年第二学期学

生违纪人数829人次,较上学期减少了403人次。2018—2019学年第一学期学生违纪人数519人次,较2017—2018学年第二学期减少了310人次(见图6-13)。因违纪数量多被系确定为重点班级的P16旅游一班、P16旅游二班、P16旅游三班、P16酒店二班,违纪人数都有所减少,减少人数都在一半以上(见图6-14)。

图6-13　2017—2018学年第1,2学期、2018—2019学年第1学期学生违纪人数对比

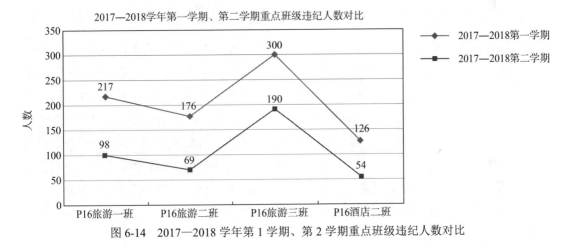

图6-14　2017—2018学年第1学期、第2学期重点班级违纪人数对比

案例六　智能课堂在高职护理专业教学中的应用

赵斐

随着信息技术和"互联网+"的冲击,高职院校大学生作为走在时代前沿的时髦分子,智能手机已成为每位高职生生活中的不可或缺的一部分,移动设备走进大学校园已成趋势,这势必给信息化教学带来莫大的机遇,慕课、微课、翻转课堂等新型教学模式正在各高职院校紧锣密鼓地进行着,各高职院校网络全覆盖给信息化教学提供了强有力的支持,

"互联网＋教育"模式悄然而至，大大促进了智能课堂的蓬勃发展。

一、智能课堂的优势

智能课堂是基于互联网，将信息化教学手段渗透进课堂，实现教师和学生全新的课堂教学互动与实时反馈教与学需求的移动课堂，所以，智能课堂将传统课堂知识丰富化、立体化，是对传统课堂教学的创新，深受师生的喜爱。

（一）教学资源快捷而丰富

在传统教学模式下，教学资源匮乏，主要以教师的讲述、现场实操为主，信息量小，而智能课堂基于互联网、云端，为教学提供了大量的文字和非文字信息，极大地改善了教学环境，同学们获取教学资源更加快捷，可以随心所欲地选择各种资源，比如PPT、视频、图片、微课等，智能课堂资源丰富，同学们可以通过云端直接学习，不受时间场所的限制，可以利用一切可以利用的时间来学习，使学习更加随性，就像同学们反馈的一样，等公交车的时间就可以学到一个知识点，不用拿出整块时间来学习。

（二）让学生真正成为学习的主动者

在传统灌输式教学中，学生以听为主，很少甚至无法在课堂上发表自己的看法，由于教学时间有限，再加上大班制合堂授课，师生之间以及生生之间少有互动，学生往往变成被动的学习者。但将智能课堂运用在课堂上，可以使学生变被动"要我学"为主动"我要学"。课前，任课教师把任务、目标以"通知"的形式通过智能课堂发布出来，使学生做到提前预习；课上，师生之间、生生之间通过智能课堂"讨论区"就某一碎片知识展开讨论；由于资源种类较多，学生可以随意选择适合自己的资源进行学习；对不明白的问题可以通过智能课堂"答疑讨论区"向任课教师提问，任课老师可以快速地对问题进行解答。这样教师在整个教学中起到的是引领者的作用，同学们则真正的成为了知识的探索者，充分发挥了学生在学习过程中的主动性。

二、在高职护理专业教学中开展智能课堂的必要性

（一）大大提高了学生学习的积极性

目前，高职护理专业大多数学生没有养成主动学习的习惯，但是动手能力强，学生对新事物好奇心强，自从任课教师运用智能课堂授课后，大大提高了学生的学习效率。课前先布置任务，课上展开讨论，并且当堂测验，任课老师还可以利用智能课堂的摇一摇提问、抢答、即时问答等方式实现课堂互动，课下布置智能课堂作业。这样一来"低头族"们不再沉迷于网上游戏、聊天、购物，而是在教师的引导下将手机和学习结合起来，调动了学

生学习的积极性，提高了他们的注意力。

(二) 丰富任课教师的教学内容

和传统教学模式相比，高职院校学生更喜欢从网络上获取学习资源，在"互联网+"的冲击下，使他们获取资源的方式更加广泛和快捷，任课教师也可以运用智能课堂丰富的云端内容组织教学，同时，也可以制作出更加适合学生使用的多种学习资源，老师们相互切磋教学技艺，从而丰富教学内容，使教师授课的趣味性增强，从而使学生的注意力时刻跟着老师授课的节奏。

三、智能课堂在高职护理专业教学中的具体运用

(一) 教师发布任务，监控课前预习

智能课堂有专门发布任务的板块，课前任课老师发布预习任务，指定学生进行预习，这种预习不受时间、地点的限制，学生接受任务后可以通过云端搜索自己喜欢的资源进行学习，实现学习过程的无障碍。学生在接受任务的同时，可以实现有效积分，从而将过程性评价体现在每个环节，老师通过后台可以监控哪些学生已经预习，哪些学生未预习，从而了解学生课前预习情况，更好地进行督促，逐步培养学生自主学习的能力。

(二) 教师导入课程，激发学生学习

教师组织教学时可采用一键签到或扫码签到，可以快速地完成签到，确保出勤人数。在课堂上任课教师可以通过头脑风暴等方式抛砖引玉地提出问题，学生可以根据自己的喜好在云端选择如PPT、录屏、微课、动画等学习资源，激发学生学习的主动性。学生可以就某一知识点在讨论区展开讨论，老师则起到防止学生偏离主题的作用。学生不但可以学习本课程的内容，还可以查询与其相关的其他课程的内容，方便学习查阅。学生通过"即时问答"回复任课教师提出的问题，全员参与到课堂中。老师可以通过举手、抢答、选人等方式让学生回答问题，提问方式的不确定性让课堂充满神秘感。

(三) 后台关注数据，总结学习成果

智能课堂的又一亮点是可以实现实时测试，动态了解学生学习情况。教师可以根据具体情况布置相关作业、测试题、讨论等，尤其是在线测试，学生测试的用时、正确率均能立马呈现，老师可以根据测试结果了解学生对知识点的掌握情况，从而查缺补漏。另外学生通过云端完成相关内容的学习时，都会留下痕迹，比如预习、阅读资源、讨论、测试等，均可积分，积分越高，说明完成的环节越多，参与课堂的机会也就越多，从而更加体现过程性评价，评价学生的方式不再仅靠最终的期末考试，而且成绩的透明化使学生懂得学习成绩的得来是靠平时一点一滴积累，而并非靠画画重点、背背习题，从而端正学习态度。

四、具体案例

以《中医护理》藏象学说——脾为例,教师课前将录制好的脾这一部分的视频发布在智能课堂"资源"中,让学生结合"作业任务"中发布的任务进行自学或小组学习,鼓励学生通过互联网获取更多的关于脾的其他资源,从而全方位了解中医学对脾的主要功能的论述,详细了解脾有三个功能:主运化、主升清和主统血,在"随堂测验"里发布初级测试题,供学生预习测试。课上,教师组织教学时运用"快捷点名、扫码点名或 GPS 点名"清点人数,了解学生出勤情况。运用"即时问答"了解学生预习情况,对错误率较高的题目,在接下来的教学中,重点讲授,在教师讲到脾为"后天之本"时,学生对知识点提出疑问,有的学生提出的问题是:脾主运化功能的具体体现,针对这一问题,教师可组织学生分组研讨,然后在"答疑讨论区"发表意见,最后老师总结脾主运化分为运化水谷和运化水液两个方面,并且举例说明,并提出"四季脾旺不受邪",让学生通过互联网查找资料,阐述其养生意义,在"作业任务区"完成。最后再进行难度较大的习题测验,并让学生在有限的时间内完成,教师可在后台观察学生测试的准确率和完成时间,从而了解学生对知识点的掌握情况,这样,学生不但了解了脾的功能,而且可深入了解其养生意义,更加全面立体的实现对知识点的认知。

高职护理专业学生采用智能课堂的教学模式,学生的学习不受时间地点的限制,教师备课也更加自由灵活,从预习、点名、提问到互动、测试、作业,一系列活动都渗透着信息化,学生能随时随地学习,智能课堂的教学模式使学生更加乐于学习。

第七章 淄博职业学院诊改工作研究成果

成果一 基于诊改理念的高职院校智能课堂建设研究

姜义林 李联卫

(本文发表在核心期刊《中国职业技术教育》2019年第23期)

[摘要]课堂教学是教育发展的核心地带,课堂教学质量直接影响着高职院校人才培养的质量,课堂教学实施情况也是高职院校教学水平的直接呈现。在高职院校全面推进诊改工作的大背景下,智能课堂建设对于提升课堂教学质量和人才培养质量具有重要意义,既能展现高职院校诊改工作的具体成果,又能使诊改工作落实到直接影响人才培养质量的课堂教学中。

[关键词]高职院校 诊改工作 智能课堂 信息化

[作者简介]姜义林(1962—),男,山东烟台人,淄博职业学院党委副书记、教授,研究方向为高职教育;李联卫(1969—),男,山东昌邑人,淄博职业学院质量控制与绩效考核办公室副主任,副教授,硕士,研究方向为物流管理、高职教育。(山东 淄博 255314)

[中图分类号]G718.5[文献标识码]A

课堂教学是教育发展的核心地带,课堂教学质量直接影响着高职院校的人才培养质量,课堂教学实施情况也是高职院校教学水平的直接呈现。教育部陈宝生部长在2017年9月提出:深化基础教育人才培养模式改革,掀起"课堂革命",努力培养学生创新精神和实践能力。面对已然到来的信息化时代和质量时代,高职教育的课堂教学改革同样是大势所趋。高职院校正在全面推进教学工作诊断与改进制度建设(简称"诊改工作"),学校、专业、课程、教师和学生等五个层面诊改工作的成果都直接或间接地体现在课堂教学中,同时课堂教学改革又反作用于上述五个层面,这对高职院校的教学管理和发展提出了更高的要求,改革传统课堂教学模式,建立适应教育信息化的课堂教学新形态势在必行。

一、诊改工作对课堂教学改革提出了新要求

诊改工作要求高职院校加强质量过程控制与即时反馈,通过基于目标和标准的诊断与改进实现教育质量的循环提升。这就要求高职院校在课堂教学过程、教学活动以及教学评价等环节进行一系列变革,从而建立起自主保证课堂教学质量的有效机制。

(一) 课堂教学过程的"透明化"

传统课堂教学所遵循的是纸质时代知识传授的运行程序和基本规则,是具有确定性与稳定性特征的"静稳结构"。在这种结构下,缺乏信息化手段的支持,从课前学习任务布置、课堂教学实施到课后作业完成的各个教学环节,只有老师和学生本人掌握相关信息,基本处于"不透明"状态,因此称之为"黑箱"。诊改工作要求打破传统课堂教学的"黑箱"状态,解决课堂教学实施过程中信息传递与反馈模糊与滞后的问题。一方面,授课教师要依据明确的教学目标和标准开展课堂教学活动,做到课堂教学活动的规范与有效;另一方面,学校要有效采集与反馈课程教学实施过程信息,通过对课堂教学过程数据的即时采集与完整呈现,实现课堂教学过程的"透明化"。课前学习任务完成情况、课堂教学目标是否达成、课堂教学效果如何、学生课堂表现情况等信息的即时传递,能帮助授课教师进行有效的课堂教学反思和自主改进,同时学校管理者也能够第一时间了解课堂教学实施情况,从而及时发现课堂教学中存在的问题、及时改进课堂教学质量。

(二) 课堂教学活动的"互动性"

传统课堂由于教学软硬件条件的限制,难以开展深入的教学互动,也无法兼顾有个性差异的学生,达不到促进所有学生全面发展的教学目标。诊改工作的目标是不断提升课堂教学质量,其中最重要的就是以学生为中心开展有效的教学活动。通过教学手段和方法的改革,使学生成为课堂教学活动的主动参与者。特别是在目前高职学生生源日益多元化的背景下,现代化的课堂学习工具成为激发学生的学习兴趣和参与热情的重要因素。教师应成为课堂教学的引导者,在充分进行学情分析的基础上,在课堂教学过程中应注重与学生的互动交流,基于整体学生的实时学习状况,运用适当的教学方法与手段达成课堂教学目标。

(三) 课堂教学评价的"时效性"

目前，大多数高职院校没有系统、完善的课堂教学质量评价体系，通常是每学期进行一次教师教学质量评价，一般由学生评价和督导专家评价两部分构成。相对而言，这种评价方式既不能全面准确的反映教师课堂教学质量，也缺乏课堂教学质量评价的时效性。诊改工作要求通过对课堂教学过程的实时监测，及时发现问题并采取改进措施，从而实现课堂教学质量的循环提升。因此，应改变传统课堂教学质量评价由教师每学期教学质量评价代替的做法，通过信息化手段及时、全面的反映教师每一节课的课堂教学质量，通过增强课堂教学评价的"时效性"，实现对教师课堂教学质量的及时反馈，从而帮助教师第一时间发现问题、分析原因并采取提升教学水平的有效措施，促进教师在课程教学过程中随时改进课堂教学质量。

二、建设智能课堂是自主保证课堂教学质量的有效途径

智能课堂是相对于传统课堂而言的，由系统(信息化平台和工具)、人(教师和学生)及其教学活动(课前、课中、课后教学环节)等组成的现代信息化课堂教学体系，包括课堂硬软件环境建设以及课堂教与学活动设计两个方面。在高职院校全面推进诊改工作和学生生源日益多元化的背景下，充分利用信息技术，建设智能课堂是促进教师实施课堂教学改革、激发学生学习兴趣、提高课堂教学管理水平、自主保证课堂教学质量的重要手段。

(一) 智能课堂促进教师有效实施课堂教学改革

智能课堂改变了教师传统的教学活动，为教师开展教学改革提供了有力工具，极大地促进课堂教学效率和教学质量的提升。通过智能课堂，教师可以综合利用网络教学平台、资源库平台、虚拟仿真平台、智能考勤、手机端课堂互动、随堂评教等现代信息技术，提高课堂教学设计的科学性和有效性。智能课堂通过网络即时采集并整理统计教师课堂教学过程信息，实现了课堂教学过程及效果的即时统计，改变了课堂教学过程的"黑箱"状态，使课堂教学"透明化"。每一堂课的教学信息即时反馈，使教师及时、全面的了解自己的课堂教学质量，促进教师本人更迅速、更有效地发现问题、改进教学，实现个人课堂教学质量的自主诊断与改进。智能课堂能够实现即时点名、简化教师日志填写等功能，减少了授课教师大量烦琐的机械操作工作，提高了教师工作效率，有利于教师致力于课堂教学质量的循环提升。

(二) 智能课堂激发学生积极参与课堂教学活动

智能课堂运用"互联网+"的思维方式和最新的信息技术手段来变革和改进课堂教学，打造出个性化、智能化、数字化的课堂教学环境，激发了学生的学习兴趣和积极性。智能

课堂引导学生将智能手机作为学习工具，参与学习过程、完成课堂作业，并积极与教师互动，让教师清楚、准确了解自己的学习状况，获得有针对性的指导。智能课堂建设体现了课堂教学形态的转变，以学生为中心开展教学活动，学生通过参与即时问答、头脑风暴、随堂检测等活动可以获得积分并能够即时检验学习成果，有效激发了学生参与课堂教学活动的积极性。学生通过手机端能够看到每个人的观点，可以进一步展开讨论，从而提升学习效果、锻炼思维能力。智能课堂基于动态教学和学习数据分析，实现了学生个性化学习，促进了学生个性化成长，是实现"以生为本"课堂教学理念的好工具。

（三）智能课堂帮助管理者实现课堂教学管理精细化

让智能课堂成为连接学校、专业、课程、教师和学生等层面诊改工作的总枢纽，由此促进学校整体管理和服务工作的精细化。教学管理者通过实时采集的课堂教学信息，能够及时、全面地了解所有教师的课堂教学实施情况，从而提供更有效、到位的教学管理服务。教师和学生在智能课堂上的互动数据将成为智能校园管理平台的数据来源，用于支持各层面诊断与改进工作的扎实开展。同时，智能课堂教师日志模块中的考勤、设备、环境信息和教学建议等会将实时信息传递给管理和服务部门，成为这些部门快速改进工作的有效依据，有效促进教学管理和服务工作的精细化。教学管理和服务质量的提升，将会增强教师和学生的获得感，从而间接地激励教师和学生更加关注课堂教学质量，形成课堂教学质量提升的良性循环。

三、智能课堂建设的实施策略

（一）组建勇于进取、富有经验的高效团队

智能课堂建设必须依靠完善的组织体系和高效的团队才能实现。首先，要设立统筹智能课堂建设的组织机构，并由学校主要领导兼任负责人，可以挂靠在教务处或信息化办公室，主要职责是对智能课堂建设进行统筹规划和组织领导，特别是根据学校发展实际情况对智能课堂建设与使用做出科学合理的顶层设计；其次，要重点做好教务处、各院系和信息化办公室的运作协调工作，教务处和各院系作为智能课堂的使用者要提出智能课堂建设的具体需求，信息化办公室要协同技术团队做好技术支持与服务，通过密切沟通与协调，实现业务需求与技术支持的紧密衔接。

由于需要完成很多开创性的工作，智能课堂建设在建设初期需要进行全方位的调研与测试，因此需要团队成员具有敢为人先的勇气和甘于奉献的精神。

（二）健全推进智能课堂建设的工作机制

建立一套科学有效的工作机制对于推进智能课堂建设至关重要，高职院校必须根据学校自身特点建立相关工作机制。第一，明确智能课堂建设的推进策略，按照"边设计边建

设边改进"的思路,先由少数教师试用,再选取某个院系全体教师试用,最后在全校范围全面推开,并在此过程中给予全方位技术支持与服务;第二,建立调度制度,定期召集关键职能部门共同研讨相关问题,重点问题重点研究,难点问题反复研究,消灭因部门之间沟通不畅而形成的"深井";第三,建立通报制度和专项绩效考核制度,根据智能课堂建设实施方案定期通报工作进度,将智能课堂建设情况纳入部门年度绩效考核中,鼓励取得实效的部门和教师,通报需要改进的问题与责任部门,及时发现问题、解决问题,强力推进智能课堂建设。

(三) 建设有利于智能课堂发展的激励机制

智能课堂建设与运行需要全面深入的实施课堂教学模式改革,而有效的激励机制才能确保参与教学改革的教师产生旺盛持久的动力。首先,要营造实施教学改革的有利环境。学校管理者要引导全体教职工依据学校发展的目标和标准,对照课堂教学现状,查找不足、发现问题,并将曾经发生的课堂教学质量问题及时、完整地披露给教职工,从而激发开展课堂教学改革的动力。其次,要多开展智能课堂建设与运行的专题培训研讨活动。学校相关部门要将智能课堂建设方案及预期目标与教职工进行充分沟通,并制订和完善相关的标准和培训资源,有效开展培训研讨活动,激励教职工走出"舒适区",通过学习不断提升自身的信息化教学应用能力。最后,要建立科学合理的课堂教学质量考核激励机制。对于积极参与智能课堂建设以及为智能课堂建设作出贡献的教师,要给予物质奖励和精神奖励,特别是要充分调动广大年轻教师的积极性。年轻教师可塑性强、学习能力强,是智能课堂建设的中坚力量,可以通过年轻教师带动学校整体课堂教学改革的深入开展。

四、智能课堂建设的保障条件

(一) 信息化教学的理念转变

高职院校智能课堂建设实质上是一次课堂教学模式的变革,其成败的关键是管理者与教师的观念转变。首先,学校高层管理者要达成共识。学校高层管理者位于学校管理工作的核心地位,拥有各种资源的最终分配权,也是各种信息的交汇点。只有学校高层管理者达成共识,才能保证智能课堂建设所需要的各种资源得到有力保障。更为关键的是,如果高层管理者对智能课堂建设不热心,其情绪会传递甚至逐级放大到整个学校,从而导致智能课堂建设缺乏持续动力。其次,学校中层管理者要密切协同。智能课堂建设涉及教学管理、学生管理、信息化建设、资金支持、资产配套、后勤保障等方方面面的配合与协同,只有中层管理者积极行动、大力推进,智能课堂建设才能够取得实质性的进展。是否拥有大局观、敢于摒弃部门或局部的既得利益,是中层管理者面临的一项挑战。最后,师生员工要认同支持。高职院校正处于内涵建设的关键期,教师在从事繁重教科研工作的同时,要实施颠覆式的课堂教学模式改革,其艰巨程度可想而知。而只有从事教学工作的所有教职工都能转变教学理念、全部投入到智能课堂建设中,这项工作才会取得最终的成功。

(二) 软硬件建设的全方位投入

智能课堂建设需要完善的信息化硬件和软件条件支持,人财物配套保障情况直接制约着建设的进程。首先,要建设覆盖办公教学区、学生宿舍区和主要室外场地的有线无线一体化、可信任、业务隔离、精细感知、安全高质的校园网络,为教师和学生的线上学习活动提供基本保障。其次,要建设信息化的多媒体教室,并开发一体化教学平台,实现混合式教学和在线教学的广泛应用,打造基于"互联网+"的在线教育平台,实现学生个性化学习以及"教、学、做"一体化的教学目标。最后,要形成混合式教学改革的教学环境。面向学生终身学习需要,构建人人互通的网络学习空间;面向教师(包括兼职教师),构建全流程、多模式的人人互通的网络教学空间,不仅支持课堂教学,还支持教师远程在线协作备课、网络教研等教学活动。只有全方位保障智能课堂所需软硬件建设的投入,才能够建成具有趣味性、有效性、个性化与适应性特征的智能化教学环境,实现智能化的教与学。

(三) 鼓励教学改革的组织文化建设

智能课堂建设是高职院校教学改革的重要内容,是一项复杂的系统工程,因此只有以足够的勇气与决心发起并推进智能课堂建设,才能够最终取得实效。由于长期实行计划经济办学,致使很多高职院校缺乏内在发展动力,忽视内部组织文化建设,而落后的组织文化会束缚组织前进的脚步,最终成为阻碍组织变革包括教学改革的力量。智能课堂建设的顺利实施需要高职院校建设良好的组织文化作为实施保障并及时纠错、激发内生动力。一方面高职院校管理者需要坚定推动课堂教学改革的信心与决心;另一方面需要广大教师的倾心投入与付出。通过加强组织文化建设,有意识地发扬积极的、优良的文化,克服消极的、劣性的文化,使组织文化不断优化,形成全员参与教学改革、人人关注教学改革的良好氛围,为智能课堂建设的具体实施提供不竭的动力和保障。

智能课堂建设既是实现高职教育信息化的有效举措,也是高职院校推进诊改工作的重要抓手。在高职院校全面推进诊改工作的大背景下,建设智能课堂能够对课堂教学过程数据进行即时采集、汇总整理与全面分析,实现课堂教学过程的透明化和集约化,有助于教师和管理者依据个性化的课堂教学目标和标准,分析课堂教学效果、准确诊断问题、不断改进问题、提升教学质量。同时,由于智能课堂建设涉及教育理念的变革、课堂技术的变革、教学模式的变革,在建设过程中必将遇到各种各样的挑战。因此,从顶层设计到逐步实施,需要学校全体师生员工的高度重视和积极参与。通过积极创新、不断完善,智能课堂建设必将有效推进高职院校课堂教学改革、有力支撑高职院校诊改工作,从而促进高职专业建设质量和人才培养质量的循环提升。

[参考文献]

[1] 陈宝生. 努力办好人民满意的教育[N]. 人民日报，2017-09-08(07).

[2] 杨应崧. 打造"两链"，找准诊改的起点[N]. 中国教育报，2017-09-26(011).

[3] 梁媛. 慕课与传统课堂的对比分析[J]. 高等教育，2015，(10)：90-91.

[4] 蒋笃家. 传统课堂教学的诸多弊端[J]. 考试周刊，2015，(73)：171.

[5] 黄梅香. 用反馈教学思想反思传统课堂教学中存在的弊端[J]. 当代教育论坛，2003，(07)：88.

成果二　高职院校"诊改"制度建设引导管理变革

姚原野

(本文发表于核心期刊《中国高等教育》2018年第9期，并被微信公众号"教学工作诊断与改进"转载)

2015年6月，教育部发布了《关于建立职业院校教学工作诊断与改进制度的通知》，要求逐步在全国职业院校推进建立教学工作诊断与改进制度(以下简称"诊改"制度)，并全面开展教学诊断与改进工作。随后，又发布了《高等职业院校内部质量保证体系诊断与改进指导方案(试行)》，核心指导思想是引导高职院校切实履行人才培养工作质量保证主体的责任，建立常态化的内部质量保证体系和可持续的诊断与改进工作机制，不断提高人才培养质量。同时在全国高职院校中遴选了27所试点院校，开展试点。

建立职业院校教学工作诊断与改进制度是职业院校管理中的新生事物，更多关注的是教育质量问题，强调的是自主性和常态化。这就要求高职院校在管理理念、管理体制、管理手段等方面进行变革，适应诊断与改进工作机制运行的要求。高职院校如何进行管理变革以及面临的最大问题都是我们需要处理和解决的。

著名管理学家威尔弗瑞德•克鲁格(Wilfried Krüger)提出的"变革管理冰山"理论指出，如果把变革形容为一座冰山，露出水面的，是变革的成本、质量、时间等，处理这些议题的能力很重要，但仅仅是冰山一角；超过90%、潜伏在水面下的，是对变革持有不同态度的成员。变革管理是一项长期的任务和挑战，冰山顶层问题的管理，只有与冰山底层管理保持一致，才有可能达成预期成效。

冰山底层是变革管理的基础，组织革新的成功，往往不是来自制度、流程等"硬件"的改变，而是对成员价值观、情绪、行为等"软件"的重塑。根据"诊改"制度建设的目标任务，本文浅谈一下高职院校开展管理变革需要关注的问题。

一、管理理念变革

在一般的管理活动中，管理者就是实施管理活动内容的主导者；被管理者是管理者实施管理活动的被动接受者，亦或说是实施管理活动的执行者。在实际工作中，管理者要求被管理者服从管理、对管理者负责，这也就造成了一种管理思维定式，即向下管理，向上负责。如果问大家，你向谁负责，得到的答复一定是，"我们向领导负责"；问大家，你管理谁，那么结果也一定是"我管理下属"。这种管理思维定式导致在管理者进行管理时，被管理者在不理解和接受管理者的管理要求时，缺乏积极性和主动性。著名管理学家杰克·韦尔奇(Jack Welch)的助手罗塞娜·博得斯基(Rosanne Badowski)提出了"向上管理"的概念，指出管理需要资源，资源的分配权力在管理者手上。当被管理者工作的开展需要获得自由资源时，就需要对管理者进行管理，也就是被管理者要充分与管理者沟通，以赢得管理者的资源支持。如果赢得管理者的资源支持，被管理者的工作主动性和积极性就会被充分调动起来。因此，正确的管理思维定式应该是：向下负责，向上管理。"向上管理"就是管理者要建立良好的工作关系，充分调动被管理者工作的积极性和主动性，引导被管理者主动与管理者沟通工作思路和打算，以便给予被管理者各类资源的支持；"向下负责"就是要求管理者给被管理者提供施展的平台，为被管理者的成长提供机会，对被管理者的工作结果承担责任。

"诊改"制度建设明确指出，职业院校是履行人才培养质量责任的主体，强调自我改进和提升。简而言之，"诊改"制度建设不是靠外部力量，也不是评估和评价，而是学校自发的一种管理理念和行为。通过"诊改"制度建设，引导职业院校真正把"事事有人管，全程有人管，人人都是管理者"的全面管理理念落到实处。因此，"诊改"制度建设是全校性的、全员性的，学校教育质量的保证，需要学校把管理质量责任落实到每一项工作、每一个环节和每一个人。依照"变革管理冰山"理论，管理变革最大的障碍在基层、在教职员工。因此管理变革首先要从基层开始，引导教职员工从理念上进行变革。这就要求学校改变管理思维定式，从"向下管理"转变为"向上管理""对上负责"转变为"对下负责"，营造具有特色的管理文化，充分挖掘和调动全校教职工的主动性和积极性，让他们参与"诊改"制度建设，这样才能真正实现预期目标。

二、管理体制变革

学校的中心工作是教学工作，关于教学工作的落脚点和提升教学质量的关键点，"诊改"制度提出了相应的措施。"诊改"制度建设的基础是构建高职院校内部质量保证体系，核心目标任务是以诊断与改进为手段，促使高职院校在学校、专业、课程、教师、学生等不同层面建立完整且相对独立的自我质量保证机制，强化学校各层级管理系统间的质量依存关系，形成全要素网络化的内部质量保证体系。内部质量保证体系的基本框架是构建决策指挥、质量生成、资源建设、支持服务、监督控制五个纵向质量保证系统，把学校的发展目标、质量目标、质量标准层层落实到学校、专业、课程、教师、学生五个横向层面的质量保证主体。同时，"诊改"制度也明确指出了教学中心工作的落脚点和教学质量关键要素也就是专业、课程、教师、学生，学校从上到下各项工作、各类资源的配置都要围绕专业、课程、教师、学生四个着力点展开。这就要求学校从制度层面围绕质量保证体系建设，按照"向下负责，向上管理"的管理思维方式，以专业、课程、教师、学生为核心，对学校的管理体制和运行机制进行顶层设计，根据发展目标、质量目标、质量标准对工作职责和工作流程进行再造，重点是从工作流程、目标标准、组织实施、监督调控、考核激励等五个方面促进内部管理形态的转变。"变革管理冰山"理论认为，变革管理战略有两种：一是革命性的、彻底的变革，如工作流程重组；二是渐进式的、递增的变革，如工作持续改进。由此可见，高职院校内部质量保证体系建设要求职业院校对内部管理体制进行革命性的、彻底的变革。

三、管理手段变革

一般的管理主要是采取行政手段、经济手段、法律手段、思想政治手段进行的管理，具体表现为采取强制性的措施和绩效考核方式，管理决策主要依靠规章制度和管理者的经验。

当前，社会发展已经进入大数据时代。在维克托·迈尔-舍恩伯格及肯尼斯·库克耶编写的《大数据时代》开篇引言中对大数据时代进行了描述，"一场生活、工作与思维的大变革。大数据开启了一次重大的时代转型。就像望远镜让我们能够感受宇宙，显微镜让我们能够观测微生物一样，大数据正在改变我们的生活以及理解世界的方式，成为新发明和新服务的源泉，而更多的改变正蓄势待发……"大数据技术的战略意义不在于掌握庞大的数据信息，而在于对这些含有意义的数据进行专业化处理，通过"加工"实现数据的"增值"。大数据时代的管理已经进入数据化管理时代，数据化管理将成为学校实施以精细化管理、质量体系认证、绩效管理等先进的管理方式为基础的一种全新的管理方法和手段，使学校管理决策依据更加科学、精准、有效。"诊改"制度建设强调的是建立基于高职院校人才培养工作状态数据的自主"诊改"机制，依托现代信息化技术手段，构建信息化平台，实现数据共享、源头采集、实时采集。在数据分析的基础上，按照"PDCA质量循环"，推进管理质量螺旋提升，逐步建立"让数据说话、用数据决策、靠数据管理"的数据化管理机制。因此，数据化管理将成为高职院校在"诊改"制度建设中的主要管理手段和方法。

[参考文献]

[1] 教育部办公厅. 教育部办公厅关于建立职业院校教学工作诊断与改进制度的通知[Z]. 2015.

[2] 教育部职业教育与成人教育司. 高等职业院校内部质量保证体系诊断与改进指导方案(试行)[Z]. 2015.

[3] 杨应崧. 诊改,不是加给学校的"紧箍咒"[N]. 中国教育报,2016-07-05.

[4] Krüger,Bach (Hrsg.),Excellence in Change,Wege zurstrategischen Erneuerung,2014,Buch,Fachbuch,978-3-8349-4716-1,portofrei.

[5] [美]罗塞娜·博得斯基. 支撑:做副手的智慧[M]. 郭武文译. 北京:机械工业出版社,2011.

成果三 高职院校诊改工作实施路径探析

李联卫

(本文发表于核心期刊《职业与教育》2018年第9期)

[摘要]建立高职院校教学工作诊断与改进制度的实质是深入实施质量管理,其首要任务是构建符合学校自身发展状况的内部质量保证体系。本文在淄博职业学院诊改工作实践的基础上,探索高职院校诊改工作的实施路径,分析影响诊改工作实施的主要误区并提出相应的对策。

[关键词]高职院校 诊改工作 内部质量保证体系 实施路径

[基金项目]本文系2017年度山东省职业教育教学改革研究项目"高职院校内部质量保证体系建设与运行研究"的阶段性研究成果。(项目编号:2017326)

[中图分类号]G718.5[文献标识码]A

建立高职院校教学工作诊断与改进制度(以下简称"诊改工作")的实质是深入实施质量管理,其核心任务是建立并运行符合学校自身发展状况的内部质量保证体系。内部质量保证体系是高职院校为履行人才培养工作质量保证主体责任,结合自身发展实际,制定学校发展规划及专项规划,完善质量目标和标准,在学校、专业、课程、教师、学生等不同层面建立起完整且相对独立的自我质量保证机制,实现全员、全过程、全方位育人的系列质量管理机制的有机整体。通过有效建立并运行内部质量保证体系,将充分发挥高职院校的质量主体责任,建立常态化的质量控制与管理机制,为高职专业人才的培养质量提供切实的保障。淄博职业学院作为全国职业院校教学诊断与改进工作试点院校,大胆探索,扎实有效地实施了诊改工作。本文在淄博职业学院诊改工作实践的基础上,探索高职院校诊改工作实施路径,分析诊改工作实施的主要误区并提出相应对策。

一、高职院校诊改工作实施路径图设计——以淄博职业学院为例

高职院校诊改工作是具有开创性的系统工程,而且要求"一校一特色",没有成功经验

可以借鉴，从而导致很多高职院校对于如何开展诊改工作不知所措。目前，虽然很多高职院校已经认识到了诊改工作的重要意义，但由于缺乏更深入的研究与具体实施路径的指引，导致诊改工作进展缓慢。尽管要求各院校突出特色，但高职院校诊改工作的主要思路和实施路径有共同之处，本文以淄博职业学院为例，设计了诊改工作的实施路径图(见图7-1)。

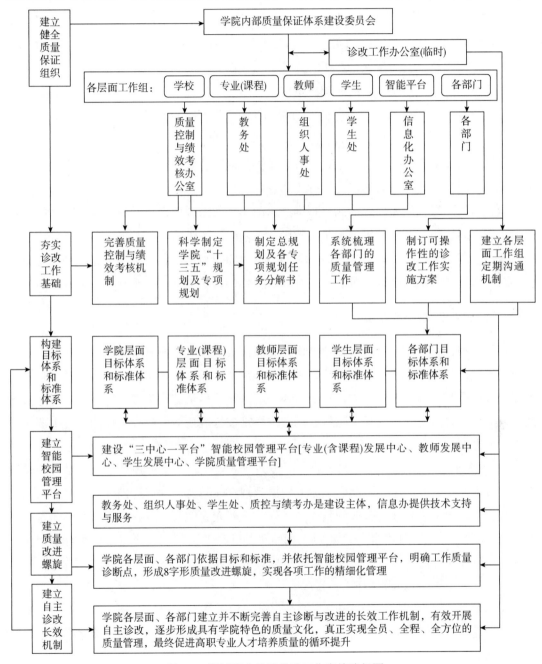

图7-1　淄博职业学院诊改工作实施路径图

二、高职院校诊改工作实施路径

（一）建立健全质量保证组织

建立健全各级质量保证组织、组建高效团队是实施诊改工作的首要举措。"教学诊改是对高职院校治理范式本体特征和条件的深刻改革"，是涉及全体师生员工、需要举全校之力才能做好的一项重大工程。因此，诊改工作取得实效的基本前提是将之作为"一把手"工程，而建立健全各级质量保证组织、组建高效团队是落实"一把手"工程的首要举措。首先，要建立学校党委领导下的内部质量保证体系建设委员会，指导内部质量保证体系的顶层设计；其次，下设诊改工作办公室（临时机构），负责诊改工作的研究、推动和监控工作；最后，建立质量保证体系建设工作组，主要包括学校层面、专业（含课程）层面、教师层面、学生层面、智能校园管理平台建设、各部门内部质量保证等工作组，负责各层面或各部门内部质量保证体系的建设与运行工作。

强有力的组织体系和高效的团队是推进诊改工作的重要驱动力。特别是，由学校主要领导担任实质性的诊改工作领导者是关键因素。同时，要着重发挥教务处、人事处、学生处、质量控制与绩效考核办公室和信息化办公室等职能部门的核心作用，这些部门是诊改工作顺利启动和实施的中坚力量。

（二）夯实诊改工作基础

系统梳理、完善已有的质量管理工作是实施诊改工作的重要基础。诊改工作并不是一项全新的工作，只是赋予学校质量管理以全新的理念，强调质量主体自身的责任与作用。各高职院校在开展诊改工作之前，都或多或少的开展了质量管理工作，因此应该对之进行系统梳理与完善，这样有助于增强信心，减少畏难或抵触情绪。诊改工作的基础主要包括以下四个方面。

（1）科学制定学校"十三五"事业发展规划及专项规划。发展规划明确了学校的发展方向与策略，是诊改工作的源动力。如果发展规划存在问题，进行适当修正是明智的。同时，必须将每一项规划任务分解到具体的时间和责任人。

（2）制订学校诊改工作指导意见以及切实可行的诊改工作实施方案。要结合学校实际制订具有可操作性的诊改工作实施方案，可以分为总体实施方案和每学期工作方案，其中必须明确各项工作的进程和责任部门。

（3）建立有效的专项监控机制。诊改工作是一项系统工程，要充分预估工作中的困难与问题。确保沟通畅通、监控到位，及时通报问题，制定解决措施，才能够循序渐进、坚定不移地推动诊改工作深入实施。

（4）建立学校全方位的绩效考核机制。通过有效的绩效考核机制，使全体师生员工养成关注工作质量的习惯，并督导各项工作任务的顺利完成，使其成为推进诊改工作实施的有力保障。

(三) 构建目标体系和标准体系

构建目标体系和标准体系是实施高职院校诊改工作的逻辑起点。"职业院校需要树立属于自己的目标和标准，打造网络结构、相对独立、相互依存的目标链(体系)和标准链(体系)，找准诊改的起跑点。"目标是动力源，标准是标尺，因此诊改工作需要系统梳理、科学制定学校的目标体系和标准体系。目标明确、标准透明，是诊改工作优先要解决的问题。要改变自上而下下达命令、布置任务的管理方式，由各质量主体依据学校总体的发展目标和标准，自主制定各级目标和标准。需要说明的是，各级目标和标准的最终确定必须经由管理者和实施者共同讨论、达成共识，管理者具有指导和协助下属完成目标和标准的责任。淄博职业学院的目标体系和标准体系。

(四) 建设智能校园管理平台

建设智能校园管理平台是诊改工作顺利实施的必要条件。高职院校诊改工作的愿景是实现学校由管理到治理的转变，这意味着学校管理的制度化和透明化。"学校是否已经从过分关注结果——质量评价向关注质量生成的全过程转变"，是高职院校诊改工作取得建设成效的判断表征之一。而关注质量生成过程和管理透明化，必须依靠信息化手段才能够真正实现。建设并有效使用智能校园管理平台，能够基于实时数据，及时进行数据分析与预警发布，达到及时化解问题、循环提升的目的。

智能校园管理平台包括学校质量管理平台、专业(含课程)发展中心、教师发展中心和学生管理中心，其建设目标是根据管理服务对象的发展需求，通过学校、专业(课程)、教师、学生等层面校本数据的过程性采集、多维度分析和全方位常态化展示，及时发布预警信息，采取有效改进、激励措施，促进管理服务质量和人才培养质量的循环提升。需要强调的是，在智能校园管理平台建设过程中，信息化办公室只是技术支持部门，相关职能部门才是建设主体，必须承担相关信息平台设计、建设和运行的主要责任。

(五) 建立工作质量改进螺旋

各项工作质量改进螺旋的建立是诊改工作取得成效的重要标志。可以从各部门的主要工作职责入手，有针对性地建立质量改进螺旋。所谓质量改进螺旋，是指在全面提升质量的过程中，由两个循环构成一个8字形，上面的循环体现的是工作"进行时"，下面的循环体现的是工作"完成时"，两个循环组成一个有机整体，相辅相成、互联互动、缺一不可。"8字形质量改进螺旋"的实质是各部门依据目标和标准，组织实施工作任务，并明确工作质量诊断点，在工作过程中实时分析数据、诊断问题、及时改进，向更高的目标发展，形成循环提升的质量管理模式。能否有效建立质量改进螺旋是诊改工作的重点也是难点。

"8字形螺旋是以诊断与改进为手段，承载不同层面自我质量保证机制的载体和流程"，特别需要强调的是"进行时"，要强化工作实施过程中的持续监测与数据分析，这通常也是最容易被忽视的问题。只有加强日常的质量控制，才能够随时发现问题，及时发布预警，采取相应措施，改进行动方案。同时质量改进螺旋的建立主体一定是质量主体本身，否则就是越俎代庖、无法实现既定目标。

(六) 建立自主诊改长效机制

建立自主诊改长效机制是诊改工作的重要目标。学校各个部门、全体师生员工都是质量保证主体，承担质量的第一责任。通过实施诊改工作，促使各质量保证主体主动关注质量、自主开展诊断与改进。要引导全体师生员工自主寻找质量的关键控制点，发现问题、及时改进，实现自我保证质量，真正落实全员、全过程、全方位育人。要将诊断与改进的基本理念融入到各项工作中，使诊断与改进成为工作常态，要完成从应对型质量管理(上级监管，应对检查)到自我保证的常态化质量管理的转变，并实现质量的持续改进。

建立自主诊改长效机制是个循序渐进的过程，在实施诊改工作的初始阶段，通过优化传统绩效考核逐步建立自主诊改机制是可行之路。可以从考核主体、实施依据、实施周期、实施标准、结论依据、考核形式等方面，对学校传统的绩效考核机制进行优化。诊改理念下的绩效考核，重点要关注质量保证体系的建立与运行情况，找准关键指标(KPI)，聚焦自我诊断与改进。要重点检查各部门、各岗位有没有建立工作过程的自我诊断(检查)机制，有没有主动发现问题并解决，而不仅仅是针对结果进行考核与奖惩。

三、高职院校诊改工作应避免的几个误区

(一) 忽视理念转变，被动开展诊改工作

将诊改工作视为上级行政部门布置的任务、缺乏开展诊改工作的主动性是目前存在的普遍现象。诊改工作是在国家要求"管办评"分离的大背景下，由教育部有关部门推动开展的一项重要工作，并作为国家优质校建设等项目的重要内容。很多学校未充分意识到此项工作的重要意义，没有充分做好相应的系统规划，也未有效建立学校内部的工作机制，只是应付式地开展诊改工作，比如任命某个部门副职担任诊改工作办公室主任，"小马拉大车"的结果必然是流于形式，不可能取得实效；又如，存在等待观望思想或畏难情绪，仅仅停留在派人外出培训、学习，没有结合学校工作实际开展系统、深入地研讨和部署，其结果必然是对诊改工作一知半解，甚至将其当成额外负担，使诊改工作无法有效开展。

高职院校必须主动响应时代发展要求，树立先进质量理念，依据学校办学理念、办学定位、人才培养目标，聚焦人才培养工作要素，查找不足、完善提高，建立激发内生动力的质量管理机制，教学工作诊断与改进制度才能够有效建立。

(二) 存有项目情结，以通过复核为目标

很多高职院校未能充分领会诊改工作的内涵，将之作为一个阶段性的项目工作进行部

署。目前根据《全面推进职业院校教学工作诊断与改进制度建设的通知》(教职成司函〔2017〕56号)的要求,各省级教育行政部门正在大力推动诊改工作。很多高职院校基于通过上级行政部门复核的思路,急于下达目标、分解任务,或者将国家发布的"高职院校内部质量保证体系诊断项目参考表"作为本校诊改工作的指标体系,误解了诊改工作的内涵,忽视了质量主体自我保证质量的根本作用,使之成为变相的评估。

诊改工作是一项逐步建立自我保证办学质量系列制度的系统工程,不可能一蹴而就,也不是阶段性、有终点的项目工作。因此,高职院校必须改变项目化的工作方式,将通过复核视为诊改工作的推动力而非目的。要戒除急躁情绪和急功近利的想法,系统规划、整体设计、分步实施,有序推进诊改工作,从而实现持续规范的自我约束、自我诊断、自我改进、自我发展。

(三) 弄错逻辑起点,盲目开展诊改工作

很多高职院校的管理者想当然地将诊断作为诊改工作的起点,认为先对现状进行"诊断"再加以改进就是诊改工作;还有的高职院校,简单地照搬国家发布的"高职院校内部质量保证体系诊断项目参考表"作为本校诊改的工作目标和任务,以此为起点开展诊改工作;也有部分高职院校开展所谓的诊改试点,选取某项工作或某个部门率先开展诊改工作,而不是系统全面地推动诊改工作。上述做法的错误源于没有真正理解诊改工作的内涵。

诊改工作的实质是建立学校各个层面自我保证质量的长效机制,不同于通常的以上级工作指令为起点的工作方式。诊改工作需要总结已有的工作经验和基础,但绝不是以现有工作为起点。高职院校诊改工作的起点应该是系统建立具有本校特色的目标体系和标准体系。需要特别强调的是,各级目标和标准必须是各级质量主体根据自身实际情况制定的,不能单纯的照搬和套用,否则诊改工作就会出现重大偏差,无法发挥自我保证质量的作用。

(四) 缺乏特色意识,照搬模式或购买软件

诊改工作没有成功的模板参考,导致很多高职院校产生路径困惑,不知道为什么做、该怎么做。部分高职院校管理者没有甚至不愿意对诊改工作进行深入研究和思考,想走捷径,寄希望于照搬试点学校的模式或购买已经开发好的所谓"诊改平台"软件。这样,不仅不能有效解决本校的实际问题,而且会使诊改工作因缺乏有针对性的支撑与服务而误入歧途。这实质上是延续了"评估思维",简单地希望依照一定的、固有的模板来开展诊改工作。

诊改工作与评估工作有着本质的区别。以往的评估是教育管理部门用相同的标准对不同的高职院校实施评价并给予结论,而诊改工作是高职院校在有效建立具有本校特色内部质量保证体系的基础上,进行常态化的自我诊断、自我反思与自我改进,"一校一特色"是诊改工作的显著特征。因此,诊改工作必须立足于本校的发展基础和实际情况,有的放矢的建立质量管理机制,并且根据本校的实际需求自主开发信息化平台,支撑诊改工作的

深入实施。

（五）僵化绩效考核，忽视考核机制改革

绩效考核是质量管理的重要内容，但很多高职院校不能正确对待绩效考核。有的学校将绩效考核当作灵丹妙药，将绩效考核而不是内部质量保证体系的建立与运行作为工作重点；有的学校将绩效考核视为额外负担，认为学校不适宜或者无法开展量化考核，因此轻视或者从未认真实施过绩效考核。实质上，轻视或过度依赖绩效考核都不利于诊改工作的顺利实施。

传统的绩效考核通常自上而下开展、以考核结果为主，对于提高工作质量具有积极作用。但是在实施诊改工作的大背景下，不能简单的摒弃或者强化绩效考核，而是要立足自我诊断，对传统绩效考核进行改革，建立符合诊改理念的绩效考核机制。要对传统的绩效考核进行改造升级，重点是各级质量主体自主设定目标和标准，主动实施关注质量生成过程的自主监控、自我反思与自我改进，同时相关部门要将即时采集的原始数据作为考核依据，使绩效考核全程化、透明化、标准化。强调通过诊断来改进工作，而不仅仅是简单的优劣排名和奖惩。

四、结语

高职院校诊改工作是一项具有开创性的系统工程，是充分发挥高职院校的质量主体责任、建立常态化质量控制与管理机制的长期工程，启动诊改工作的关键是高职院校管理者主动求变、转变理念的勇气与魄力。建立健全各级质量保证组织和高效团队是实施诊改工作的重要驱动力。诊改工作并不是一项全新的工作，系统梳理、完善已有的质量管理工作，有助于增强全校师生的信心、减少畏难或抵触情绪，奠定诊改工作有效实施的坚实基础。以系统构建学校发展的目标体系和标准体系为切入点，可以突破高职院校实施诊改路径的困惑。建设智能校园管理平台是诊改工作顺利实施的必要条件，根据实际需求自主开发的信息化平台，不仅能够支撑诊改工作的顺利实施，同时可以增强师生员工的参与感和获得感，激发师生员工自主诊改的积极性。诊改工作取得成效的重要标志是学校各个层面有效建立"8字形质量改进螺旋"。要建立符合诊改理念的绩效考核机制和监控机制，围绕诊改工作目标，以问题为导向，化整为零、以点突面、找准切口、找准抓手，明确工作方向和路径，同时围绕重点、难点问题，有效开展实时调度、有效沟通，就能够循序渐进、扎实有效地推动诊改工作的实施，最终促进高职专业人才培养质量的循环提升。

[参考文献]

[1] 胡展飞. 教学诊改：高职院校治理范式的改革[N]. 中国教育报，2017-12-18(011).

[2] 杨应崧. 打造"两链"，找准诊改的起点[N]. 中国教育报，2017-09-26(011).

[3] 任占营. 职业院校教学工作诊断与改进制度建设的思考[J]. 国家教育行政学院学

报，2017，(03)：41-46.

[4] 杨应崧，宗美娟. 诊断与改进需要多一点豪气、勇气和真气[J]. 上海教育评估研究，2017，(12)：41-45.

[5] 教育部办公厅. 关于建立职业院校教学工作诊断与改进制度的通知(教职成厅〔2015〕2号)[Z]. 2015-6-23.

[6] 教育部职业教育与成人教育司. 关于印发〈高等职业院校内部质量保证体系诊断与改进指导方案(试行)〉启动相关工作的通知(教职成司函〔2015〕168号)[Z]. 2015-12-30.

[7] 教育部职业教育与成人教育司. 关于全面推进职业院校教学工作诊断与改进制度建设的通知(教职成司函〔2017〕56号)[Z]. 2017-6-13.

成果四 目标导向的高职学生全面发展质量评价机制研究

郑家刚

(本文发表于核心期刊《职业与教育》2021年第19期)

[摘要]：基于"双高计划"建设和诊改视角，高职学生全面发展质量评价存在的问题日益凸显。观照学生发展成长轨迹，运用大数据思维，研究构建了基于目标导向的学生全面发展质量评价机制，服务于学生综合素质的提高，引导学生全面发展。

[关键词]：目标导向　学生全面发展　质量评价机制　大数据思维

[中图分类号]：G715

关注大学生的全面发展不仅是教育的根本任务，更是社会发展的必然要求。学生全面发展离不开学校的教育与培养，更需要通过建立科学的评价机制予以促进。随着国家经济转向高质量发展阶段，各行各业对高素质技术技能人才的需求日益迫切。作为承担培养高素质技术技能人才重任的职业教育，迎来了新时代新一轮大改革、大发展的机遇期。特别是"双高计划"及诊改工作的全面实施，对高职院校的人才培养质量提出了更高的要求。高职院校应围绕人才培养目标与发展质量标准，建立完善的学生发展质量评价机制，促进学生全面发展。

一、高职学生全面发展质量评价工作现状分析

目前，绝大多数高职院校仍旧采用传统的学生考核评价方式，采用德、智、体三大模块的构架展开，下设指标赋予不同权重和分值进行量化评价。这种做法在推进素质教育、加强大学生思想政治工作等方面发挥了一定的作用，但在执行的过程中，有些模块评价操

作性差、师生参与性不高，无法客观评价学生的综合素质，也未转向教育引导学生的职业能力培养，影响高职教育的改革与发展。随着"双高计划"和诊改工作的深入实施，高职院校对学生全面发展质量评价工作存在的问题日益显露。

(1) 评价内容不够全面。主要围绕操行成绩(德)和学习成绩(智)两个维度展开，以课堂、课程内容和书本知识为主，过分关注专业知识和技能，对学生的精神世界和社会生活基本不考虑，出现了重智力因素、轻非智力因素，重结果、轻过程等问题。

(2) 评价主体较为单一。主要以教师评价为主，学生仅被当作被评价对象，学生的自我评价权利被剥夺。学生内生动力不足，自身质量保证的主体意识相对较弱，导致学生评价与人才培养目标不相匹配，也不利于全员、全程、全方位地全面发展质量管理体系的建立。

(3) 评价方法手段欠科学。主要以量化的刚性考试评价为主，考试分数几乎成为衡量一个学生能力水平的唯一标准。信息化管理服务平台难以满足多样化服务需求，教务、学工、就业等业务系统分散建设、相对独立，信息孤岛现象严重，数据无法共享，效率低下。

(4) 评价周期过长。主要以学年为时限的总结性评价为主，忽视了对过程的评价，对学生学习过程中技术技能的掌握情况、学习方法的科学合理情况、学习态度的积极与否等情况几乎没有考虑。导致对学生的学习和发展过程缺乏有效监督和反馈，学生对学习不够积极，无法实现信息管理和状态数据的动态变化。

(5) 评价结果应用不全面。主要以甄别、排序、遴选为主，既没有发挥对于人才培养的导向激励作用，也没有达到学生不断改进学习、不断完善自我的效果，更没有起到促进教师改进教学质量、提高育人水平的作用，同时对于用人单位选人用人也没有实质性的参考价值。

长期以来，高职院校学生发展缺乏有效的质量评价体系，缺乏有助于全员参与、协同育人的体制机制，缺乏突破时空限制、实时对过程监控的信息管理手段的支撑，进而制约了人才培养质量的提升。

二、新时代对高职学生发展质量评价提出了新要求

(一)"双高计划"对学生全面发展目标提出新要求

"双高计划"是新时代国家推动高职教育创新发展的一项新的重大政策引领项目，旨在加强内涵建设，为国家的经济发展提供人才保障。"双高计划"建设更加注重高质量发展理念，提出高职院校要落实立德树人根本任务，在教育教学过程中要加强学生创新、认知、职业、合作四大能力的培养，加强学生"德、智、体、美、劳"教育，全面提高人才培养质量。

(二)诊改工作为学生全面发展质量评价提供了新范式

《关于印发〈高等职业院校内部质量保证体系诊断与改进指导方案(试行)〉启动相关工作的通知》，高职院校全面实施内部质量保证体系诊改与改进工作(以下简称"诊改")。诊

改工作是以学校为主体开展的质量提升行动工程,是新时代职业院校实现高质量发展的自我革命,是建立常态化自主保证人才培养质量的机制,引导和促进高职院校不断完善内部质量保证体系建设、提升内部质量保证工作成效的过程。高职院校学生层面的自我诊改,是学校内部质量保证体系建设的重要内容与重要环节。学生层面的诊改,依据学生自我设计的成长目标和新时代学生标准,为检查自己的学习现状而进行的。要从学生发展实际出发,采取相应的对策引导学生对自己的生涯发展进行设计,对自己的学习状况、素质状况、发展状况进行诊改,以此促进自身的全面发展。目标是引领学校发展的标杆,也是诊改工作的动力,我们要坚持目标导向的质量管理模式促进学生全面发展。学生是诊改工作的主体,以学生为本、促进其全面发展的理念应贯穿于学校人才培养质量生成的全过程,服务学生发展应作为学生层面诊改工作的根本出发点与落脚点,要充分发挥每一位学生的积极作用,让学生主动、自觉、有行为能力、有行为动力地参与质量保证体系。

三、目标导向的学生全面发展质量评价机制的内涵

(一)厘清高职学生全面发展的目标

结合新时代高职学生的群体特征,可以从思想政治素质、科学文化素质、身心健康素质和实践能力素质四个维度构建学生全面发展目标。人的全面发展,既是一个过程性目标,也是一个终极性目标,学校应超越学生现有的发展水平,以其"最近发展区"为出发点,积极引导大学生的发展。就高职院校而言,新时代学生全面发展的目标可以概括为:紧紧围绕立德树人这一根本任务,坚持以人为本,遵循教育和人才成长规律,深化职业教育教学改革,创新教育教学方法,尊重学生的个性,增强学生的主体意识,着力培养学生具有坚定扎实的思想政治素质、严谨务实的科学文化素质、健康健全的身心体魄、开拓创新的实践能力,成为既掌握熟练技术,又坚守职业精神的高素质技术技能型人才。

(二)构建目标导向的高职学生全面发展质量评价机制

目标导向的高职学生全面发展质量评价机制,是以学生全面发展目标和标准为起点、全程监控、及时预警、全面提升的科学机制。基于学生全面发展的目标,构建层级分明、内容关联的学生全面发展目标与标准体系;革新传统的线下管理服务模式,搭建一个体验式"学生发展中心"综合服务平台,利用大数据的存储、分析、共享功能,建立基于数据分析的立体、直观和过程性的学生全面发展质量评价体系,实施学生发展质量诊断模块化预警、多维度对比分析,构建学生全面发展质量预警机制;坚持目标与问题导向,以学生需求为中心,以事实和数据为基础,建立自主诊改制度,构建"8字形质量改进螺旋",激发自我诊改的内生动力,联动产生新的动能,使学习、创新成为自身需要、自发行为,使得学校和学生的核心竞争力同步得到提高,提升学生全面发展质量改进运行机制,为学生全面发展保驾护航。充分发挥AI(人工智能)对学生日常学习、生活过程中海量数据采集和

精准分析功能，在学生全面发展质量生成过程中，实时采集、监测相关数据与信息，及时通过数据报告推送发出预警，老师即时获取预警信息、及时跟进调控，帮助老师自主发现问题、主动分析原因、实现有效改进，全面助力"动螺旋"运行提速增效；通过对每一项工作(活动)、每一位老师、每一名学生实施诊改，整体推进"静螺旋"常态、规范、有效运行，持续实现学生发展质量稳步提升。

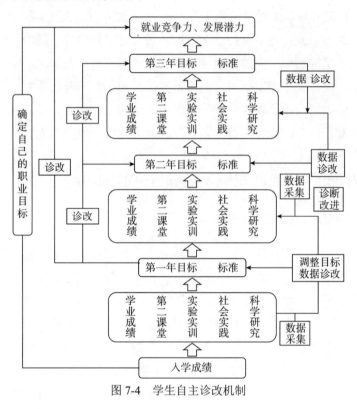

图 7-4　学生自主诊改机制

(三) 高职学生全面发展质量评价机制构建的保障条件

围绕学校整体发展和学生全面发展的目标和标准要求，高职院校应重点从人力资源、财务支持、资源建设、安全保障、生活保障和文化保障等方面，明确各部门的工作着力点，系统建立科学有效的保障机制。

(1) 建立以人为本的人力资源保障机制，深化人事管理、薪酬分配制度改革，优化学校内部治理结构，制定科学合理的师资队伍建设规划，建立校本培训和实践锻炼规范，为学生、导师的阶梯成长和发展提供有力保障。

(2) 建立和谐稳定的安全保障机制，健全安全工作制度、安全教育长效机制等管理制度，夯实安全基础，落实安全责任，增强师生法制观念，打造校园安全文化，建立和谐稳定的安全保障机制。

(3) 建立富有高职特色的文化保障机制，营造以人为本、富有特色的校园文化氛围，为学生全面发展提供丰富的文化支撑和保障，不断丰富内部质量保障体系的文化内涵。

四、高职学生全面发展质量评价机制的重构路径

基于"双高"背景和诊改理念，观照学生发展轨迹"大数据"，逐步建立全要素、网络化的学生发展质量保证体系，构建基于目标导向的学生全面发展质量评价机制，致力于发挥学生发展质量评价的诊断功能、激励功能和导向功能，以实现有痕记录、无形管理，引导学生自主诊断、自我改进、全面发展。

（一）建立系统的发展目标体系

构建学生全面发展质量评价机制，首先要确定学生全面发展的目标体系，以便规范教育行为。目标体系具有的导向功能，可使学校明确办学方向和培养目标，对学校教育起到定位、激励、调节评价等作用；通过学校的教育活动，使受教育者达到应有的全面发展水平。借助清晰的目标和阶段性任务凝聚力量，相互影响和促进。聚焦高职学生全面发展的目标，建立逻辑严谨、层级分明、内容关联的学生全面发展目标体系。学校应依据在校学生的基本情况，建立学生发展总体目标；结合专业特色，各二级院系设定各专业学生发展目标，确保与学校总体目标匹配衔接；遵循"最近发展区理论"，指导学生规划个人发展目标，确保符合专业发展要求。

（二）建立完善的发展标准体系

习近平总书记曾经讲过，"标准决定质量，有什么样的标准就有什么样的质量，只有高标准才有高质量"。这是对标准与质量内在逻辑关系的深刻阐述。"标准"与"质量"如同源与流，标准是质量的依据，质量是执行标准的结果。标准与质量的辩证关系还告诉我们，质量来自标准，高质量需要相应的高标准作为支撑。培育和发展各类标准，完善学生发展标准体系，为学生全面发展提供强大动力，有利于不断探索学生全面发展质量提升的创新发展道路。对照学生全面发展目标体系，完善合格学生基本标准、各专业学生发展标准和优秀学生发展标准等，构建呼应和支持发展目标的学生全面发展标准体系。引导学生自主学习，保证质量生成的品质，自主规划在校期间的学习与实训，促使其实现全面发展的目标；学生自我成长的有痕记录反过来能够改进提升我们的人才培养模式、设计以及运行体系。随着标准体系的建立与逐步完善，学生全面发展更加有"标"可依，有"规"可循，将引领学生步入可持续、健康发展的"新时代"。

（三）健全科学的发展质量评价体系

通过对学生全面发展内涵的分析以及全面质量观的把握，我们认为，学生发展质量不仅涉及目标的达成程度，还包含前期的设计与规划、实施过程管理、诊断后的教育引导等。在综合考虑上述前提下的情况下，正视目前高职院校学生评价工作中存在的问题，科学制定学生全面发展质量评价体系。在建立健全学生全面发展目标体系和标准体系的基础上，

学校应研究制定评价办法，优化评价指标，设计以"自主发展"为特征的学生全面发展质量评价体系。

（1）评价内容标准方面，围绕学生思想政治素质、科学文化素质、身心健康素质和实践能力素质四个维度，遴选政治表现、学习成绩、身心素质、创新能力等关键要素和评价指标来综合考量学生的全面发展。

（2）评价主体方面，包括学生自我评价、同学朋辈评价、任课教师的评价、辅导员班主任的评价、学工部门综合评价及学院综合评价等，凸显全员、全程、全方位地全面发展质量管理。

（3）评价方法手段方面，依托智能校园管理平台，实时记录学生在校表现，对学生发展质量进行量化赋分，即时生成学生发展质量分值，综合服务平台自动进行数据分析诊断。

（4）评价周期方面，重视过程性动态化评价，对学生的学习和发展过程进行监督和反馈，实现状态数据即时采集、及时预警和实时诊改分析。

（5）评价结果应用方面，除却作为评奖评优的重要依据，最重要的是学生个人依据评价来诊断分析自己的现状及目标达成度，确定下阶段发展目标，调整改进措施，不断完善自我、循环提升。

（四）打造智能化的学生全面发展信息化平台

依托网络技术和移动互联技术，实现基于移动端和 PC 端的过程管理、数据统计，以及基于大数据分析的学生发展质量的诊断预警，实现大数据导航学生成长成才。

1. 实施学生发展质量模块化预警，推进过程控制指导

结合学生实际情况，学校应制定合格学生标准，并应设置四个维度的"预警值"。对照标准值实施学生发展质量诊断模块化预警，对学生发展质量进行过程性监控。出现预警，学生本人首先要做到自警，查找分析预警原因；根据《学生全面发展质量评价办法》的加分细则，通过加强学习、参加各类活动补足差距，尽早解除预警。辅导员组织开展各类教育教学活动，引导学生自主学习、积极实践；并加强与学生家长密切配合，共同帮助学生成长发展。

表 7-1　学生全面发展质量标准及预警一览表

诊断要素	标准值	目标值		预警值	数据来源
		良好	优秀		
思想政治素质	80 分	>80 分　≤90 分	>90 分	<80 分	学生管理系统
科学文化素质	60 分	>60 分　≤80 分	>80 分	<60 分	教务管理系统
身心健康素质	80 分	>80 分　≤90 分	>90 分	<80 分	教务管理系统 学生管理系统
实践能力素质	80 分	>80 分　≤90 分	>90 分	<80 分	学生管理系统

2. 实行多维度对比分析，精准定位问题差距

基于"数据说话"，对学生发展质量生成过程中的关键指标数据实施多维度对比。首先，针对学生不同学期、不同学年的相关核心数据实行纵向对比，呈现数据变化曲线；其次，用学生发展质量总分对照本班级、本年级、本专业的总体情况实行横向对比，呈现本人的排名情况；最后，学生四个维度的数值对标专业发展目标和个人目标实行差异对比，呈现与标准值、目标值的差距。通过多维度的对比，学生可查找自身的差距与不足，分析产生原因，明确下一步努力的方向，从而达到学生自我诊断、自我改进、循环提升的目的。

3. 建设"学生发展中心"信息化平台，集中呈现学生全面发展轨迹

坚持"三全育人"和大数据理念，突出学生主体地位，践行跟进式教育服务理念，革新传统的线下管理服务模式，建立集支持、评价、保障于一体的"学生发展中心"服务平台，构建多方合作服务学生全面发展的工作联动机制，构筑学生自我教育、自我管理、自我服务的活动阵地。利用大数据等先进技术，全面打通教务管理系统、学生管理系统、人才培养工作状态数据采集平台等"信息孤岛"与"数据壁垒"，集中呈现学生发展的关键指标数据，定期生成图文并茂的《个人发展质量报告》，学生实时查看发展状况，发现不足及时调整改进。并设立办事大厅，实现学生各类在线自助服务，一站式解决学生个人需求。

五、结语

通过建立健全系统的高职学生发展目标体系与标准体系，运用科学的学生全面发展质量评价办法，依托智能化的学生全面发展信息化平台，能够实时呈现学生发展"四个维度"的诊改数据，构建完善的学生全面发展质量评价体系，逐步形成高职学生全面发展质量评价机制。学生个体发展目标明确，标准清晰，可以有的放矢地发挥个体优势，对个体发展的劣势进行诊断改进，并根据个人发展报告规划自己的职业生涯，从而实现学生的自我管理、自我发展和自我完善的循环提升，使学生的综合素质明显提升，学校的人才培养质量不断提高。

切实履行主体责任，聚焦学生全面发展，是教育工作的出发点和落脚点。高职院校要运用大数据思维，坚持文化知识学习与思想品德修养的统一、理论学习与社会实践的统一、全面发展与个性发展的统一，力促学生成长成才，为全面建成小康社会提供有力人才支撑。

[参考文献]

[1] 张敏姝. 努力完善以人才培养目标为导向的评价机制[J]. 厦门教育学院学报，2011，(2).

[2] 李丰，徐懿. 校企合作背景下高职学生评价机制创新探讨[J]. 长江工程职业技术学院学报，2015，(4).

[3] 周俊. 教学诊改必须注意的若干问题——基于时代使命和职校内涵发展的分析[J]. 江苏教育，2019，(12).

[4] 汪建云. 培育"8字螺旋"夯实诊改基础[N]. 中国教育报，2017-11-07(11).

[5] 陈向平，袁洪志. 高职院校学生发展诊断与改进指标体系研究[J]. 中国职业技术教育，2016，(24).

成果五　高职院校图书馆质量文化建设探索实践

崔　鑫

(本文发表于《当代教育实践与教学研究》，2018-02-10)

[摘要] 高职院校图书馆质量文化建设是图书馆服务质量提升的关键要素，文章阐述了图书馆质量文化建设的内涵，介绍了图书馆加强质量文化建设的基本做法，并提出了图书馆质量文化建设的努力方向。

[关键词] 质量文化　内涵　做法　目标链

一、图书馆质量文化建设的内涵

组织不同其质量管理文化也不尽相同，高校图书馆作为信息集聚和传播的枢纽，并作为学术上的服务机构，其质量管理文化内涵有如下特色。

(1) 以读者为中心的质量管理理念："读者第一，服务至上"是图书馆的核心价值观。

(2) 以人为本的质量管理理念，质量文化氛围的营造必须通过馆员思想意识、经验技能和综合素质水平的提升予以实现。

(3) 重视感性体验的质量管理理念，通过调整服务对策和服务方案，提升服务质量。

(4) 鼓励创新的质量管理理念：信息时代的图书馆其服务功能和服务技术都处于日新月异的变革中，这是新时代赋予图书馆质量文化建设的新要求。

二、图书馆加强质量文化建设的基本做法

(一) 建立适合图书馆发展的目标链和标准链

高校图书馆是为教科研服务的学术性机构，是为读者服务的优质场所，因而应有明确的发展目标，以利图书馆事业不断发展壮大。为适应学校优质校建设，为促进图书馆质量文化建设，目前图书馆建立了科学可行的目标体系。

(1) 总体目标：以资源建设为重点，大力推进数字图书馆建设，努力使图书馆成为管理科学、服务优质、功能先进、环境优美的现代化文献信息中心。

(2) 分目标：①资源建设。纸质资源保质保量，大力推进数字图书馆建设，达到国家

相关标准要求。②读者服务。进一步加强入馆教育，实现常态化，提高普及率。③党建与内部质量保证体系诊断与改进工作。④科研和文化建设。以教育部课题为龙头，带动科研水平提升；加强社团指导工作，提高活动水平，推进书香校园建设。

图书馆在注重目标建设的同时，紧抓图书馆的标准建设，确立了 8 个工作流程和 3 个工作标准：报刊管理工作流程，电子资源采购与发布工作流程，流通管理工作流程，图书采编工作标准，图书流通管理质量标准等。目标链和标准链的确立，明确了图书馆的工作方向，优化了图书馆的工作环境，提升了图书馆职工的工作效率，并为评价图书馆的工作质量提供了标准依据。

（二）建立适合图书馆发展的制度体系

图书馆制度建设，是图书馆服务学校质量文化建设的重要保障。建立与学校制度文化相适应的图书馆组织管理体系和管理制度，明确图书馆管理方针和追求目标，有效地发挥其教育功能，规范和引导广大馆员提高服务质量。近年来，我们在工作实践中感觉到原有规章制度有些已适应图书馆工作发展的需要，便修订了原来的制度，增加了新制度。使图书馆各项工作逐步步入科学化、规范化的轨道。这些规章制度主要包括图书馆纲领性制度：《淄博职业学院图书资料管理规定》等。规章制度的建立，使我们的工作能有序运转，不但规范了工作人员的行为，规范了业务工作的管理，同时这些规章制度也调动了员工的积极性和主观能动性。

（三）建立适合图书馆发展的资源体系

在知识经济时代，读者对知识和信息的需求越发迫切。图书馆应不断加强纸质文献资源的建设。纸质文献购买、保存都比较方便，符合人们的阅读习惯，比较受读者欢迎。图书馆在纸介资源购置方面严格按照读者阅读和专业发展需求，制订科学的图书购置计划，合理布置馆藏架构，每年以生均 3 册的速度增长，目前已达到 187 万册，生均 77.9 册，确保在"十三五"期间完成生均 80 册的图书目标。

加大对电子文献资源的收藏比重。电子文献信息存储量大、时效性强、内容丰富、检索方便、易于复制。我们引进了"超星数字图书馆"、中国知网、万方数据知识服务平台等，并且加强了读者指导，有针对性地建立专用信息资源指引网页，让读者利用图书馆收到事半功倍的效果。

三、图书馆质量文化建设的努力方向

（一）加大电子资源的推介力度，提高资源的利用效率

(1) 做好网上免费资源的服务：网上资源内容庞杂，图书馆馆员可以通过对网上资源的整合，提供给读者站点导航服务、免费数据库资源服务等。

(2) 搞好网上信息资源的整序：由于互联网上信息产生和提供的无序性，用户想找到需要的信息比较困难。图书馆管理人员应充分发挥专业优势，担负起网络资源整序的重任。

(二) 加强图书馆环境建设

(1) 以人为本，提高馆员文化素质，提升自身服务质量。管理人员队伍素质的建设，是图书馆环境建设非常重要的一环，工作人员的形象代表了图书馆的形象。高校图书馆服务读者不仅依靠先进的技术和方法，更重要的是靠图书馆馆员的综合素质和人文关怀来影响读者。图书馆馆员一定要成为复合型人才，或能在某一学科专业上有一定的专长，才能为读者进行较深层次的服务。

(2) 多方入手，构建图书馆绿色阅读环境。在图书馆将来的设计中，将色彩作为考虑元素之一：如图书馆的棚、墙、地面、书架、阅览桌椅等应仔细设计。另外还注重绿色植物的摆放，选择易栽培的常绿植物，增强对读者吸引力。在文化内涵上下功夫：体现浓重的书香气，悬挂一些富有哲理性的名言、诗词及一些山水花鸟画，选取部分旋律柔和、节奏舒缓的背景音乐等。

[参考文献]

[1] 崇静. 图书馆与高校质量文化建设[J]. 淮南师范学院学报，2011，(4)：140-142.

[2] 刘军. 图书馆质量文化建设研究[J]. 佛山科学技术学院学报，2014，(4)：94-96.

[3] 祖关秀. 高校图书馆提高服务质量的策略[J]. 科技风，2016，(11)：188.

成果六　质量管理螺旋在高职院校纸介资源建设中的实践——以淄博职业学院图书馆纸介资源建设为例

崔鑫　周宁

(本文发表于《图书情报》，2018-02-10)

[摘要] 为读者提供优质的文献信息资源是高职院校图书馆的主要任务之一，其中纸介资源建设是图书馆文献信息资源建设的重要组成部分，在资源建设过程中，应主动遵循质量管理螺旋规律，注重动态螺旋和静态螺旋之间的关系，不断提升工作质量。

[关键词] 纸介资源　质量管理　螺旋

"建设全院文献信息资源体系，为教学、科研和学科建设提供文献信息保障"是图书馆的主要任务之一，其中纸质资源建设是图书馆文献信息资源建设的重要组成部分，为此图书馆应严格按照"8字螺旋"进行纸介资源建设。

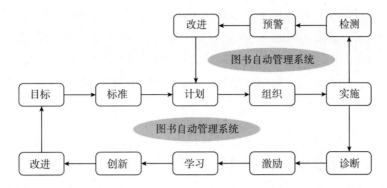

一、静态螺旋的建立及运行

1. 确立目标

(1) "十三五"规划目标:"十三五"末纸介资源达到生均 80 册图书的要求;

(2) 年度目标:每年图书增长量不低于 3 册/生,生均图书量不低于 75 册。

2. 制订图书采购加工标准

(1) 采购图书的复本原则上控制在 1~5 册,特殊情况经审批后可适当放宽。

(2) 单本图书的采购:单价在 60 元以下(包括 60 元)的图书,每个馆藏地一般复本不超过 5 册。单价在 60 元以上 100 元以下的图书,一般复本不超过 2 册;单价在 100 元以上(包括 100 元)的图书,一般复本以 1 册为宜。

(3) 成套图书的采购:套书的采购复本原则上控制在 1 套,套书价格超过 1500 元的需要经过图书馆分馆馆长审批。套书的单本价格不超过 60 元的,复本原则上不超过 3 套。

(4) 馆藏地图书采购的复本:每个馆藏地的图书复本原则上控制在 3 册以下(包含 3 册),同一种图书兼顾西区图书馆分馆馆藏的且单本价格不超过 60 元的,复本原则上不超过 5 册。

3. 制订年度采购计划

制订年度采购计划,含非购买的图书增加计划。

4. 组织

召开相关人员会议(采编部),明确本年度的图书采购、加工任务。

5. 实施采购

(1) 大宗图书采购一般有两种形式:现场采购为主,订单采购为辅。

(2) 零星采购:根据专业需求即时采购。

以大宗图书采购为例:本年度首先通过政府招标确定了四家书商,分别为书商 A、书商 B、书商 C、书商 D。然后进行现场采购,分上半年和下半年,每个书商各两次。

6. 诊断

在采购加工过程中，通过图书管理系统采集数据，并自我诊断，及时与书商、读者、流通部人员沟通，主动发现问题。一般情况下，每年采编人员到每个书商处现场采购两次，现采在时间安排上有时会冲突，采编人员这时会及时调整，合理分工，以最优模式，保证图书采购质量。从相关统计资料可以看出，书商 D 供书情况不佳，需要及时沟通。

7. 激励

以诊断结果为主要依据，及时总结，好的地方进行鼓励，差的地方进行惩戒，从而让采购加工工作形成良性循环。主要针对书商进行激励，如果某个书商出现从书慢或到书质量有问题，采编人员会及时提醒，以免耽误整个图书采购工作；当然，到书快、质量好的书商采编人员也会及时进行口头表扬。根据上述情况，我们对书商 A、书商 B、书商 C 的做法给予了肯定，对书商 D 提出批评并督促其尽快履行义务。

8. 学习

在采购过程中，主动与书商、其他院校的购书人员沟通，交流采购模式、加工方式等，以达到取长补短之效果。一方面，我们学习其他学校的购书经验；另一方面我们提示相关书商，学习书商 B 在购书现场的做法。

9. 创新

在不断学习的过程中，发现了以往采购中的问题，不局限于常规采购方式，主动融于互联网技术，在采购方式上有所创新，让图书采购更及时、更有效。鉴于预算批复时限问题，往年采购启动较晚，图书馆与关键书商协商，进行预采购，如若中标，充当任务量，如不中标，则放弃本次所采购图书。

10. 改进

对照目标，及时检查本年度的目标实现情况，并对采购加工过程中存在的问题进行总结，提出改进措施，以便下一年度纸质资源采购工作更上一层楼。

二、动态螺旋的不断改进

在图书采购过程中，根据实时监测到的数据，及时发出预警并即时跟进调控、改进的过程，与静螺旋相交于"计划—组织—实施"环节，组成一个有机整体，相辅相成、互联互动、缺一不可。每个书商都会有不同的动态螺旋，现以采购书商 D 的图书为例。

(1) 计划：根据年度图书采购计划和图书采购合同，书商 D 本年度需为学校提供 32.5 万实洋的图书。

(2) 组织：计划确立后，分管副馆长及时召开采编人员会议，确定本年度采购分工和进程，由于人员紧张，确定由周宁老师配合分管副馆长完成向山东书商 D 的图书采购工作。

(3) 实施：合同签订后，副馆长及时与山东书商 D 的业务经理进行了沟通，大体确定了图书采购时间和人员。

(4) 监测：按约定的采购时间采编人员完成了上半年现采地的采购工作，要求书商按规定时间及时发货。由于书商 D 业务量上半年特别大，未及时发出我馆采购的图书。其他三个书商皆供书到馆，书商 D 的图书却未到达。

(5) 预警：针对上述情况，采编人员及时与书商 D 沟通，提出警告，让对方引起重视，反馈良好。

(6) 改进：书商 D 认识到问题的严重性，克服重重困难，加班加点，终于在采编人员规定的时限内将图书运抵学校，保证了整个图书采购加工的有序与完整。

(7) 效果：图书馆在纸质资源建设过程中认真贯彻质量改进螺旋理念，针对采购中出现的问题，实时检测、及时预警和沟通、持续改进。年度增加图书 7.57 万册，馆藏图书总量达到了 187.22 万册，生均图书达到 76.1 册；年进书量达 3.08 册/生，圆满完成年度图书增加的目标，并且会以此为基础指导来年的纸介资源建设，受益匪浅。

[参考文献]
[1] 晁行国. 高校图书馆质量管理体系的构建[J]. 图书馆学刊，2010，32(07)：35-36，41.
[2] 张炜. 图书馆质量体系的构建和管理[J]. 科学大众(科学教育)，2017(10)：111-112.
[3] 汪建云. 培育"8字螺旋"夯实诊改基础[N]. 中国教育报，2017-11-07(011).

成果七　高职院校土建类专业内部质量保证的问题与对策

郝增宝

(本文发表于《炎黄地理》2018 年 8 月)

[摘要]高职院校土建类专业内部质量保证体系所面临的问题：如认识不够到位、校企合作不深入、专业不能有效对接产业、师资培养不能满足产业发展的需要等，然后结合内部质量保证体系建设实践，介绍学校在建立内部质量保证体系的实践中所采取的相应策略，如统一思想、抓好常规、加强校企合作、重构专业规划、加强教师队伍建设等。

[关键词]高职院校　内部质量保证　问题　对策

高职院校土建类专业建立内部质量保证体系存在认识不够到位、校企合作不深入、专业不能有效对接产业、师资培养不能满足产业发展的需要等问题。

一、高职院校土建类专业内部质量保证存在的问题

（一）思想认识不到位，各部门不能同步

学校教学管理部门不能正确认识内部质量保证的重要性，大部分管理者认为这是质量管理部门的工作，不能正确认识全员参与质量保证这一主题，导致质量保证机构不够健全，与土建类专业教师及院系行政管理人员的工作不能协调一致，质量保证制度不能有效实施。学校各层级只注意教学质量诊改，但对各部门的质量诊改措施不力，虽然大部分高职院校已成立质量诊改的专门机构，制订了内部质量保证体系实施方案，并建立了质量保证相关制度，不过"学校、专业、课程、教师、学生"不同层级的自我保证机制还不健全。

（二）重外在的形式，轻内涵发展

有些学校的诊改工作对形象工程的投入力度大，参与意识强，对项目、课题等喜爱有加，建立了一系列措施、制度，但对日常工作却得过且过、敷衍了事，尤其是在作为教师本职工作的教学上投入较少，很少考虑学生是否受益。大部分高职院校对专业与课程建设重视力度不够，不愿意投入较多精力用于教学实践，对学生发展质量是否持续提高没有进行评价，教师队伍未能持续改善，校园的文化氛围没有形成。

（三）校企合作、工学结合落实不够

校企合作——实用主义教育的产物。高职院校培养的技术技能型人才必须通过教师、师傅的示范、学生模仿、练习才能获得，高职教育本质上是一种实用主义教育。目前，中国的国情是每个家长都希望孩子成龙成凤，社会对技能人才的不重视，导致对职业教育带有明显的歧视，孩子不愿意学，老师也不愿意教，导致这种实用主义教育理念难以被人接受，同时职业院校长久地脱离实践，出现了"校企融合、合作育人、零距离、学徒制、校中厂、厂中校"等一系列新概念、新模式、新举措，但是很少有人提出系统地由学科知识型向技术技能型转轨的方案，在课程与教材建设上没有实现根本的转向，专业布点与重点产业发展以及专业结构与办学定位不匹配。

（四）师资培养与产业发展不同步

职业院校的教师尤其是专业教师，既要有教学的基本功，也要有实际操作技能，还要具备一定的科研水平，但是很多所谓双师型教师根本没有在企业工作的经历，而是通过某种考试获得双师资质的，企业的技术骨干表达能力强的多半是业务骨干，根本不可能有大把的时间在学校承担教学任务，于是多数企业兼职教师根本不具备从事教学工作的能力，但为了完成学校的指标又必须聘用这样的兼职教师。尤其是学校随着市场的需求会不断地调整专业，而调整专业后师资队伍却得不到很好的调整。

二、建立高职院校土建类专业内部质量保证的对策

(一) 统一思想，提高认识

高职院校建立内部质量保证体系是党委领导下，院长主抓的一项常规性工作，必须进行顶层设计，统一思想，充分认识到构建全员、全过程、全要素网络化的内部质量保证体系的重要性。加强各部门的沟通协作。让全院各职能部门都能参与。

(二) 在做好常规工作的同时，侧面突破，形成亮点

建立常态化的内部质量保证体系应从课程建设、专业建设、校园文化、师资队伍建设、学生发展、科技服务、校企合作等这些常规工作入手，从各个方面进行突破，形成亮点和标志性成果，提高声誉。具体的对策有以下几条：一是开展专业、课程认证，制定专业、课程认证标准及专业、课程质量标准，为专业和课程质量保证建立一条良性发展的通道，践行专业与课程质量诊改；二是试行师资发展专项诊改，制定师资发展标准，开展师资队伍建设质量评价；三是开展学生工作专项诊改，针对学生工作中存在的问题，商讨解决问题的办法，落实整改后检查学生工作整改落实情况。

(三) 实现校企双赢，合理设置专业结构

校企合作应该采取的对策：一是政府要加强引导，政府牵头做媒，提高校企合作成功率；二是学校要加强引导，引导学生自愿进入一线技术技能岗位，配合政府的大力宣传，树立从事技术技能一线劳动光荣的典范；三是学校改变奖励政策，加大对技术技能一线工作学生的奖励；四是企业利用政府的优惠政策，适当提高从事一线技术技能工作岗位学生的待遇。

1. 建立专业动态调整机制

科学预测人才需求规律，对专业实施相应的调整策略，根据区域经济发展所需人才类型、数量等需求情况，适当调整专业设置；通过人才培养质量年报、质量诊改年度报告等了解学生就业薪酬、岗位升迁、企业满意度等情况，完善人才培养标准，适当调整专业设置；吸收行业企业专家、毕业生代表进入专业建设指导委员会，以区域优势产业和新兴产业为依托，结合地方积极发展对技术技能人才需求数量上的变化，建立新增、停招、合并等专业动态调整机制。

2. 优化专业结构

高职院校必须明确办学的目标和定位，不断优化专业结构：

(1) 明确目标定位，统筹专业布局规划。

(2) 要突出专业特色，减少专业定位雷同。

(3) 启动专业预警退出机制。根据专业动态调整信息，建立专业结构合理的评价指标

体系，启动专业预警退出机制。

(四) 加大教师队伍建设力度

因职业院校的教师既要求有熟练的教学能力，也要具备实践操作技能，因此，加强教师队伍建设应采取的对策通常有以下几种。

(1) 培养技术技能类研究生，为职业教育输送实践教学师资，用以取代目前的"双师"素质；

(2) 指定一些实力强劲的高校，联合国内知名企业、培训公司等对现有部分年轻教师进行在职技术技能培训，提升这些教师的实践技能。

[参考文献]

[1] 刘凤存. 论高职院校内部质量保障体系的理论基础[J]. 教育评论，2016，(04)：60-63.

[2] 熊威. 高职专业建设内部质量保障体系需要厘清的几个问题[J]. 继续教育研究，2012，(12)：72-73.

[3] 徐礼丰. 高职院校构建教学质量监控体系基本框架刍议[J]. 辽宁高职学报，2015，17(05)：40-43.

[4] 李春荣. 高职院校内部质量保证的问题与对策[J]. 价值工程，2018.

成果八 培养与提高高职院校学生职业素养的措施研究

庞月魏

(本文发表于《世界家苑》2018 年 10 月)

[摘要] 本文在论述职业素养的含义、主要作用的基础上，提出了培养与提高高职院校学生职业素养的具体措施。

[关键词] 高职院校 职业素养 措施

(教高〔2006〕16 号文件)强调[1]，"要高度重视学生的职业道德教育和法治教育，重视培养学生的诚信品质、敬业精神和责任意识、遵纪守法意识，培养高素质、高技能人才。"《国家中长期教育改革和发展规划纲要(2010－2020 年)》再次提出[2]，要"着力培养学生的职业道德、职业技能和就业创业能力。"而从企业招聘来看，企业除了看重高职毕业生的知识、技能外，还看重他们的职业素养。

一、职业素养的含义及主要作用

职业素养是人类在社会活动中需要遵守的行为规范。个体行为的总和构成了自身的职业素养，职业素养是内涵，个体行为是外在表象。职业素养概括地说包含以下四个方面的内容：职业道德、职业思想(意识)、职业行为习惯和职业技能。前三项是职业素养中最根基的部分，而职业技能则是支撑职业人生的表象内容。

卡耐基曾说，一个人的成功，15%取决于职业素养。《一生成就看职商》的作者吴甘霖也指出[3]："一个人，能力和专业知识固然重要，但是，在职场要成功，最关键的并不在于他的能力与专业知识，而在于他所具有的职业素养。"

因此，良好的职业素养是企业必须的，是个人事业成功的基础，是大学生进入企业的"金钥匙"。

二、高职院校培养与提高高职院校学生职业素养的措施

(一) 高职院校学生应具备的职业素养

(1) 职业道德：增强学生的诚信品质、敬业精神、责任意识和遵纪守法意识，不谋私利、公道正派、廉洁自律、坚持原则。

(2) 职业行为：具有风险意识、责任意识，有严谨、认真、细致的工作作风；具有团队精神和合作意识，具有协调工作的能力和组织管理能力；坚持公平、公正的工作原则，保守职业秘密；能正确择业与就业、尊重他人、团结互助、吃苦耐劳、热爱集体。

(二) 高职院校培养与提高高职院校学生职业素养的措施

1. 培养高职学生的职业意识

培养职业意识就是要对自己的未来有规划，就是让每个高职生明确自己是谁？将来想干什么？能干什么？同时，帮助学生充分认识自己的个性特征和个性倾向，比如气质、性格、能力、兴趣、价值观等，以及自己的个性是否与理想的职业相符，客观地认识自己的优势和劣势，结合环境如市场需求、社会资源等确定自己的职业发展目标。

职业意识的培养可通过以下措施来完成。

(1) 开设职业生涯规划课程。通过开设职业生涯规划课程，可以让学生比较系统地了解职业生涯规划相关理论，并在学习实践中不断地明晰自己的职业兴趣和职业倾向，比如约翰·霍兰德(John Holland)的职业兴趣理论可以帮助学生做好职业选择和职业设计，成功地进行职业调整，从整体上认识和发展自己的职业能力。

(2) 开展创新创业教育：

① 通过建立以创业教育家、创业企业家、风险投资家为主的创业教育团队，开发多层次、立体化的创业教育课程体系，为学生提供创业培训、创业咨询、创业支持、创业指

导等全方位服务,推进高职院校创新创业教育,提升高职生自主创业的意识,提高大学生创业创新能力,充分调动大学生创业的积极性,培养新一代知识型创业者,促进就业。

② 开展创新创业比赛,通过创新创业比赛,让学生切身体会创业应具备的知识、技能和职业素养,继而促使学生自觉地去查缺补漏,尤其是自己在个性特征和个性倾向性方面存在的短板。

③ 为学生提供创业平台。学校通过为学生提供创业场所和创业激励机制,吸引有创业想法的学生自主创业。在自主创业的过程中,学生必然会有所成长,尤其是在职业规划方面必定会有深刻的认识。

2. 在课堂教学中培养高职生的职业素养

课堂教学是开展学生教育工作的主阵地,职业素养的培养离不开这个阵地。在这个主阵地中,教师是关键。

(1) 教师是不是一位称职的老师将影响他所教育学生的发展和未来。"兵熊熊一个,将熊熊一窝"说的就是这个道理。因此,作为高职院校的老师,要自律,要不断学习,要以身作则,真正成为学生的榜样,并以榜样的力量潜移默化地影响学生。

(2) 教师要善于利用科学合理和多样化的教学方法手段、课堂组织方式,使学生能够全身心地投入到课程学习中,并在这个过程中逐渐形成良好的学习习惯、刻苦认真的学习态度、勇于面对困难等职业素养。

(3) 当学生遇到困难、出现问题的时候,教师要及时地给予指导和批评教育,帮助学生尽快走出困境,继而提高学生的职业素养。

3. 利用第二课堂培养学生的职业素养

第二课堂是课堂教学的延伸和补充,是培养学生兴趣爱好、提高职业素养的有效手段。比如通过演讲比赛,可以培养学生的口头表达能力和良好的心理素质;通过组织参加技能大赛,可以培养学生的团队协作精神和扎实细致的工作作风。因此,高职院校应通过开展丰富多彩的课外活动,如大学生社团活动、文体活动、技能比赛等,来丰富大学生的业余生活,培养学生广泛的爱好,激发学生的潜能,促进学生良好职业素养的形成。

[参考文献]

[1] 教育部关于全面提高高等职业教育教学质量的若干意见(教高〔2006〕16 号)[Z]. 2006-11-16.

[2] 中共中央、国务院. 国家中长期教育改革和发展规划纲要(2010—2020 年)[Z]. 2010-07-08.

[3] 吴甘霖. 一生成就看职商[N]. 北京:机械工业出版社,2006.

成果九　如何提高高职课堂教学管理质量

徐燕

(本文发表于《世界家苑》2018年11月)

[摘要]随着我国教育事业的不断发展，高职院校教学逐渐成为教育体系不可缺少的组成部分，对于促进社会经济发展以及普及教育文化具有积极作用。然而，高等职业院校的课堂教学管理依旧存在问题，比如学生课堂睡觉、玩手机、看小说以及教师上课之前不备课、课堂上照本宣科等。应当采取有效的措施加以解决，本文主要对如何加强高职课堂教学管理进行分析，并且提出有效的措施加以解决。

[关键词]高职课堂　课堂管理　智能课堂

一、前言

课堂是学生获取知识的平台。这个平台影响着教学效果的达成。课堂教学管理不仅是实现有效教学的重要组成部分，更是学生得到良好学习氛围和提高学习质量、效率的必然要求。然而，当前的课堂教学管理却存在诸多问题，学生和教师之间没有学习的氛围，缺乏互动以及交流，严重影响教学质量，导致课堂之上，学生玩手机以及睡觉的现象逐渐增加，因此，高职院校应当采取有效策略，加强对课堂教学管理的研究，从而培养出有利于社会的高素质人才。本文主要对加强高职课堂教学管理的策略进行探讨。

二、高职课堂教学管理现状

时代虽在变化，教育制度虽在改革，但教师对学生的"传道、授业、解惑"仍旧主要通过课堂教学实现。课堂本应是学习氛围浓厚的地方，但如今高职院校的课堂却并非如此，高职院校的课堂管理令人担忧，学生上课迟到、早退、旷课、讲话、看小说、玩手机、吃东西、睡觉等现象已经成为常态。教师对此感到困惑，但却无从管理，导致如今陷入"教师不想教，学生不想学"的恶性循环。

三、高职课堂教学管理不力的原因

(一) 学生问题

学生是学习的主体，高职课堂教学管理不力的很大一部分原因是学生问题。

(1) 高职学生很多是通过单招以及春季高考的形式招进的，其文化基础普遍薄弱，学习理解、接受能力差，对新知识的理解、吸收较慢，导致老师在台上讲，学生在台下昏昏欲睡，甚至漠不关心。

(2) 学生对所学专业(课程)不感兴趣，高职学校的专业分布毕竟存在局限性，也就是说有些专业未必是学生心里所喜爱的，再加上填志愿和学校录取时的一些突发状况，难免会有部分学生被分到了原本不是当初所想学专业的班级，这种情况的出现会给学生带来精神和心理上的不满意，那么在课堂上自然就表现出逆反的行为从而影响教师的正常教学。

(3) 高职院校学生自我管理、自我控制的能力较差。课堂纪律观念淡薄，高职生在课堂上控制自己的言行方面有些欠缺，表现为旷课、迟到、随意插话、上课去厕所、上课睡觉以及上课玩手机等。

(二) 教师问题

教师是学生学习道路上的引路人和指路灯。高职课堂教学之所以管理不力，教师也有着不可推卸的责任。教师普遍存在以下问题。

(1) 备课不充分，缺乏组织能力，采用照本宣科的教学方式，有些教师即便课前准备充分，但是却忽略了应该在课堂上与学生互动，限制了学生主动学习的欲望，也降低了学生的学习兴趣。

(2) 有的教师采取过激的手段加强课堂管理。而这种过激的手段不仅不能达到加强课堂管理的目的，还会降低教师在学生心目中的威信和形象，甚至引起学生怨恨教师的情绪。

(3) 教师对学生课堂违纪现象熟视无睹，导致课堂管理秩序每况愈下。

(4) 教师教学水平低下，教学方法不当，对教学持懒散的态度，在学生中缺乏诚信度，缺乏自我批评精神，不能秉承公平的原则处事等，导致高职课堂教学管理不力。

四、加强高职课堂教学管理的措施

(一) 营造良好的学习氛围

对于高职生来说，营造良好的课堂氛围既可以提高他们的学习积极性，又能大大的提高课堂管理效率。反之，如果学生沉浸在沉闷无趣的学习氛围中，他们就比较容易开小差，所以为了改善课堂氛围，教师可以在教学中增设一些活动，比如合作学习，游戏竞赛等，在活跃教学气氛的同时，也能激发学生的积极性，达到学以致用的目的。

(二) 多设活动，分组教学

用活动吸引学生所谓"良好的开端是成功的一半"，学生有了学习兴趣，再加上有效的教学方法，便可轻松的完成教学任务，如在建筑工程施工技术的教学中，我会给学生一个地质情况的情境,然后让学生分组讨论应该采用哪种基坑开挖的机械、哪种基坑的支护方式以及何种降水方法,并讨论之所以选择这种方法的原因,以及可能带来的危害。这样学生便会主动思考,将已有的理论经验应用到解决实际问题中来,能够充分调动学生的学习兴趣,也能加深学生对知识点的掌握,并能很好地运用在今后的实际工程中。

(三) 利用智能课堂,混合式教学改革等措施

针对目前普遍存在的玩手机现象,严格控制学生让上交手机并不能起到积极的作用,相反,还会使学生产生逆反心理,做出一些逆反行为,如故意睡觉、打闹、顶撞老师等行为。最好的方法就是引导学生利用手机来进行课堂任务的完成,让学生通过手机完成学习任务,提交作业,通过设置讨论群等方式,把枯燥的知识点变成闯关游戏,设置成目前比较流行的闯关答题模式,并设置一定的奖励模式,加分或鼓励语的形式。利用现代化通信设备,将不利变作有利,相信这两种教学方式对提高课堂管理有极大的促进作用。

(四) 关心极端学生

众所周知,课堂管理难度最大的是对后进生的管理,经过认真观察不难发现,在课堂上捣乱、起哄,屡教不改的学生就那么几个,这也符合现代管理学的二八定律,出问题的就是那20%,只要抓好这少数20%的学生的管理,课堂就会理想很多,但是这些问题学生,需要教师细心的观察,找出他们不遵守课堂纪律背后的原因,并多给予关爱和帮助,进行恰当的交流找出问题的根源,让他们感受到温暖,理解老师的良苦用心,他们不仅会约束自己,同时也会变成教师课堂管理的小帮手。

(五) 巧妙处理课堂问题

众所周知,高职生本身基础较差,课堂上的自控能力又相对较弱,所以在新学期第一课制定严格的管理规范极为重要。当然,学生在课堂的问题五花八门,而教师的管理方式也是多种多样,所以教师在授课时要时刻关注学生的动态,以便及时地、耐心地纠正并处理问题,这样才能形成良好的课堂教学氛围。

(六) 提升教师素质、强化教学设计

当下,教师的专业素质仅局限于课堂上的"传道、授业、解惑",但这远远不够。教师还应接受相关培训,提升自身素质,提升教学设计的能力,从而做到结合教育对象、专业情况和课程内容等强化教学设计,用最适合学生和学生最易于接受的方式引导学生进行有效的学习。最后,教师还应该成为杂学家,不仅专业方面要精,还应提高自己的文学素养、政治素养并关注时事经济,让自己在传授知识的同时,使自己有趣,让学生在学知识的同时,学会如何做人,树立正确的三观。

五、结束语

良好的课堂教学管理可以维持课堂的纪律和秩序,能够提高教师的教学效率和学生的学习效率,还能增强学生对课堂和教师的认同感,在课堂环境的创造和维持中学生起着关键作用。因此,必须加强学生的课堂纪律意识,提高学生的自我约束和自我管理意识。在课堂环境的创造和维持中,教师也起着重要作用,教师需要通过有效的课堂教学管理和创造良好的课堂教学环境来完成课本要求的教学任务。教师和学生都是高职课堂的组成部分,部分是整体的有机组成体,部分是整体中的部分。只有更好地发挥部分的作用,才能更好地实现整体的目标。因此,教师和学生在高职课堂教学管理中的作用缺一不可。实现高职课堂教学的有效管理需要发挥各部分的作用,发挥教师和学生的作用,进而加强高职课堂教学管理,提升高职教学的质量和效果。

[参考文献]

[1] 景韵. 高等职业教育教师课堂教学敏感研究[D]. 重庆:西南大学,2014:107-146.

[2] 李自璋. 高职课堂教学常规管理与纪律管理的心理策略[J]. 职业教育研究,2011(5).

[3] 于作岩. 关于提高高职课堂教学效率的策略探讨[J]. 科技信息,2010(12).

[4] 张永耀. 影响学生课堂行为的主要因素[J]. 教育教学研究,2012(92).

成果十 提高高职院校建筑工程制图教学质量的有效途径

庞月魏

(本文发表在《工程技术》2017年8月)

[摘要]本文在对当前影响高职院校建筑工程制图教学智力提高的主要因素剖析的基础上,结合教学实践提出了提高建筑工程制图教学质量和教学效果的途径。

[关键词]高职院校 建筑制图教学 途径

建筑工程制图是高职院校工程造价等专业一门重要的专业基础课,是后续建筑构造等专业核心课程学习的基础。虽然各院校都非常重视建筑制图的教学,并对传统的建筑工程制图教学进行了改革,但改革效果并不理想。本文将在调研的基础上,结合教学实践,以期找到能切实提高建筑工程制图教学质量的有效途径。

一、影响高职院校建筑工程制图教学质量的因素分析

通过调查，我们发现造成建筑工程制图教学效果不理想的主要原因有以下四条。

(1) 多数学生数学水平不高，导致不能准确理解和掌握建筑制图的相关知识；

(2) 多数学生学习主动性差，学习兴趣不浓，这是影响学习质量的关键因素；

(3) 多数学生课外不学习或不会学习，导致课堂教学成果不能巩固；

(4) 教师教得多，示范少，学生练习更少，导致学生听懂了但仍不会独立解决问题。

总之，影响建筑制图教学质量提高的因素既有教师"教"的因素，也有学生"学"的因素，两者相互作用、相互影响。因此，要想切实提高建筑工程制图教学质量，必须"双管齐下"。

二、提高建筑工程制图教学质量和教学效果的途径

(一) 重构教学内容，合理选择使用教学方法和教学手段，科学评价"教"和"学"

(1) 建筑工程制图教学到底教什么，应从职业岗位群需求、学生未来可持续发展需要、专业人才培养目标和后续课程的教学要求，遵循认知规律，来重构教学内容。

(2) 教学论的研究表明，教师应把"教学目标、教学内容特点、学生实际特点、教师的自身素质和教学环境条件"作为选择教学方法的基本依据。因此，建筑工程制图的教学综合使用下述方法，能较好地落实课程教学目标，有效提高教学效果和教学质量。

① 任务驱动教学：任务驱动教学法可以让学生在完成"任务"的过程中，培养其分析问题、解决问题的能力，培养学生独立探索及合作精神。

② 项目教学：项目教学法强调学生在学习过程中的主体地位，提倡"个性化"的学习，主张以学生学习为主，教师指导为辅，学生通过完成教学项目，能有效调动他们学习的积极性，提高学生解决实际问题的综合能力。

③ 直观教学：在建筑工程制图教学中，要尽可能地运用直观教学。这样，会使深奥复杂的建筑工程制图教学变得浅显易懂，有效地激发学生的学习兴趣，缩短教与学、学与用的距离。

④ 示范教学：在建筑工程制图教学中，教师应高度重视示范教学，充分发挥教师的指导作用。尤其是学生第一次接触的新知识、新技能和新方法，更需要教师进行认真的示范。

⑤ 练习法：只有多练习、多训练，学生才能在练习中发现学习中的问题，才能体会理论在实践中是如何应用的，才能掌握应用理论知识积极解决问题的方法。

⑥ 现代教育技术：在建筑工程制图教学中，应"从认知规律出发，坚持适时性原则；从教学对象出发，坚持适度性原则；从学科特点出发，坚持适当性原则"，合理使用现代教育技术，达到最优的教学效果。

(3) 建筑工程制图是一门实践性很强的课程，它体现知识与技能的交融。评价方式改革是课程教学内容和教学手段改革的重要组成部分，要和教学内容改革相呼应。评价方式应把理论知识与实际应用能力的考核结合起来，建立复合式、全程式、多元化的课程考核体系，采取平时作业、考试、基本素质考核相结合的方式综合评定学习成绩。实践证明，这种评价体系有利于客观地检验教学效果，有利于引导和提高学生的职业技能水平。

（二）培养学生自我学习能力

学生自我学习能力的高低，直接影响制图课程的学习和未来自我的发展。那么怎样培养学生的自我学习能力呢？

(1) 明确学习动机。经调查得知，有近70%的学生学习目标模糊，常常是"当一天和尚撞一天钟"。如果在教学中，教师结合个人阅历对学生进行职业生涯规划教育，"让学生明白自己未来的职业定位，明白课程和未来职业的关系"，那对学生职业生涯目标的确定会有较显著的促进作用。

(2) 培养学习兴趣。兴趣是最好的老师，学生只有对学习感兴趣，才能把心理活动指向和集中在学习的对象上，使感知觉活跃，注意力集中，观察敏锐，记忆持久而准确，思维敏锐而丰富，激发和强化学习的内在动力。

(3) 变"学会"为"会学"，培养学生的可持续发展能力。联合国教科文组织于1986年就提出了教育的四大支柱，即：学会求知，学会做事，学会合作，学会生存与发展。这就十分清楚地告诉我们，教育不仅仅教学生"学会"知识，更重要的是要教他们"会学"知识。

(4) 培养学生正确的学习态度。人们的学习态度对学习效果的影响作用，已被许多实验研究所证明。心理学家史密斯(W. Smith)早在1919年就在一项实验中发现，积极的学习态度对学习速度有促进作用。实践表明，教师与学生之间的关系是否融洽也是影响学生学习态度的一种不可忽视的重要因素。学生常常"爱屋及乌"，因喜欢老师而同时喜欢老师所教的课。

[参考文献]

[1] 梁德光. 提高〈建筑制图〉教学质量的方法初探[J]. 科技信息，2010，(23).

[2] 周静丽. 现代教学技术在建筑制图教学中的应用原则[J]. 吉林省教育学院学报，2009，(02).

[3] 刘靖，朱平. 高职〈建筑制图〉课程教学改革研究与实践[J]. 职业教育研究，2008，(02).

[4] 胡冬. 关于高职院校建筑制图课程教学方法的探讨[J]. 现代企业文化，2010，(02).

成果十一　高职土建类专业内部质量保障体系的构建研究

张统华

(本文发表于《建筑工程技术与设计》2018年10月下旬第30期)

土木建筑专业群在内部构建了内部质量保障体系，又在质量保障体系内制订了教学管理、学生教育、实训管理等三个方面的制度，并将专业群倡导的鲁班文化融入了制度中，形成了富有专业群特色的制度文化。

一、土木建筑专业群制度文化内部质量保障体系构建的目标

高职土建类专业内部质量保障体系构建的目标是：建立以土建专业人才培养工作状态数据为基础、自主诊改、第三方抽样复核的工作机制，推动院系以常态化、周期性的诊改为手段，构建持续改进的内部专业质量保证体系，实现土建类专业人才培养质量的不断提高。

二、当前教学运行中存在的问题和不足

(一) 专业诊断与改进工作常态化问题

(1) 部分教师对专业诊断和改进工作认识不到位，特别是管理岗位未能将专业诊断与改进工作渗透于常规工作中，把诊断与改进工作视为单独项目，岗位清单依然存在"上令下行"及质量低现象。

(2) 目标体系和标准体系建立还需完善，构建的部门主责的质量改进螺旋还需进一步优化落实。

(二) 师资队伍建设中存在的问题

(1) 兼职教师培养力度不够，培训、研讨次数过少，校内教师对兼职教师未能做到有效指导，院系管理力度不够，兼职教师教学能力提升较慢。

(2) 个别教师教学基本功薄弱、教学方法手段比较单一，未实施集中统一备课，教学设计审核停留在表面，教师授课较为随意，导致效果不一。

(三) 教科研项目存在的问题

(1) 课题申报力度不够。组织申报省、市级各类教学科研成果取得了大量成果，但是国家级别的高端项目未有所突破。

(2) 教师发表的高水平论文较少，教师仅满足于完成学校规定的科研工作量，潜心研究课程和教学的功夫下得不够，导致撰写高水平论文的数量较少。

三、土建类专业内部质量保障体系构建和运行

（一）内部质量保障体系的构建

(1) 深入开展专业诊断和改进工作培训和学习，将专业诊断和改进工作融入日常教学和管理工作中。土建类专业群所在部门多次在全员大会上共同学习专业诊断和改进工作相关文件精神，领会诊改工作内涵，激发教职工的学习和创新动力，增强质量意识和责任感，实现质量的持续改进和不断提高。专门组织专业诊断和改进工作培训会议，邀请学校专业诊断和改进办公室专家为全体教职工做专题报告、工作指导。使专业诊断和改进工作深入到每一位教职工的日常工作中。

(2) 完善目标体系和标准体系的建设，构建部门主责的工作质量改进螺旋。土建类专业紧紧围绕学校"十三五"事业发展规划目标，进一步完善土建类专业、课程、教师、学生四个层面的目标体系与标准体系，重点构建了教学管理、学风建设等质量改进螺旋图。

（二）内部质量保障体系的运行

土建类专业将专业诊断与改进工作、优质校建设、教学项目与常规工作进行有机整合，树立质量意识，坚守质量标准底线，做到工作清单零错误，逐步达到项目工作常态化，项目成果最优化。

1. 内部质量保障体系建设工作

(1) 确定任务目标。按学校要求持续完善目标体系和标准体系，并建立专业、课程、教师、学生四个层面的质量改进螺旋。

(2) 采取实施措施。通过持续完善目标体系和标准体系；建立专业、课程、教师、学生四个层面的质量改进螺旋等措施，并实施。

(3) 评价反馈。采取自我评价、诊改工作办公室评价、社会评价的方式进行。在反馈过程中要求任务负责人及成员在执行过程中，对各方评价进行分析、归纳、整理，提出存在的问题及整改的措施，并进行有效的改进。

2. 教学团队建设工作

(1) 确定任务目标。教学部主任带领兼职教师融入各专业教学团队，积极主动地开展有针对性的研究，强化专业教学团队专业、科研能力建设。

(2) 采取措施。开展兼职教师的培训及座谈会 3 次；开展集中备课、科研报告会等教科研活动 3~5 次；组建由科研能力强的教师组成的科研团队，积极申报课题、撰写高水平的论文。

(3) 评价反馈。采取自我评价、教务处评价、学生评价、企业评价等四种评价方式。在反馈过程中要求任务负责人及成员在执行过程中，对各方评价情况进行分析、归纳、整理，提出存在的问题及整改的措施，并进行有效的改进。

3. 学生管理工作精细化

(1) 确定任务目标。学生管理各项工作明确分工，责任到人，做到事前指导，事中监督，事后通报，达到质量循环提升的目标。

(2) 实施措施。针对个别行为不佳的学生制定学管工作流程图。学管工作事前指导，事中监督，事后通报。

(3) 评价与反馈。采取自我评价、学生处评价、学生评价三种评价方式。在反馈中，要求任务负责人及成员在执行过程中，对各方评价情况进行分析、归纳、整理，提出存在的问题及整改的措施，并进行有效的改进。

(三) 内部质量保障体系运行情况

(1) 持续严查学生出勤，学生出勤率显著提高。严格执行《日常教学检查方案》及《关于学生上课出勤检查及管理规定》，实行日通报制；对问题严重的班级要求导师及时反馈处理意见。学生旷课率由 2015—2016 第一学期的 0.99%，2015—2016 第二学期的 0.53%，2016—2017 第一学期的 0.48%，2016—2017 第二学期的 0.373%，2017—2018 第一学期的 0.365%，降至 2017—2018 第二学期的 0.307%。学生出勤率显著提高。

(2) 严肃学风、考风和考纪，学生参考率显著提高。严格贯彻执行《学校学生学业成绩管理暂行办法》。一是加大宣传力度。分别召开了全体学生会干部、学生代表、全体教师有关学风、考风考纪会议，班级导师召开班会，明确考纪要求；二是提出了期末考试考生行为四不准；三是强化内部检查及处罚力度。学生补考的参考率由 2013—2014 第二学期的 63%，2014—2015 第二学期的 76%，提高至 2015—2016 第二学期的 83%，2016—2017 第一学期的 90%，2017—2018 第二学期的 98%。学生参考率显著提高。

(3) 鼓励教师在教科研方面创新，教科研成果显著提高。严格贯彻执行《学校高水平成果奖励说明(2014)》，鼓励教师在教科研方面创新。2014 年度完成科研分值 9154.5 分/66 人，人均 138 分，2015 年度完成科研分值 9227.5 分/46 人，人均 201 分，2016 年度完成科研分值 12330 分/47 人，人均 262 分。2017 年度完成科研分值 18200 分/49 人，人均 371 分。2017 年获得第十六届淄博市自然科学优秀成果奖二等奖、三等奖各 1 项。山东省"传统文化与经济社会发展"专项课题立项 1 项，淄博市科技发展计划"基于曲面度指标的误差对太阳能聚光镜聚光性能影响的研究"立项 1 项。教师参与教科研活动踊跃，教科研成果显著增加。

(4) 开展装配化、BIM 新技术培训，促进教师转型升级。为了紧跟建筑行业向信息化、装配化等转型升级的步伐，土建类专业教师在 2017 年共有 38 人次外出参加由山东省建筑产业现代化教育联盟举办的装配式建筑教育"百师提升培训计划",并组织教师正在开发 9 门课程的装配化方向教学资源;派出 12 名教师参加了由工信部组织的 BIM 建模师考试培训。

(5) 严格落实日常教学管理制度,本年度学校日常教学检查零通报。严格执行授课计划及教案质量控制,教师自控—教学部主任全检—院系抽检的三级检查模式,确保常规教学文件的质量;严格执行日常教学督导制度,加强了对督导问题通报、反馈和整改的管理。严格执行任课教师互相听课,教学部主任听课和院系督导听课三级听课制度,提升教师授课质量。本年度学校日常教学检查零通报。

(6) 学生技能竞赛成果显著。目前,共获得全国高职院校职业技能大赛一等奖 3 项、二等级 1 项、三等奖 1 项,国赛成绩位居全省、全院第一;获得山东省高职院校职业技能大赛一等奖 3 项、二等奖 2 项,其他职业技能竞赛获奖 10 余项。学生获奖情况对比往年均有所提高。

四、结语

土木建筑专业群制度文化内部质量保证体系的构建和实施,可以推动专业的持续诊断与改进。可以使专业教学团队成员更加清晰地认识到当前本校土建类专业建设中存在的不足和努力的方向。在高职土建专业建设中,应该结合当前建筑行业向装配化和信息化方向转型升级的趋势,认真梳理土建类专业建设基本规范、建设质量和专业特色,在专业诊断与改进机制的基础上,对专业建设中存在的问题进行分析和评价,并提出解决方案和措施,实现人才培养质量的更大提升。

成果十二　质量文化视域下的传统文化课程建设

许国英

[摘要]从质量文化的蕴含及在高校发展中的作用入手,探讨了传统文化在质量文化建设中的意义和作用;并以"大学语文"等传统文化课程建设为例,剖析目前高校质量文化建设过程中所面临的挑战,在此基础上形成关于质量文化视域下的传统文化课程设置、建设启示及培养路径。

[关键词]传统文化　质量文化　课程建设

质量文化是质量管理的精华所在,没有一种积极的质量文化,质量管理就不可能取得成功。"真正的质量来自于心灵……来自于对所做的事情充满了自信和骄傲的人们"。因此,高等教育质量管理也必须通过高校质量文化的不断创新,发展积极支持全面质量优化和提升的校园文化,然后再通过这种积极的质量文化,潜移默化地促进高等教育质量的持续改进。

一、传统文化在质量文化建设中的意义和作用

(一) 质量文化的蕴含

文化最具特质的表现,在于群体共有的基本价值观念作用于群体的行为模式和实践活动。同时,行为模式和实践活动也可以反作用于群体的基本价值观念。

质量文化是随着人类自 20 世纪以来的质量实践活动而形成和发展起来的。质量实践活动最初强调技术范畴,随着人们在质量实践活动中对质量认识的不断深入,进而演变成一种文化——质量文化,即在一种共同性价值观念营造的特殊文化氛围的影响下,使具有质量意识的人们付诸行动。

高校的核心使命是育人,促进人的全面发展,是高校教育教学质量的根本要求。因此,高校的质量文化是以人为本的文化,最根本的问题是培养怎样的人、怎样培养人的问题,和高校内部质量保障的价值取向是一致的。高校质量文化体现出了学校办学的指导思想与办学理念,它是高校文化的核心和重要内涵,其建设的实质在于优化和提升高校文化,使高校文化体现质量导向,为高校教育教学质量提供保障。

从文化的层次特性来看,高校质量文化可划分为四个层次:内层为精神层;中层为制度层和行为层;表层为物质层。精神层是高校质量文化的核心,主要是关于质量的共同理解和看法,是高校进行质量决策和质量管理时的指导原则和行为规范。主要包括学校领导和师生员工应共同信守的质量管理哲学、以人为本的工作理念、办学理念、人才培养的质量方针、质量目标、质量价值观、质量信念和职业道德等,实际上就是高校的价值观。物质层是指高校质量管理实践中直观的实物质量、服务质量,是高校质量文化中最表层的部分。师资队伍、技术支撑、教学设备、校园环境等在内的实体设施都属于高校质量文化的物质层,蕴含着高校的质量价值理念和质量管理哲学等,可以给外人直观的感受。制度层是指高校在质量管理过程中形成的,体现高校质量意识的各种质量管理制度、质量道德规范和行为准则。一般表现为学校的组织结构、程序文件、管理制度、评价体系等。具有规范性、强制性和稳定性的特征。行为层指高校质量理念在质量管理过程中的具体表现,突出表现在高校教职员工和学生的作风与技术操作方面。例如,行政人员遵纪守法,教师严谨治学的教风,学生勤学善思的学风等,都是行为层高校质量文化的具体表现。

(二) 质量文化在高校发展中的作用

构建高校内部质量保障体系是高校自我完善、自我约束、自我发展的要求,是为了向相关利益人证明其拥有提高自身教育教学质量能力而运用科学有效的管理方法与技术进行有组织、有计划的质量管理系统。

文化是高校内部质量保障体系有效运行的基本作用机制。这是因为,构建高校内部质

量保障体系与建立一个良好、长效的高校内部质量保障体系还是有差别的，按照计划、采取行动构建一个质量管理系统相对来说更容易，至于其是否良好、能否有效运行却是难以控制的。质量保障机制要真正发挥作用，要求高校将质量理念、质量追求融入高校全体人员共同的价值观念，使质量成为全体成员的一种生活方式和习惯，内化为全体成员的自觉意识和追求。

长期以来，高校习惯于依赖管理技术来建设高校内部质量保障体系，因此常常专注于硬件的建设，专注于指标是否达标，而对于属于文化范畴的软件建设向来不够重视，常常忽视老师、学生的潜在发展。实践证明，这样做是不利于人才培养质量的提高的。

高校内部质量保障体系的实现除了需要合理的制度规范、恰当的技术方法等一些硬性措施以外，还需要具备一些"隐形"的质量管理系统，即培育一种积极进取的高校质量文化，广大高校主体树立质量意识和质量责任感。高校质量文化的提出，体现了质量管理本质和理念的转变，要求从狭义的、机械的硬性质量管理转变为广义的、软硬兼具、偏向于软的质量管理。高校质量文化是一种以"人性化"为核心的文化；是一种以"推动全面发展"为目标的文化；是一种以实践为特点的群体文化。这样的高校质量文化凝聚着一种被组织成员认可的价值观念，进而把这些思想、观念具体化为制度，并影响人们的一言一行。所以，质量文化建设的实施是质量管理理念的飞跃和质量管理方式的创新，是高校内部质量保障体系得以有效实现的软性手段。

质量文化是全体师生员工在质量意识和质量工作上共同拥有的价值观，它对全体师生员工有一种内在的感召力，能够引导全体师生员工把个人的目标和理想系在同一个目标上，朝着一个共同的方向努力。这里所说的质量文化意识是指对高校内部的质量保障活动起推动作用的主导意识，它对高校质量文化行为往往起着导向作用。

高校质量文化具有一定的文化价值背景，有什么样的质量价值观念，就会有什么样的培养目标和手段，继而影响高校内部质量保障体系的建设。所以，在高校内部质量保障体系建设的过程中先进质量文化的作用不可轻视，如教师和学生在教育教学质量保障活动中的所思所想、一言一行无不受质量文化中的人才观、质量观和价值观的影响，科学、正确的思想引领与不良思想的侵蚀会分别导致良好工作效果和较差工作效果的获得。因而，有必要培育优秀的质量文化，营造良好的心理环境，增强高校师生员工的质量意识，把质量文化建设，努力改进教育教学质量作为自己人生价值的体现。并以优秀的质量文化为动力不断地推动高校持续发展。这就是"导之以德，志于道"质量文化的导向作用。高校质量文化建设是一种以价值观为核心，以人为本，向全员渗透质量意识的软性管理手段。在构建高校质量保障体系的过程中，有必要培育积极的质量文化，在高校成员中树立全面的、科学的质量管理理念，增强其对学校办学目的的情感共鸣，促使大学人自愿为提升质量而努力。在这种内生型质量文化的影响下，其营造的良好校风、学风及教风，有利于推动高校建立一种长效的、科学的保障机制，从而推动高校内涵式发展。

高校要走特色发展之路，提升办学质量，最重要的是培育个性鲜明的质量文化，增强质量意识，充分考虑高校自身的发展战略，促进其的可持续发展。

(三) 传统文化在高校质量文化建设中的作用

文化对于高等教育质量有巨大的影响力，文化决定质量，质量是文化的结晶，只有先进的质量文化才有可能生产优秀的产品，才能培养出优秀的人。

高校初建时期，无不受到当时社会文化的影响。高校又对这些文化继承、传播和发扬，因此传统文化是高校文化的根。传统文化在中国历史进程中一直处于核心地位，影响着人们的行为方式和道德规范，如儒家文化中那些优秀的成分，"仁、义、礼、智、信"等思想在我国两千多年的历史进程中，担当着中华民族核心道德的功能，这些核心理念在培育中华民族精神的过程中起到了重要的历史作用。随着历史进程的发展和一代代思想继承人的研究与传承，传统文化体系越来越完善，越来越显示出它的独特魅力。优秀传统文化凝聚着中华民族自强不息的精神追求和历久弥新的精神财富。

优秀的传统文化，是高校质量文化发展的根和魂。高校在经历了漫长的时间考验后依然能永葆青春，最重要的原因在于高校教育用人类所积累、传承下来的具有永恒价值的文化成果来培养人、启迪人的智慧，并进一步传承、创新优秀的传统文化。传统文化在高校质量文化建设中具有不可替代的地位和作用，着眼于传统文化的精华及其历史魅力，着眼于高校质量文化建设对传统文化的需求，我们必须以传承文明的责任感和实事求是的批判精神来研究、探讨传统文化对高校质量文化的贡献。

当世界上其他民族的人民对中国传统文化不断赞美时，我们更应该充分发挥自己的优良文化。霍伊(David Hoy)教授在给《后现代主义辞典》撰写的一段序言里大大肯定了中国文化给世界思想界带来的积极影响。他说，"几乎所有后现代思想家，从尼采、海德格尔，到德里达、福柯、博得里拉、罗蒂、怀特海、科布、格里芬、霍伊和斯普瑞特奈克都对中国和中国文化有一种天然的亲近。"具有如此魅力的传统文化，理应为我们大学质量文化的建设提供良好的土壤和源源不断的营养。

二、传统文化课程的现实思考

(一) 高校传统文化的课程设置

中国传统文化是培育共同的社会主义核心价值观的重要内容和基本路径，具有综合性和长期性的教育特征和重大的现实意义。首先，在教育观念上，应矫正对经典的片面认识，客观、全面评价优秀传统文化在高校教育中的价值与作用。从教育传统来看，传统文化课程教育之于中华文化，并非无本之木，无源之水，而是渊源有自交互作用。

因此，在人文素养课程设置中，应大力倡导和切实提升优秀传统文化教育。其次，在课程建设上，整合教学资源，完善传统文化课程体系，扩大传统文化课程教学的受众面。在大众化的高等教育发展过程中，高校现有的传统文化核心课程体系，教师与教材资源，教学保障条件有待完善。为此，需要进行传统文化课程整体规划，加强核心文本课程建设，拓展传统文化课程教育路径；利用人才和知识资源优势，鼓励优秀教师讲授核心文本课程，举办更多跨学科讲座；完善教学管理体制，制定合理的课程评价标准；加强教师培训，变革教学方式，提高传统文化课程教育成效。

在各模块课程设置中，传统文化与西方人文、现代社会科学、自然科学等各类课程均属限定性选修，且无任何一个模块能完全放置传统文化课程。

为更好地发挥传统文化课程的育人作用，我们应全面认识传统文化课程的价值，改善教学方式方法。在课程定位上，应将传统文化课程教学列为人文素养教育核心课程；在课程设置上，要贯穿"经史相合"的理念，促进大学生对传统文化的理解；在授课方式上，采用阅读、讲授与讨论相结合，提升学生的传统文化素养和领悟能力。广泛开发和有效利用优秀传统文化资源，完善课程教学管理，以培养学生的民族认同和文化认同，凝聚共同的核心价值观。

（二）传统文化课程的建设及启示

目前，高校开设的人文素养课程在课程目标、内容等层面的专指性，使其对传统文化的涵盖带有断面化和潜隐性的特点，借此，以"大学语文"课程来完善传统文化的"点"和"肌肉"，使中华优秀传统文化成为有机鲜活的生命体。在高等学校人才培养的过程中发挥导引和塑形的作用。

大学语文的课程性质，定位于"高校素质教育"范畴，落实在人文素质教育层面。具体内容包括"第一，仁爱精神：体现为中国传统文化中人道、仁爱的以人为本的精神；第二，国家民族意识的培养：现代国家、民族文化和爱国主义是其内涵之一；第三，以道德为标准的主体人格精神：中国儒释道自古重视主体人格精神；第四，中庸为贵的和谐精神：中和即中庸，也就是同和；过犹不及的精神，执两用中的精神；第五，自爱自重自省自悟的自利精神。"按此界定，"大学语文"课程的地位，应与注重吸储知识和训练能力的一般性通识课区别开来，表明综合性的人文素质教育是"大学语文"的独有特质，应在高校人文素质教育课程体系中发挥核心作用。同时，这一界定也与"以弘扬爱国主义精神为核心，以家国情怀教育、社会关爱教育和人格修养教育为重点"，来加强中华优秀传统文化教育的规定性内容相符合。换言之，以传承中华优秀传统文化的标准来定位"大学语文"的教学目标和课程内容，也符合"大学语文"作为母语教育课程的实际属性。

千百年来，传统文化所蕴含的思维方式、价值观念、行为准则，如"讲仁爱、重民本、守诚信、崇正义、尚和合、求大同"等基本精神，一直内在于国人的思想、情感和行动中，成为我们创造新文化、新历史的动力和基础。所以，对于中华民族的语言文字、文化典籍、文学艺术、科技工艺、哲学宗教、伦理规范等丰厚遗产，如何继承和创新使之进一步光大辉煌，应该是我们的立国之基和立人之本。这是一项关乎国家民族发展强大的根本性任务，高校责无旁贷。

基于此，在大学语文课程中渗透和强化中华优秀传统文化教育，就具有了极大的可行性。在大学生已经基本具备独立的分析和思考能力的前提下，以具体的母语文本阅读为主要学习形式，大学生可以通过有关哲学、历史、艺术、文学、宗教、民俗等作品篇章的阅读，来具体形象地感受和认识优秀传统文化。因为作品篇章是传统文化的内容载体，也是形象载体，教师的讲授与学生的自主学习相结合，学生便可以由感性到理性、由"点"及"面"地把握优秀传统文化的厚重与博大，领悟其精髓。

(三) 传统文化课程质量建设培育路径

传统文化中很多思想观念、思维方式、价值取向、道德情操等在高校质量文化的建设中，具有很强的借鉴意义。加强对优秀传统文化的吸收和发展，将高校现代化的气息和厚重的人文底蕴相融合，将科学精神和人文精神相融合，形成现代高校既具有文化特色又有人文积淀的特点。

把优秀传统文化教育融入"大学语文"，在教学理念、知识储备、教学能力和方法等方面对任课教师提出了新要求。作为优秀传统文化教育的主导群体，"大学语文"的师资队伍建设是落实优秀传统文化教育目标的重要环节。任课教师要具备深厚的中华传统文化素养和传播传统文化的自觉意识，这是一个基本前提。在知识结构上，任课教师一要有良好的母语运用能力，听说读写的水平要高；二要有基本的专业背景，在哲学、历史、文学、艺术、宗教、民俗等的某一方向有所长；三要专业基础扎实，学术视野开阔，有去伪存真、去粗取精的理论判断和分析能力。在教学能力和方法上，大学语文教师首先要成为本课程理论与实践的研究者，以研究促教学，会有力地提高教学水平和层次。授课方法应以互动式教学为主，以教材为依托，可以设计文化专题研讨，也可组织经典文本讨论，引导学生联系现实问题进行思考，激发和培养学生自主研读、探究的兴趣与能力。同时，也要借助新媒体技术使教学手段丰富和多元。另外，教师必须改革传统的考试方式，制订以撰写研究论文、读书报告、调研报告等为主要形式的多元化考核原则。

在国际化背景下，一所高校必须在继承传统文化的基础上，融入现代性文化，弘扬传统与倡导创新并举，具有开放意识和全球意识，创新高校文化模式，扎实推进，才能建设深具文化底蕴和人文特色的现代高校质量文化。

[参考文献]

[1] 吴颖珊. 高等教育质量文化建设研究[D]. 浙江：浙江工业大学，2012.

[2] 郝美玲. 质量文化视角下高校内部质量保障体系研究[D]. 黑龙江：黑龙江大学，2008.

[3] 刘德仿. 高校质量文化及其意义[J]. 盐城工学院学报，2009，(9):42.

[4] 肖谦. 多视野下的大学文化[M]. 成都：西南交通大学出版社，2009.

[5] 申作青. 当代大学文化论——基于组织文化子系统视野的认知与探索[M]. 杭州：浙江大学出版社，2006.

[6] 教育部. 完善中华优秀传统文化教育指导纲要(教社科〔2014〕3 号)[N]. 中国教育报, 2014-04-02(3).

[7] 张福贵. 大学语文教育的学科定位与功能特性[J]. 中国大学教学, 2014(1):48.

[8] 查勒斯·G. 库博. 从质量到卓越经营：一种管理的系统方法[M]. 北京：中国标准出版社, 2003：180.

[9] 冈尼拉·达尔伯格, 等. 超越早期教育保育质量——后现代视角[M]. 上海：华东师范大学出版社, 2006：3.

成果十三　高职院校学前教育专业《幼儿园语言教育活动设计与指导》开放式课堂教学模式探究

汪淑霞

(本文拟发表在《德州学院学报》2019 年第 6 期)

[摘要]在传统教学过程中，大部分教师采用理论灌输式教学模式，学生被动接受理论知识，教师处于中心地位，学生处于被动式学习地位，课堂缺乏互动交流，师生缺乏情感沟通，所以课堂教学效果差强人意。基于此，本文简要分析在高职院校学前教育专业中如何构建《幼儿园语言教育活动设计与指导》开放式课堂教学模式，并提出具体的课堂教学策略。

[关键词]高职院校　学前教育专业　幼儿园语言教育活动设计与指导　开放式　教学模式

[作者简介]汪淑霞(1980.9—)女，山东临清人，淄博职业学院教师，硕士，主要从事大学语文教学、学前教育专业语言教法教学与职业教育研究。

高职院校是培养技术型人才的重要场所，当前我国教育事业不断发展创新，高职院校的招生规模也在逐步扩大。由于受到理念束缚，大部分教师只是选用教材进行理论灌输，难以提高学生学习兴趣，知识面也较为狭窄，不利于拓展学生的想象力与求异思维。《幼儿园语言教育活动设计与指导》的教学目标是发挥学生的想象力与创造力，设计出多元化的、适合各年龄段幼儿的语言教育活动，有助于下一代教育工作有效拓展延伸。基于此，高职院校学前教育专业构建开放式课堂教学模式，紧密结合时代发展需求以及学生的认知规律，创设多元化教学目标，真正将课堂主动权交还给学生，提高课堂教学质量。

一、突出学生主体地位，构建开放教学目标

由于学生刚步入大学，此时教师应当关注学生的身心发展状态，通过适当方式激发学

生的自信心与自尊心，使学生能够树立乐观自信的性格，同时要重视情感教育，根据学生的实际情况，不仅要做到关注学生学习情况，也应当关注学生的生活情况，使学生感受到教师与集体的温暖。

在高职院校学前教育专业《幼儿园语言教育活动设计与指导》教学过程中，教师首先要明确以学生为中心的课堂教学目标，扭转传统落后的教学观念，逐步培养学生的综合素养。在教学过程中，教师要结合学前教育的发展特点，提高自身的专业技能与自身素质，有效融入创新精神与多元化教学观念。通过自身的言行举止给学生树立良好的榜样，紧密结合时代发展需求以及国家的政策变化，积极有效地学习先进教学理论，扭转传统落后的教学观念加强师生互动交流，提高学生的学习兴趣，进一步活跃课堂氛围，提高开放式课堂教学效率，真正做到以学生为主体发挥学生的想象力与创造力。

二、科学合理、因材施教，培养学生创新能力

由于高职院校的生源素质相对于本科院校而言较为薄弱，学习水平参差不齐，加之部分学生并未正确认识学前教育的重要性，而且缺乏从事教育工作的具体经验，所以在教学过程中，教师应当充分重视因材施教，根据学生的学习情况以及兴趣爱好、身心发展情况予以针对化教学，从而提高学生课堂参与的积极性。例如：根据部分学生理论基础知识较为薄弱，教师在教授《幼儿园语言教育活动设计与指导》这门课程时，应当选择教材中具有实用性的部分，结合学前教育专业人才培养规格与要求，创新教学方法。由于《幼儿园语言教育活动设计与指导》课程的实践教学目标主要是培养学生的活动设计技能与教育技能、沟通与科研技能等这几个方面，所以教师应当着重培养学生的职业技能迁移能力，通过开展系统化练习使学生逐步提高自身综合素养与学习水平，使其在毕业时能够满足一线教育教学的实践需求。例如：教师可以应用慕课等进一步开拓课堂教学方法，引导学生在课前与课后应用慕课等进行自主学习、上传视频，教师及时给予指导和反馈，提高课堂教学效率，使学生将理论知识与实践经验有效结合，进一步强化学生的理论认知，教师可以将课堂主动权交还给学生，鼓励学生大胆发表自己的想法和意见，再结合慕课中的专题"幼儿上课注意力不集中"进行小组讨论，鼓励学生发表自己的想法与意见，然后以小组的形式进行互动交流与探讨、点评，有助于提高学生的分辨能力、创新能力与解决问题的能力。

三、整合教育教学资源，采用开放教学手段

《幼儿园语言教育活动设计与指导》是一门理论与实践相结合的课程，教学时空不仅局限于学校与教室，还可以走向生活、走向幼儿园。但是由于受到各种条件的限制，难以进行课外化教学，所以教师可以引导学生应用多媒体技术进行生活案例探究，在此过程中教师可根据学生的思想情况以及具体的学习情况，有效结合教材内容以及当前幼儿园教育

发展趋势，有针对性地渗透生活化教育目标，加强《幼儿园语言教育活动设计与指导》课程与生活知识的有效结合。

例如：教师可以应用多媒体展示视频案例"几名小朋友在教师的引导下，共同搭建积木，在建立友谊的过程中，有一位小朋友因为玩具而与人发生争吵。"然后教师引导学生探究"同学们，这是日常生活中极为常见的案例，你们认为应当如何解决呢？"然后鼓励学生根据视频内容，以小组的形式探讨交流，使学生增强对案例内容的有效理解，从而帮助幼儿构建友谊，解决幼儿争吵的问题以及具体的解决策略，使学生逐步认识到教师在幼儿人际交往过程中所起的重要引导作用，逐步掌握教学内容与方法。例如：在课堂导入过程中部分教师的新课导入过于直白，会使学生觉得枯燥乏味，也难以吸引学生的注意力，影响互动教学效果，所以教师可以应用微课结合新课的主题内容设置生动且风趣幽默的视频动画，调动学生学习的主观能动性，通过微课提出问题，激发学生的探索欲与好奇心，使学生能够集中注意力，提高学习热情。

在《幼儿园语言教育活动设计与指导》课程的教学中，教师应当科学合理地选择教学案例，引导学生进行案例分析与探讨交流。教师可以选用驱动教学法布置具体任务，学生可根据自身的思维观点自主完成任务，通过实践探究验证思想与方法是否正确。例如，以《幼儿园语言教育活动设计与指导》课程为例，该课程包含谈话活动与讲述活动、听说游戏、文字活动与早间阅读活动等，科学的教学案例有助于提高学生参与的积极性，学生也能够认真研读手中其他同学的活动方案，并且写出自己的建议和评语，在此基础上教师再予以总结和引导，从而提高学生的思维认知水平，真正将课堂主动权交还给学生，实现翻转课堂教学。

四、组建专业教师队伍，重视开放实践教学

《幼儿园语言教育活动设计与指导》课程师资队伍要具有现代化教育观念与创新精神，具有较强的教学能力，熟悉幼儿园的具体教学工作，具有较强的指导能力，乐于教书育人。要积极有效的开展教研与科研活动，通过带领教师进行幼儿教育教改与科研探究，反思当前幼儿教育教学中存在的消极行为，以便提高教师从事幼儿教育教研的主动性与积极性，加强新教师与骨干教师的师徒结对。同时高职院校应当利用资源优势，将《幼儿园语言教育活动设计与指导》课程教师在教学前安排到幼儿园带班一年或者是一学期，并且每周有固定的时间去幼儿园，这有助于教师更加了解幼儿园教育，以便更好地提高学生的实践操作能力。通过强化自身的专业技能，有助于提高实践教学水平，组建高水平的双师型师资队伍。也可以聘请有工作经验的幼儿园教师，担任高职院校的兼职教师，加强实训指导与专职教师共同探究，组建专兼结合的师资团队。

五、创新专业评价方法,加强理论实践结合

在《幼儿园语言教育活动设计与指导》课堂教学中,教师应当秉持"理论与实践并重"的教学原则,在教学过程中以问题为导向,鼓励学生模拟教学体验,教师以理论讲解为辅,加强教学内容的有效衔接和整合;鼓励学生到讲台上进行核心理论讲解,或者是观摩分析交流、设计模拟实训体验,课后反思探讨,加强各环节的有效衔接,形成理论知识与实践技能的转化环节,学生通过在不同环节亲自操作与体验,能够获取丰富的理论与思想认知,切实为日后的教学实践打下坚实基础。由此可以看出,要加强实践课程设置,可以在传统的理论教学过程中采用录像观摩与案例分析、小组研讨与展示等,让实践教育思想扎根于理论教学中。同时应当确保实践教学有具体的考核标准,将实践教学当作考核中的重点内容,有助于提高师生对于实践学习的重视程度,通常实践教学考核应当占本课程考核的50%,而理论考试则主要考查学生对核心知识点的掌握与理解情况。通过理论与实践考核的有效衔接,使学生能够综合发展,切实加强对理论知识的内化以及向实践能力的转化。

综上所述,通过设置开放式教学模式,有助于提高学生的课堂参与积极性,拓展学生的求异思维,充分发挥学生的课堂主体地位,加强师生之间的互动交流,从而切实提高学生的学习能力与应用能力。

[参考文献]

[1] 宋川. 河北省高职学前教育专业课程设置原则探讨[J]. 教育与职业. 2017(35).

[2] 蒋继玲. 高职学前教育专业幼儿园教育活动设计与指导课程设置适应性问题探析[J]. 广西教育. 2016(30).

[3] 李英. 高职高专学前教育专业课程设置的问题与对策——以四川省为例[J]. 黑河学刊. 2015(02).

成果十四 《考工记》之"质量意识""技术标准"发微

王书敬

[摘要]齐文化作为中华传统文化的源头之一和重要组成部分,具有重商、重实、进取、霸强等鲜明的区域标志和浓郁的时代特色,尤其是齐国的手工业生产与工艺技术代表着当时技术发展的最高水平。《考工记》作为先秦古籍中一部重要的科技著作,其对质量的高度重视、对技术标准的精益求精以及对生产流程的管理与监督等,使齐国"工盖天下,器盖天下",且对时下的"大国工匠"精神的塑造以及质量品牌的提升足资借鉴。

[关键词]《考工记》 百工之事 工正 工师 工巧

齐文化是中国古代较早产生的独具特色的重要地域文化，是中华民族传统文化的重要组成部分。春秋战国时期，齐国以工商业、手工业立国，同时也是中国职业教育的起源地。"桓管"时期实行"四民分业定居"，手工业队伍庞大而稳定，手工业技术得到空前的发展与提高。该时期的冶铜、冶铁、防治、制陶及漆器等方面的工艺都达到了极高的水平，特别是作为百工"工正"的田完(陈完)，极大地推动了齐国手工业发展及工艺技术的提高，使得齐国"工盖天下，器盖天下"，手工业典籍《考工记》则代表当时技术发展的最高水平。齐国对质量的高度重视、技术标准的精益求精、质量品牌的创造推广、质量问题的责任追究等内容，对当今高职院校质量文化建设乃至"大国工匠"精神的引领塑造，颇具启发与借鉴意义。

一、注重人才队伍储备，是质量提升的前提与基础

齐国素有重视手工业的传统，手工业生产在国民经济中一直占居重要的地位。管仲任相后，在齐桓公的大力支持下，对工商业、手工业进行了大刀阔斧的改革，其中的"叁其国而伍其鄙"(《国语·齐语》)以及士、农、工、商"四民分业定居"政策，尤其是"工之子恒为工"，使手工业有了稳定的、不断递增的人才队伍来源。据《国语·齐语》记载："士农工商四民者，国之石民也，不可使杂处。""昔圣王之处士也，使就闲燕，处工就官府，处商就市井，处农就田野"。手工业人口充裕，技术人才的输送源源不断，产品质量必然会得以提升。

当下"人口红利"的优势渐趋式微，劳动力成本不断上升，高素质、技能熟练的工人愈发奇缺。学校，尤其是高等职业院校是劳动力再生产的重要场所，担负着将可能的、潜在的劳动力转化为现实劳动力的任务。但不可否认，当前高等职业院校人才培养存在"学非所用""学不能用"的现象，学生就业质量、专业对口率偏低。同时企业却招不到高素质的技能型人才，甚至连一般生产流水线上的操作工人也短缺。现代社会不可能照搬"工之子恒为工"，但没有足够数量的产业工人，没有稳定的人才队伍，待遇长期偏低缺少吸引力，工业的转型升级、技术改造、质量的提升就成了空中楼阁。如何从变革教育结构入手，加大职业教育投入，改善工业环境和待遇，改变传统社会对工业、手工业、服务业的偏见和轻视，向社会源源不断地输送高素质、技能型、技术型人才，我们的确可以从悠久厚重的齐文化，特别是工商业、手工业文化中汲取有益的营养。

二、国家政策扶持与从业者的职业认同感是质量意识确立的关键与动因

古代，农业是国民经济的根本和命脉。依靠农业方能立国，依靠商业积累财富，可以实现富国。而要实现强国，则必须依靠工业、手工业。桓管时期，齐国之所以"工盖天下""器盖天下""冠带衣履天下"，与其发达的工业(冶铁、铸造)，手工业制作密不可分。《管

子》中有如下记载，足见齐国对工业、手工制造业的扶持与重视：

"是以欲正天下，财不盖天下，不能正天下；财盖天下，而工不盖天下，不能正天下；工盖天下，而器不盖天下，不能正天下；器盖天下，而士不盖天下，不能正天下；士盖天下，而教不盖天下，不能正天下；教盖天下，而习不盖天下，不能正天下；习盖天下，而不遍知天下，不能正天下；遍知天下，而不明于机数，不能正天下；故明于机数者，用兵之势也。"（《管子·七法》）

三、严格、缜密的技术标准催生"良工""良器"

齐国的手工业种类繁多，号称"百工之事"，对于冶铁、制陶、纺织、酿造、制车、造船、漆器等行业，都有严格的质量标准要求。尤其是对各种器物的制造、尺寸大小、质量检验、生产管理和专业分工等都作了详细的规定，有着详尽、细致的质量规格要求且展现出了极高的制作水准。

（一）关于手工技术标准要求

《考工记》是对齐国手工业技术经验的科学总结，可谓洋洋大观，其中对手工业生产技术、产品质量和尺寸大小等都有严格、具体的。下面以车工为例来向大家说明：

"车有六等之数：车轸四尺、谓之一等；戈秘六尺有六寸，即建而迤，崇于轸四尺，谓之二等；人长八尺，崇于戈四尺，谓之三等；殳长寻有四尺，崇于人四尺，谓之四等；车戟常，崇于殳四尺，谓之五等；酋矛常有四尺，崇於戟四尺，谓之六等之数。"（《考工记》）

该段文字非常精当地记载了车轸、戈秘、人、殳、车戟和酋矛等六者的高度及其之间的差数，说明了三个要点：一是观察车的质量，即看榫卯结构是否严密紧固。二看车轮之圆是否"中规"而"微至"：车轮圆，着地均匀，易于转动，走起路来省力轻捷。反之，拉起车来费力迟缓。三要看高低是否合适：轮高，则人上车困难；轮过低，则辕驾不便。这是对车的总的质量与规格要求。对于车的各个部件的技术与质量标准及尺寸的大小，《考工记》亦有更进一步的详细论述。同车工一样，《考工记》中对其他手工行业的工种、部件、质量标准等都有一套完整、详细的规定。这种对手工业生产技术和产品质量的高标准、严要求，促进了齐国手工业蓬勃发展的局面。

（二）关于工艺技术标准的要求

以《考工记》为代表的齐国工艺典籍对一些具体的制作工艺做了大量的记述，比如由灰湅到水湅的湅丝过程，所谓"三入为纁(深红色)，五入为緅(浅黑色)，七入为缁(深黑色)"（《考工记·钟氏》）。随着冶金生产的进一步发展，出现了人工控制铜锡铅配比的高新技术，《考工记》称之为"金有六齐"，不同的配比所造出的器物光泽不同，质地、音色也各异。除"六齐律"外,在冶炼熔铸过程中,对火候的辨认与掌握,也有精当的记述,如要求对矿石要反复熔炼,直到纯净得没有杂质为止。由于古代没有仪器精确测量温度,所以只能凭经验,看火候、看气体的变化。"凡铸金之状,金与锡,黑浊之气竭,黄白次之;黄白之气竭,青白次之;青白之气竭,青气次之"(《考工记·攻金之工》),到这种程度,"然后可铸也"。意即,在铜锡合金冶炼过程中,刚开始时由于杂质多,故有黑浊气体,随着温度的升高,先后产生黄白、青白等气体,至青气出现,方算达到"炉火纯青"的程度,这时就可以开炉浇铸了。

(三)对工艺美学的要求

工艺美学代表手工艺品的最高质量标准。《考工记》通篇都体现着审美因素与精美愉悦的原则,追求器物的"和合"为美,处处体现出工艺美学思想。《考工记》认为天时的变化对工艺品的质量有至关重要的影响,"天时"与"地气"是促成"材美""工巧"的两个客观因素。制作器物时,必须按照其特点和要求选择最佳的时节动工,这样做出的器物才可能是精良之作。而所谓的"地气",用现代科学分析,是指地理、地质、生态环境等多种客观因素。地理环境不同,会影响到动植物的变异乃至生存;矿物质成分的差异,水中微量元素的差别,都会造成金属制品的组织和热处理效果,这也正是能制成精良的郑之刀、宋之斤、吴粤之剑的原因。可以说《考工记》总结的"材美""工巧"等合乎规律的工艺美学制作要求,也是现代工艺设计中必须遵循的一个重要原则。

四、完善的生产经营、管理和监督制度,是产品质量一流、卓越的有效保障

《管子》《考工记》等典籍对手工业各工种、部件的技术质量的规定都很细致、科学,为了保证这些规定的实施,制造出优良的产品,齐国专门设立"工师"以监督制造,对生产者具体进行管理。"工师"具有很高的社会地位,以其丰富的经验和精湛的技能,指导工匠生产,监督产品质量。这里的"工师"类似于现代制造业中的技术监督员,是杜绝残次品的第一道屏障。可以说,齐国"工师"的设置,使手工业产品从数量、质量乃至效率都有了可靠的保障。

此外,手工产品的完成,往往非一人一次完成,而是靠生产组织内部的细致分工,通力配合,共同完成。据《考工记》记载,象车、铜器、兵器、陶器、纺织品等的制作,都需要多人、多道工序才能完成,即所谓"一器而百工聚焉"。单是车的制作,就需要轮人、舆人、辀人等分工协作。没有严格的管理制度,缺少有效的协作配合,是很难完成器物制作的。另考古学家在齐地考古时发现,有一些器具、手工艺品上刻有产地、时间乃至制作者的姓名等,据考古专家推测,很可能是为便于质量的倒查与追究。正因为有了严密的分工协作和严格的质量监督,才使齐国的手工艺品的质量达到了前所未有的高度。

成果十五 齐文化与特色质量管理建设研究

姜淑红

齐文化是中华优秀传统文化的重要组成部分，是中国古代较早产生的独具特色的重要地域文化之一，对华夏文明的形成和发展具有深远的影响。齐国历史前后长达八百年，雄冠春秋五霸之首，位列战国七雄之尊，军事强大，经济繁荣，工商业发达。齐国之所以取得如此成就，与齐文化中的人本思想、诚信思想、卓越理念和质量意识密不可分。这些宝贵的精神遗产，穿越时空，至今仍闪耀着光芒，对于高等职业院校建设优质的质量文化，优化质量管理，推进质量管理建设具有重要的时代价值。

一、齐文化的人本思想与质量文化建设

高校质量文化是"高等学校在长期教育教学过程中，自觉形成的涉及质量空间的价值观念、规章制度、道德规范、环境意识及传统习惯等'软件'的总和"。高校质量文化建设，可以有效激发学校全体成员的积极性和创新性，凝聚和统一人才的向心力，从而创造一流优质特色院校。

齐文化中有以人为本和尊重人才的优良传统，这对于我们建设质量文化，有积极的借鉴意义。从姜太公的"天下非一人之天下，乃天下人之天下"，到管仲"齐国百姓，公之本也"；从姜太公"尊贤尚功"到齐威王"人才是宝"。齐国的历代统治者无不贯彻高度重视人和人的价值之理念。从而凝聚全国上下百姓，凝聚各国人才，为我所用，创下了一个又一个奇迹。齐文化中的人本思想，不仅体现在以人为本和爱民上，而且表现在选人、用人，激励人才，最大程度发挥人才的作用和价值上，体现了齐文化人本思想的智慧性。

比如《管子》中就有系列的激励创新人才发展的政策。《管子》首先肯定人性中有好利的一面，"民，利之则来，害之则去。民之从利也，如水之走下，于四方无择也。故欲来民者，先起其利，虽不召而民自至。"《管子》中这段话的意思是，"趋利"是人的本性之一，如水由高处向低处流一样自然，无须遮掩。问题是，如何利用人的"趋利"本性，起到激励人、导引人的作用？《管子》据此指出，"得人之道，莫如利之。利之之道，莫如教之以政"。意思是得到人才的方法，最好是给以利益；给以利益的方法，最好是根据实际政绩来判定。也就是根据个人的才能以及其所取得的实际工作成效，判断一个人工作能力，据此制定奖惩措施。总之，齐文化中以人为本，尊重人才，激励人才的政策，为学校的质量文化建设提供了精神滋养，有很强的现实借鉴意义。具体有以下三点。

(1) 创新人才激励机制，能上能下，形成灵活的用人机制。由于体制机制等原因，现代人才管理模式存在一些弊端，不能有效的流动、使用和发挥作用，因此，要借鉴管子激励人才的政策，建立更为灵活的人才管理体制，能上能下，才能调动创新人才的积极性，

发挥他们的主动性,在自己的本职岗位上做出更大的贡献。

(2) 重视人才培养,提高人才素质。齐文化尊重人才,很大程度上体现在尊重人才成长规律,优化人才成长、发展环境上。因此,要想培养人才,提高人才的素质,就要着力优化制度体系和学校氛围、生态环境,优化人才成长和发展环境。山东省原省委书记刘家义在《山东省全面展开新旧动能转换重大工程动员大会上的讲话》中指出,"既要招得来'女婿',更要留得住儿子","'输血'与'造血'并重","'女婿'与'儿子'同心"。"女婿",是指从校外引进的高端人才;而"儿子",则是校内培养的人才。学校内土生土长的人才,根植于学校,对学校制度、学校文化以及学校的发展,有较为深层次的感知和认识,有更强的关注度,有更强烈的与学校同呼吸、共命运的要求。如何留住校内人才,充分调动人才的积极性,显得尤为迫切。因此,学校要建设良好的质量文化,需要重视人才培养,建立人才培养长效机制,不断提高人才素质。只有这样,才有利于形成尊重人才,激励人才的良好风气和氛围,为学校的发展壮大提供源源不断的新生力量。

(3) 强调团队精神,讲求团队成员之间的通力合作。齐国能从小国发展成为大国,从弱国成长为强国,其中的一个秘诀就是能调动每个岗位上人才的积极性,并且能形成一股合力,而不互相牵制和掣肘。齐桓公拜管仲为相后,二人品评百官。管仲说:"升降揖让,进退闲习,辨辞之刚柔,臣不如隰朋,请立为大行。垦草入邑,辟土聚粟多众,尽地之利,臣不如宁戚,请立为大司田。平原广牧,车不结辙,士不旋踵,鼓之而三军之士视死如归,臣不如王子城父,请立为大司马。决狱折中,不杀不辜,不诬无罪,臣不如宾胥无,请立为大司理。犯君颜色,进谏必忠,不辟死亡,不挠富贵,臣不如东郭牙,请立以为大谏之官。此五子者,夷吾一不如;然而以易夷吾,夷吾不为也。君若欲治国强兵,则五子者存矣;若欲霸王,夷吾在此。"战国·楚·屈原《卜居》中说,"尺有所短,寸有所长。"一个好的管理者,在用人时,要用其长处,调动每个人的积极性,并凝聚团队成员的力量。

二、齐文化的诚信思想与品牌文化建设

品牌是学校的质量形象,是学校特色质量文化的外部体现,是学校在社会上立于不败之地的核心竞争力之一所在。品牌与特色质量文化相辅相成,品牌一方面代表优质文化的效果;另一方面品牌离不开优质文化的支撑。品牌的铸就来源于对品牌的敬畏,来源于对诚信形象的塑造。"诚信"最早出现在《管子》一书中,"先王贵诚信,天下之结也"。《管子》从管理国家的高度提出诚信,坚持诚信,才能整合人心,让天下人团结一致,才能真正强大国家。齐文化的诚信思想内涵丰富,特点鲜明。既有双向诚信,同时强调官员表率、榜样在诚信塑造中的作用;既有道德诚信,又讲求理性诚信;既有内在修养,又有外在制约和规范。

(1) 他指出了政治诚信的重要作用,国君、官员是全社会守信风气的引导者、表率者,首先要做到诚实守信,修身养性,担当为民。《管子》指出,"始于为身,中于为国,成于

为天下。"所谓"为身",是"道血气,以求长年、长心、长德","治身"就是疏导血气,求得生命延长,同时修身养性、积德养善。所谓"为国",是"远举贤人,慈爱百姓,外存亡国,继绝世,起诸孤,薄税敛,轻刑罚"。"治国"就是要充分举用贤人并慈爱百姓,对外保全灭亡之国,接续断绝了的世家,起用死于王事的子孙,薄收税敛,减轻刑罚。所谓"为天下","法行而不苛,刑廉而不赦,有司宽而不凌;菀浊困滞皆法度不亡,往行不来而民游世矣"。"治理天下",要法令推行而不苛刻,刑罚精简而不妄赦罪人,官吏宽厚而不迟慢拖拉,屈辱困境之人受到法律保护,往者来者都无所约束而人民自然和乐。

(2) 对于社会关系来说,诚信应当是双向诚信,臣、父子、兄弟、夫妻,都要各尽职责,各守本分,加强互信。而实现互信的前提是"君""父""兄""夫"的表率作用。"为人君者,中正而无私。为人臣者,忠信而不党",意思是,身为君主,处理政事应当做到公正不偏私,与之相应,臣下才能做到忠实守信。父子、兄弟、夫妻等社会关系也是如此,"为人父者慈惠以教,为人子者孝悌以肃;为人兄者宽裕以诲,为人弟者比顺以敬;为人夫者敦懞以固,为人妻者劝勉以贞。"《管子》对上与下、父与子、兄与弟、夫与子的责任都作出了规定。可见,《管子》的诚信不是针对某个个体孤立的人格要求,而是要求全体成员各守职分,希图为诚信文化创设良好的整体氛围和环境,如此,诚信的实现就成了自然过程。

(3) 从经济活动来看,《管子》指出,诚信是各行各业必须遵守的行为规范。据《管子·乘马》记载,"是故非诚贾不得食于贾,非诚工不得食于工,非诚农不得食于农,非信士不得立于朝。"这里对于诚信的规定是异常严格的,破坏诚信、违反诚信的成本和代价之高,令人瞠目结舌。如果商人有违反诚信的行为,终身不得从事商业;如果手工业者不讲诚信,将被强制离开本行业;如果农民有害诚信,将被排除出农民的序列;如果士人不讲诚信,更是不可能在朝为官,也不得从事政治。总之,诚信不仅是个人品质和个人道德,更是个人立足社会的基本底线,如有违背,将会遭到唾弃,万劫不复。

(4) 就外交关系来看,《管子》认为,诚信是取信于诸侯,成就霸业的重要途径之一。据《匡君·小匡》记载,"钧之以爱,致之以利,结之以信,示之以武。是故天下小国诸侯,既服桓公,莫之敢倍而归之。喜其爱而贪其利,信其仁而畏其武。"用信义来结交诸侯,配合以仁爱帮扶和武力威慑,是《管子》称霸诸侯,实现王道的路径。在实践中,桓管君臣也是这样做的,"桓公实北征山戎,而管仲因而令燕修召公之政"山戎攻打燕国,齐桓公率军攻打山戎,助燕击退山戎军,燕王感激,亲自送齐桓公归国,不知不觉走入了齐国境内,《周礼》规定诸侯相送不出国境,齐桓公在管仲的劝说下,慷慨将燕王入境之地送给燕国,成全了燕王之礼,赢得了天下诸侯的信任,诸侯国心悦诚服地服从盟约,拥护齐桓公为春秋霸主。

齐国上下以诚为本,诚实守信的人受到尊重,反之则遭受谴责和鄙夷。由此形成了重视诚信、遵守诚信道德规范的风气,诚信成为齐国人发自内心和无意识的自觉行动,在各个领域,如绘画、音乐、舞蹈、陶瓷、服饰、建筑、青铜等方面取得了突出成就,造就了浩如烟海、誉满天下的系列精品。同理，只有树立品牌意识，事事以高目标、高标准要求自身，才能争创学校确立的"国内一流、国际水准"的建设目标。

三、齐文化的卓越理念与工匠精神培育

　　齐国从立国之始的方百里之地发展到方千里、方两千里的泱泱大国，离不开齐国历代统治者追求卓越的品质，离不开历代齐人为之坚韧不拔的努力。管仲在齐桓公的支持下，在政治、经济、社会、科技、教育等各个领域进行了大刀阔斧的改革，改革从始至终，无不贯彻和体现着"卓越意识"。《管子·七法》写道："是以欲正天下，财不盖天下，不能正天下；财盖天下，而工不盖天下，不能正天下；工盖天下，而器不盖天下，不能正天下；器盖天下，而士不盖天下，不能正天下；士盖天下，而教不盖天下，不能正天下；教盖天下，而习不盖天下，不能正天下；习盖天下，而不遍知天下，不能正天下；遍知天下，而不明于机数，不能正天下。""盖天下"的气魄，正是源于追求卓越的理念。

　　有了卓越的理念和价值追求，随之而来的便是为实现卓越而心怀敬畏、踏实敬业、坚持不懈的态度和追求。《管子·内业》写道，"能守一而弃万苛，见利不诱，见害不惧。"意思是做事要想成功，就要做到坚持努力，专心一意，心无旁骛，排除杂念。遇到利益而能不受诱惑，遭遇祸患而能无所畏惧、保持平和。《管子·势》："成功之道，赢缩为宝，事若未成，无改其形，毋失其始。"埋下头来，不被外物干扰，专注于自己从事的事业，坚持不懈，为事而奋斗，不改初衷，成功便是顺其自然的事情。把"工匠精神"培育融入学校质量文化建设，把精益求精、爱岗敬业、持续专注、守正创新作为学校质量精神的内涵，质量管理和质量建设便水到渠成、瓜熟蒂落。

四、齐文化的质量管理意识与发展品质提升

　　齐国历代统治者都非常重视产品质量，姜太公立国之初就提出了"劝女工，极技巧"，使得齐国"冠带衣履天下"。管仲时期，提倡"求天下之精材，论百工之锐器"，要聚集天下最为精致的材料，考究工匠制作的器械是否锐利。在实践中，对技术和产品质量都有严格的要求和明确的规定。为了保证规定的实施，制造出优良的产品，专门设立"工师"以监督制造，对生产者进行具体的管理。更值得一提的是，《考工记》不仅重视质量管理和监督，而且进一步提出了制造精工产品的四大要素，即"天时""地利""美材""工巧"，形成了有关质量保障的系列理论体系。

　　传承和发扬齐文化的质量意识，对于提高学校质量管理水平有重要意义。质量第一是全面质量管理的重要理念之一，管理者要有强烈的质量意识，根据需求，科学地确定质量目标，在此基础上安排人力、物力和财力，保证任何一件产品都符合市场、符合用户所要求的质量水平。作为高校，我们培养的学生就是我们的产品，学生走向社会，代表着学校的培养水平。学校重视人才培养质量，需要领导干部、需要每一名教师牢固树立

人才培养质量是办学的生命线理念，唯有这样才能真正提升学校质量管理水平，提升学校形象。

成果十六　高职院校诊改工作阻力分析与消解策略

李联卫

[摘要]高职院校诊改工作是具有开创性的系统工程，其实质是强化高职院校内部质量管理，是一场管理模式的变革。在诊改工作实施过程中，师生员工可能会产生心理上的失衡和行为上的抵制，形成各种阻力，这是正常现象。不过高职院校必须高度重视各种阻力的影响，分析原因、采取措施，增强动力、克服或减少阻力，以顺利推进诊改工作。

[关键词]诊改工作　组织变革　阻力　消解策略

职业院校教学工作诊断与改进制度建设工作(以下简称"诊改工作")开展两年多来，从 27 所高职院校试点引领，到众多高职院校的主动参与、积极行动，越来越多的高职院校正在逐步转变观念，从注重外部评价向构建内部自主保证质量制度转变，使诊改工作稳步推进。2018 年 6 月，教育部职业教育与成人教育司副司长谢俐进一步强调诊改工作的重要地位："要全面深化职业院校教学工作诊断与改进制度建设，提升职业院校质量治理能力和水平，这是一项基础性工作。"同时，诊改工作在推进的过程也遇到不小的阻力，很多高职院校诊改工作进展缓慢甚至还未实质启动。对高职院校诊改工作的阻力进行深入分析并实施消解策略具有重要的现实意义。

一、诊改工作的主要阻力

(一) 误解诊改工作的观望与抵制

有的高职院校出于完成上级行政部门部署的工作的目的开展诊改工作，表现为诊改工作的"运动化""项目化"。有的高职院校没有结合学校实际进行深入系统的研究，将诊改工作视为变相的评估。学校管理者对诊改工作的误解与消极应对，会逐级放大到师生层面，导致对诊改工作的漠视和应付。

(二) 曲解诊改工作的无序与盲动

有的高职院校没有从本校实际情况出发，局部性地开展诊改工作，导致诊改工作推进无序、进展缓慢。有的高职院校将通过复核作为诊改工作的终极目标，急于部署工作，使很多教职工在对诊改工作缺乏正确认识的情况下，陡然增加了大量不甚明了的工作，导致诊改工作流于形式、无法取得实效。

(三) 失去既得利益的消极与排斥

高职院校正在从注重外延到注重内涵、从行政管理转向内部治理。诊改工作正是在此背景下对高职教育管理模式的反思与改革，这意味着学校发展价值观的转变和管理重心的调整，在推进过程中需要调整组织机构和职责权限，可能会侵犯某些职能部门的管辖权限和既得利益，导致这些部门的消极应对或者强烈排斥。

(四) 依赖思维惯性的惰性与不作为

诊改工作意味着在部门职责和岗位职责中增加了自主保证质量的职责，但是高职院校相对封闭、超稳定状态下的工作方式和职业习惯，使教职工形成了一定的思维惯性与行为定式，可能会将诊改工作视为额外的压力与负担，同时由于需要改变思维模式，可能会对诊改工作拖延、不作为，或者产生恐慌、抗拒情绪。

依据高职院校诊改工作推进动力和实施阻力的相互关系，可以辨别诊改工作的实施状态，详见图7-5。

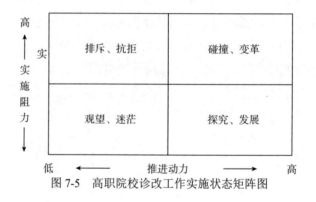

图7-5　高职院校诊改工作实施状态矩阵图

二、诊改工作出现阻力的原因分析

(一) 客观因素

1. 国家层面激励政策不足

诊改工作是基于职业教育深化体制改革和"管办评"分离的要求，由教育部职业教育与成人教育司发起并推动的一场变革。但目前对于大多数高职院校来说，诊改工作只是陡增了大量创新性的、艰巨复杂的工作，缺乏国家层面明确的激励保障政策。同时，在试点院校尚未取得典型成功经验的情况下全面推开，导致很多高职院校没有做好充分准备，只能被动地根据上级的行政命令开展诊改工作。

2. 试点院校示范作用不够

国家层面的总体设计是推动 27 所高职院校对诊改工作先行先试，树立工作示范和完善指导方案。但截至 2018 年 8 月，尚有 11 所试点高职院校的诊改工作实施方案未在全国职业教育诊改网发布。原计划的试点院校诊改工作抽样复核工作也延期进行。同时，诊改试点院校基本是依据本校实际开展诊改工作，而各高职院校发展状态千差万别，因此其经验的可复制性不高，示范作用并不明显。

3. 高职院校组织文化薄弱

诊改工作是旨在建设自主保证质量长效机制的系统工程，短期内不可能取得显著成效。同时诊改工作的复杂性会在实施过程中产生偏差，需要高职院校以其良好的组织文化作为实施保障、及时纠错、激发动力。由于长期实行计划经济办学，致使很多高职院校缺乏内在发展动力，忽视内部组织文化建设。落后的组织文化会束缚组织前进的脚步，成为阻碍组织变革的力量。

(二) 主观因素

1. 领导者缺乏主动意识

高职院校诊改工作是具有开创性的系统工程，需要改变传统的管理与运行模式、改变习以为常的工作方式，这需要学校领导者具备敢于直面问题、勇于自我革新的决心和勇气。有的领导者抱残守缺、墨守成规，缺乏主动发展的长远眼光和魄力，认为即使不实施诊改，学校照样可以发展，其实质是对自我的放任与责任感的缺失。有的领导者存在刻板印象，缺乏对师生员工自主保证质量的信心，认为传统的管理模式最有效，只有通过外部监管和绩效考核，才能保证工作质量。有的领导者甚至担心，诊改工作带来的管理过程透明化会影响个人权威和既得利益，从而缺乏开展诊改工作的积极性。诊改工作缺乏领导者的主动发起和全方位参与，是诊改工作顺利实施的最大阻力。

管理层缺乏高瞻远瞩的发展思路和战略决策，诊改工作自然无法顺利启动并取得实质进展。

2. 管理者存在认识上的偏差

由于学校管理者在信息来源、权威主义倾向、个体需求、个人理解力等方面存在差异，导致对诊改工作理解与把握程度不同，导致对诊改工作的认识上的偏差。有的学校过度关注诊改工作指标体系，以通过诊改复核为目标，属于诊改工作起点错误；有的学校希望简单照搬试点院校经验或购买诊改工作软件，属于盲目的路径依赖；有的学校过度重视绩效考核，忽视自主建立质量保证体系，属于曲解诊改工作内涵；有的学校缺乏深入研究和系统规划，按照阶段性的项目思维推进诊改工作，属于实施策略缺失；等等。上述偏差往往导致高职院校诊改工作实施进程出现波折，影响教职工对诊改工作的正确认识，甚至产生误解或者抵触情绪。

3. 教职工思维定式

诊改工作要求师生员工自主保证工作质量并循环提升，这需要师生员工不断提升自身的学习力和创造力。

教职工由于担心自己的岗位、职责、待遇等发生变化或受损，对诊改工作产生不理解或消极抵触情绪是正常的。对未知的恐惧和不安是人之常情，人们通常都喜欢稳定和守旧带来的安全感，不喜欢改变和冒险。高职院校在科层制管理模式下形成了固定的规章制度和工作程序，同时很多教职工在相对分散、独立、个性化的工作状态下，习惯了松散化和定性化的管理模式。一旦打破以往按部就班工作的宁静与习惯，心理上的不适应往往会导致不快或抵触情绪。再者诊改工作所要求的定量化管理指标与教职工的期待会产生一定的差距，需要一个了解和适应的过程。很多高职院校的教职工教科研工作任务繁重，导致大家存在选择性注意，更加关注短期内影响切身利益的工作，从而忽视旨在形成良好工作习惯的诊改工作。

三、诊改工作阻力的消解策略

（一）加强国家层面的指导与激励

1. 加大教育行政部门的指导和激励力度

诊改工作要求高职院校自主建立推动持续改进和提高教育教学质量的内部机制，尽管内部机制的建立需要高职院校自主实施，但是在起始阶段更需要外部的推力和激励。"万事开头难"，要破除这个难，首先需要教育部和省级教育行政部门的坚定决心和得力措施。特别是省级教育行政部门要制定具有可操作性的诊改工作规划以及工作方案，并认真组织实施行政区域内的诊改工作。教育行政部门应充分预估诊改工作的实施难度，在下达工作指令的同时，更应该加强对诊改工作的系统指导并制定具体的激励政策。特别是对取得实效的诊改工作试点院校要予以奖励，增强其获得感和内在动力，以便其更好地发挥示范带头作用。只有激发高职院校的主观能动性，才能够真正启动并全面实施诊改工作。

2. 增强全国和省级诊改专委会的指导作用

全国诊改专委会应进一步开展理论研究和宏观指导，澄清错误或模糊认识。尽管全国职业院校教学工作诊断与改进专家委员会组织了数次全国范围的诊改工作培训，但是很多参加过培训的高职院校管理者对诊改工作仍是一知半解、不甚了了，就遑论其他师生员工对诊改工作能够深入了解了。在诊改工作理论研究与内涵界定等方面，存在很多模糊认识或争议，比如诊改工作是指狭义的教学工作诊断与改进还是高职院校整体的内部质量保证体系诊断与改进？诊改工作与全国职业院校评估、教学测评、ISO9000 质量管理体系等工作的关系是什么？省级诊改专委会要加强具体指导，如定期召开省级诊改工作研讨会、推进会等，帮助试点院校深入实施诊改工作并推广成功经验，进而推动全国职业院校诊改工作的全面实施。

3. 发挥全国试点院校的引领和示范作用

教育部确定了9个省(区、市)的27所高职院校开展诊改工作试点，但由于各种原因，目前诊改工作总体实施进程延缓，各诊改试点高职院校的示范作用并不明显。教育行政部门和全国职业院校教学工作诊断与改进专家委员会与省级职业学校教学工作诊断与改进专家委员会应该重点关注试点院校诊改工作的实施情况，及时总结并推广试点院校的成功经验。通过定期举办诊改工作经验交流研讨会等形式，以点促面，进一步发挥全国试点院校的示范和引领作用，带动全国职业院校诊改工作的全面实施。同时要对全国诊改试点院校的诊改推进情况进行诊断和改进，了解这些院校的诊改工作推进情况、调研实施不利原因，必要时调整诊改工作试点院校。通过正向和反向的激励措施，才能有效推动诊改工作的深入实施。

(二) 赢得学校管理者的认同与参与

1. 管理者要将诊改工作视为重要发展机遇

诊改工作必须作为"一把手工程"，充分发挥高层管理者在组织变革中的中心调整作用。具有远见卓识和开拓精神的学校管理者，能够认识到诊改工作的重要意义，并将诊改工作作为学校重大发展机遇，实质性地开展诊改工作。高层管理者掌握着资源的最终分配权，是各种信息的交汇点，如果他们对诊改工作不够热心或者不够坚定，这种情绪就会传递到整个学校中，势必影响诊改工作的顺利推进。有的高职院校通过诊改工作一跃成为全国高职教育发展的排头兵，充分证明了诊改工作对于建立教育品牌、提升综合竞争力的现实意义。高层管理者必须切实转变观念，就实施诊改工作达成一致，由衷赞同并支持诊改工作。

2. 管理者要深入研究并亲自参与诊改工作

高层管理者的深入研究和亲自参与对诊改工作的顺利实施是不可或缺的。首先，高层管理者要建立诊改工作的愿景，通过密切沟通和广泛宣传，让全体师生员工认识到诊改工作对于增强学校竞争力的必要性，从而在组织各层次中达成共识，促进各职能部门顾全大局、通力合作，当组织的愿景规划在全校范围内被普遍接受时，每个人都会自然地发生改变；其次，高层管理者必须充分估计可能遇到的问题和阻力，发动和鼓励广大教职工参与诊改工作的规划和实施过程，充分研讨实施方案，建立畅通、有效的沟通机制，及时修正、完善工作方案；最后，应把学校发展面临的各种压力和困难，如实地告知师生员工，使他们产生非改不可的压力和紧迫感，运用群体意识和群体规范的积极作用，推进诊改工作的实施。

3. 管理者要具有自我革命的勇气与决心

高层管理者担负着组织在复杂环境中发展的重任，需要以自我革命的勇气与决心发起并推进诊改工作。习近平总书记多次强调,"勇于自我革命,是我们党最鲜明的品格,也是我们党最大的优势"。诊改工作是一场关乎全局、利及长远、全员参与、有破有立的深刻变革,高层管理者的勇气和决心是能否取得成功的关键。在诊改工作的起始阶段师生员工没有很强烈的意愿是自然发展规律,这需要组织管理者率先垂范、主动求变。同时应该注重组织文化的建设,有意识地发扬积极的、优良的文化,克服消极的、劣性的文化,使组织文化不断优化,形成全员参与学校管理、人人关注质量的良好氛围,为诊改工作实施提供不竭的动力和保障。

(三)健全实施诊改工作的组织与机制

1. 组建勇于进取、富有经验的高效团队

诊改工作的顺利实施必须依靠完善的组织体系和高效的团队。首先,要由学校主要领导担任实质性的诊改工作领导者,并设立质量控制和绩效考核办公室或者诊改工作办公室,深入研究并统领诊改工作;其次,要着重发挥教务处、人事处、学生处和信息化办公室等关键职能部门的重要作用,重点是激发其主观能动性;最后,要根据学校实际情况,在现有的组织架构的基础上,建立一支在职位、专业技术、工作能力和人际关系等方面拥有强大优势的工作团队,并使他们共同致力于诊改工作。由于需要完成很多开创性的工作,诊改工作初期可能会走一些弯路、多费一些力气,这就特别需要团队成员具有敢为人先的勇气、甘于奉献的精神、不计得失的心态。

2. 建立推进诊改工作的科学工作机制

建立一套科学有效的工作机制对于推进诊改工作至关重要。高职院校必须根据学校自身的特点建立科学有效的工作机制,比如定期进行调度和研讨,召集关键职能部门共同研讨相关问题,重点问题重点研究,难点问题反复研究,消灭因部门之间沟通不畅而形成的"深井";建立通报制度、诊改工作学期报告和年度报告制度、诊改工作专项绩效考核制度等,强力推进诊改工作的实施。同时,注重运用有效的工作策略,比如遵循组织变革的"262法则",通过设计科学的诊改工作推进路线图,优先扶持组织成员中 20% 的先驱者、影响 60% 的中立者、推动 20% 的反对者,构建成就先驱者的良好工作环境,是管理者优先要做的事情。

3. 遵循问题导向、守住底线的重要原则

诊改工作的一个重要目标是建立自主保证人才培养质量的有效机制,其中守住底线、达到质量标准是最基本的要求。现实中,有的高职院校好高骛远或者讳疾忌医,只关注实施诊改工作能否带来荣誉或成绩,忽视了诊改工作要求高职院校基于真实数据、自我纠错、自我改进的重要内涵。高职院校应该基于发展愿景和现状,对标同类院校、明确发展目标,进行深入对比分析,发现自己的不足和"短板",从而产生开展诊改工作的内生动力。此外,管理者应有敢于"自曝家丑"的勇气,将质量问题及时披露给师生员工,实现工作过

程透明化，以此激发师生员工的问题意识、产生实施诊改工作的持久动力。

(四) 优化实施诊改工作的路径与方法

1. 系统研究规划，设计有效实施路径

诊改工作要求高职院校建立学校、专业、课程、教师、学生等层面自我保证质量的长效机制，涉及所有部门和全体师生员工。高职院校应进行深入研究与系统规划，制订符合诊改理念要求和学校实际情况的实施方案，设计有效的实施路径，因尽量减少缺乏系统规划造成的损失和代价。诊改工作需要系统梳理已有的质量管理经验，以建立具有本校特色的目标体系和标准体系为起点，各级目标和标准既要依据学校总体发展规划制定，又必须由各级质量主体根据自身实际情况自主制定，不能单纯照搬和套用。信息化建设是诊改工作顺利实施的重要支撑，可以将之作为推进诊改工作的重要抓手，重点是自主研发立足于本校实际情况的信息化管理平台，有的放矢地建立质量管理机制。

2. 制订行动计划，有序推动诊改工作

诊改工作是一项逐步建立自主保证办学质量系列制度的系统工程，不可能一蹴而就，适合采用基于长期目标的"费边战术"。高职院校应将通过诊改复核视为诊改工作的推动力而非目标，戒除急躁情绪和急功近利的想法，系统规划、整体设计、分步实施、有序推进诊改工作。在制订整体诊改工作实施方案的基础上，还应制订详细的行动计划，将具体的任务分解落实到每个学期，明确任务责任部门和完成时间节点。只有师生员工清楚地看到达到诊改工作目标的路径和计划，才会增强信心、支持诊改工作。行动计划要找准诊改工作的切入点和抓手，如制定并实施"十三五"事业发展规划、明确工作质量诊断点、构建质量改进螺旋、建设智能校园管理平台等。

3. 定期反馈沟通，正确评价工作成效

诊改工作要求改变以往的管理模式、行为习惯和行为模式，改变以往以上级工作指令为起点的工作方式，取得显著成效的过程可能是漫长的。诊改工作的实施进程充满各种变量，特别是实施效果往往与预期目标存在一定差距，短期内看不到立竿见影的成效。如果不能正确看待这种"效果差距"，就会在团队内部引起负面评价，而这种负面评价则会破坏教职员工对诊改工作的信心。因此在诊改工作实施过程中，要理性地看待"滞后"现象。要正确审视诊改工作实施进程，善于发现进步。应该建立完善的信息沟通体系，定期进行反馈和沟通，有效传达信息，应以经常性、规范的信息反馈来及时有效的发现并解决诊改工作中出现的问题，消除误解、推进诊改工作深入进行。

(五) 注重实施诊改工作的培训与保障

1. 加强学习培训，培养成长型思维

通过学习、创新激发师生员工自主诊改的内生动力，不断提升自身的核心竞争力，这

是实现自主诊改的重要条件。高职院校应使全体师生员工充分认识到在当今快速发展的时代，要想保持平稳、一成不变的工作环境是不可能的，只有建立自主保证质量意识、不断突破自我，才能够获得更好的发展机会。根据道格拉斯·麦格雷戈(Doaglas M. MC Gregor)提出的"Y 理论"，如果满足员工自尊和自我实现的需要，将激发员工的潜能和积极性，表现为乐于工作、勇于承担责任，使个人和组织目标融合一致。高职院校可以建设学习型组织，重点组织校内各种具有针对性的学习、培训和研讨活动，学习质量管理的新观念以及质量管理工具和方法，培养师生员工积极学习新知识、勇于迎接新挑战的成长型思维，提高适应性，增强对诊改工作的认识。

2. 建立激励机制，激发内生动力

高职院校必须向全体师生员工提出明确的发展目标并建立有效的激励机制，才能保障诊改工作的深入实施。科林·卡纳尔(Colin A. Carnall)在《组织中的管理变革》中将组织变革过程中其成员的反应分为五个阶段：否认阶段、抗拒阶段、放弃旧习惯阶段、适应阶段、内化阶段，这是一个复杂的、循序渐进的过程。在人的身心发展过程中，外因只有通过内因才能起作用，只有当人的主观能动性被调动起来以后，才有可能去自觉思考新问题、主动更新原有观念。高职院校必须建立科学有效的激励机制，对于积极参与诊改工作或为诊改工作作出贡献的部门或教职工给予物质或精神奖励，鼓励更多的积极行动者和参与者。

3. 完善绩效考核机制，克服惯性与惰性

建立符合诊改理念的绩效考核机制，督导和考核学校各部门、各岗位的诊改工作实施情况，是诊改工作推进的有效手段。在诊改工作的起始阶段，各部门、各岗位形成主动关注质量的自主意识和有效机制需要一个循序渐进的过程，需要有外力的督促和推动，促使师生员工克服思维惯性和行为惰性，走出"舒适区"，适应新的工作要求。诊改理念下的绩效考核，重点是要求各级质量主体自主设定目标和标准，主动实施关注质量生成过程的自主监控、自我反思与自我改进，同时质量管理部门要把即时采集的原始数据作为考核依据，实现绩效考核全程化、透明化、标准化，重点是改进工作，而不仅仅是简单的优劣排名和奖惩。

四、结语

高职院校诊改工作是国家为了促使高职院校主动适应我国经济社会发展需要、提高职业教育质量和技术技能人才培养质量的一项重要举措，也是致力于实现高职教育治理能力现代化的重要抓手。诊改工作一方面要求高职院校切实发挥保证教育质量的主体作用；另一方面也要求教育行政部门加强质量管理、履行管理职责。诊改工作是一项创新，更是一次变革，没有现成可遵循的途径、没有可借鉴的成熟经验，需要高职院校主动求变、勇于创新。

阻力是动力的对立面，有动力就有阻力。在高职院校诊改工作中产生阻力是正常现象，管理者一定要正确认识和对待。诊改工作涉及对原有管理模式、规章制度、各种关系、行为规范、组织传统和工作习惯等方方面面的改变，涉及每个师生员工、每项工作、每个环节，需要唤起每个人从我做起、从零开始的自觉，师生员工将经历一个痛苦的过程。在此过程中，师生员工可能会产生心理上的失衡和行为上的抵制，形成实施诊改工作的各种阻力。高职院校必须高度重视阻力对推进诊改工作的负面影响，高层管理者需要准确把握阻力的根源，并设立畅通的沟通渠道，在鼓励参与和讨论的基础上寻求克服阻力的方案。

诊改工作必须由学校管理者主动发起并积极参与，进而得到大多数教职工特别是关键职能部门负责人的赞同和参与，才能最大限度地化解阻力、顺利推进。拒绝变革的组织将丧失生命力、趋于萎缩甚至消亡，但盲目的变革则会带来混乱和损失。因此，高职院校必须立足本校实际，做好诊改工作的顶层设计、优化实施路径，有计划、有步骤地进行诊改，并通过建立学习型组织、构建有效的激励和考核机制，为诊改工作的顺利实施提供有力保障。

[参考文献]

[1] 席东梅，任占营. 特色·协调·共舞：高职教育的发展愿景、生态理念和实现路径[J].中国职业技术教育，2018，(2)：5-13.

[2] 杨应崧，宗美娟. 诊断与改进需要多一点豪气、勇气和真气[J]. 上海教育评估研究，2017，(12)：41-45.

[3] 杨应崧. 打造"两链"，找准诊改的起点[N]. 中国教育报，2017-09-26(011).

[4] 教育部职业教育与成人教育司. 关于印发〈高等职业院校内部质量保证体系诊断与改进指导方案(试行)〉启动相关工作的通知(教职成司函〔2015〕168号)[Z]. 2015-12-30.

[5] 刘卉. 高校组织变革的阻力分析[J]. 科技信息，2007(7)：53-54.

[6] 高留念. 行政组织变革的动力和阻力分析[J]. 中共郑州市委党校学报，2006(6)：65-67.

试点院校诊改工作典型案例

案例一 黑龙江农业工程职业学院案例

智慧课堂常态纠偏，持续改进提升质量
——黑龙江农业工程职业学院课堂教学诊改的实践探索

王秀娟 杨桦 刘勇 杨凤翔 王祥林

黑龙江农业工程职业学院在诊改试点中，紧紧抓住教学质量生成的最基本单元，在课堂质量提升过程中构建了"三段两环"课堂教学质量改进螺旋，运用智慧课堂实时采集课堂数据，对课堂质量进行全过程监控，基于课程教学大数据，实现常态纠偏、自我诊断和持续改进，促进了课堂教学质量的提升。

一、构建"三段两环"课堂教学质量改进螺旋

围绕向课堂要质量，在推进课堂质量诊改中，以智慧课堂为核心平台，学校构建了"三段两环"课堂教学运行模式，形成了课堂教学的 8 字形质量改进螺旋。"三段"是从"课前准备—课中实施—课后改进"三个阶段实行课堂教学全过程数据监控。围绕课程目标的达成度、课堂活动的参与度、教师课程资源的建设度、学生学习满意度等主要质量指标，开展线上线下混合式教学，并实时采集教学过程中的数据，对课堂教学活动进行实时、全程记录、统计和分析，打通课堂最后一公里，形成教学中的"实施—监测—预警—改进"

质量保证闭环。

"课前准备"应重点做好教学目标、课堂教学标准和课程实施计划,组织教学内容,策划教学活动,将教学活动与学生学习目标相关联;"课中实施"重点做好课堂教学组织与实施,关注学生的学习活动,做好实时监测预警,及时诊断改进;"课后改进"依据学生课堂学习报告和课程报告,做好全面诊断分析,剖析问题,学习创新,不断提升课堂教学质量。"两环"指的是课堂教学运行实时监测预警和课程教学完成后的阶段改进两个环节,通过建立课堂教学实况监控模块,实时汇总教学过程中的行为数据,依托智慧课堂和课程发展中心预警系统产生的大数据,适时或阶段性地对课堂教学进行监测分析,逐级送达教学质量生成的主体即授课教师和学生。

二、打造课堂教学质量的目标链和标准链

通过建立"人才培养目标—课程目标—单元教学目标—课堂教学目标"设计链路,将人才培养方案目标细化分解为每门课程、每个单元的教学目标,再细化到每一个课堂的教学目标,具体分解成每节课的知识目标、能力目标和素质目标,形成目标的有效衔接贯通。依据课堂教学目标,学校聚焦课堂各环节质量生成的关键要素,制订了《课堂教学设计标准》《教案编写规范》《教学资源配置标准》《课堂教学标准》《课堂教学质量评价标准》《学生学习效果评定标准》《作业评改标准》等系列课堂教学标准。授课教师依据学校课堂教学质量标准,根据课堂教学目标,制订授课计划、撰写教案,进行单元教学设计,建设教学资源。根据课堂教学目标和课堂教学标准,制订课堂教学实施计划,组织单元教学内容,设计课堂教学活动,发布教学资源,保证教学目标的实现。

三、实现课堂教学全员、全程、全方位监测预警

学校利用智慧课堂,实时汇总教学过程中的行为数据。基于教学执行过程中涉及教师的教学计划执行度、教学资源发布量、教学活动次数、课堂活跃度等11个观测点,以及学生学习活动中的到课率、课堂活动参与度、资源浏览量、学习目标达成度、学生满意度等13个观测点进行实时数据采集,以全过程、伴随式数据收集为重要支点,建立覆盖学校、专业、院系、课程、教师、学生的六级数据分析与监控体系,解决了课堂教学实施过程中信息传递及反馈模糊、滞后的问题。为保证课堂教学质量监控的全面性和科学性,将智慧课堂实时监控与阶段性的问卷调查、督导检查、同行评价、学生学习反馈等常规质量监控方式相结合,学校从4个维度、14项内容、36个不同的观测点,制定了三类课程的课堂教学质量监测标准,校院两级质量督导员深入课堂教学一线,收集、整理、分析教师教学和学生学习过程中的主要问题,同问卷调查、督导检查、同行评价等方式采集的课堂教学和学生学习数据一起及时反馈给全体教师,引导教师自主持续改进。

四、促进课堂教学常态纠偏与质量改进

为保证课堂质量目标达成度，依据课堂质量生成的关键要素，智慧课堂将采集的课堂质量生成过程数据进行智能化分析，自动生成学生课堂学习报告，以积分的形式及时将学生学习目标达成度反馈给学生，学生主动查找差距，自我诊改。通过生成的课程学期报告，形成包含课堂活动、学生到课、资源浏览、题库建设与使用、微课打造等多项内容、不同角度的数据分析，包含个体分析、群体分析、交叉比对、趋势分析等，教师根据分析报告，进行课堂教学的自我诊改。通过大数据分析，展开一系列有针对性的数据挖掘，并与目标标准进行对比，便于任课教师、专业负责人、院系领导、校领导等不同层级人员第一时间发现"教"与"学"过程中存在的问题点，促进教师制订课程改进方案，优化课程目标，促进课堂教学质量的自我诊断、自我改进和自我提高。

通过智慧课堂实时监测、常态纠偏，实现了课堂教学质量持续改进，教师质量保证意识由被动变主动，内升动力进一步增强，学校质量保证体系由零散变系统，质量管理实现了标准化、智能化，诊断改进由试点转为常态，实现了学校治理能力和人才培养质量的双提升。

案例二　烟台职业学院案例

压实主体责任，聚力质量提升
扎实推进内部质量保证体系建设

施乐军　李璐

烟台职业学院坚持以建立现代质量观为先导，以组织体系和校本数据中心建设为支撑，协同推进目标链、标准链、保障链和信息链建设，构建和完善了网络化全覆盖的内部质量保证体系，常态化自我诊改有效运行，学校的治理能力和人才培养质量得到了持续提升。

一、打造两链，明确自主保证责任

烟台职业学院建立了学校、部门(系部)、专业三级质量保证组织，形成了上下联动的组织体系。学校从"十三五"事业发展总规划和专项规划入手，层层分解目标，层层细化任务，组织制定了部门"十三五"年度任务规划、系部"十三五"发展规划和各专业建设规划、课程建设方案、教师个人发展规划和学生个人发展规划，以此打造上下衔接的目标链。在此基础上，学校又围绕学校、教师、专业、课程、学生五个横向层面主体，将现有标准、制度进行了重新梳理汇总。修订各部门工作职责，制定了部门岗位工作标准和业务工作流程，设计开发了学校和各部门质量控制标准。出台了专业、课程分类建设指导意见，

将所有专业和课程划分成国家、省、校和需求四个层级进行了整体规划建设，制定了专业分类建设标准和课程分类建设标准。制定了教师发展量化标准，制定了学生综合素质测评办法和学生发展量化标准，标准上下衔接成链。目前学校正在依据学校"十四五"发展定位，打造学校"十四五"目标链和标准链。

二、引擎驱动，激发诊改内生动力

（一）打造文化引擎

学校大力推进校园质量文化体系建设，构建了以"凝聚、规范、日新、自强、引领、责任、祥和"为核心的七星文化。为进一步提升质量文化意识，学校邀请杨应崧、袁洪志、王毅等多名专家做质量诊改专题报告。组织"说诊改"活动，举办校际间诊改工作交流会，开展课程思政建设。通过系列专题活动，提升学校质量文化内涵。

（二）打造机制引擎

学校陆续出台了绩效工资考核分配办法、工作人员岗位聘期目标考核办法、工作人员岗位竞聘办法、教科研业绩突出人员优先晋升职称办法，建立了绩效考核激励机制，有效推进了学校质量诊改工作。

三、打造平台，全面支持质量诊改

学校加快推进智能校园建设，整合人事、教务、学工、科研等各业务系统，统一数据标准和接口规则，打通信息孤岛，建设了基于统一数据中心的校本数据平台。在此基础上，学校又建设了专业、课程、教师、学生发展中心、"智能课堂"、质量管理系统和专题分析系统等7大应用中心。

学校将各类建设任务全部纳入"内部质量管理系统"管理，质量管理平台支持各部门自主保证工作质量；四个发展中心分别服务于专业建设、课程建设、教师职业发展和学生成长成才；智能课堂为教师自主保证课堂教学质量奠定了坚实的基础；专题分析系统实现了热点问题的深度分析。

四、螺旋运行，全面推动质量提升

通过系统分析不同主体的质量内涵，学校建立了五个层面的"8字形质量改进螺旋"，实现了过程质量的事前、事中、事后控制，8字形螺旋递进的常态化诊改全面实施。

（一）依托"质量管理系统"，推进部门工作诊改

学校将学校年度重点工作、各部门年度工作任务和"双高"年度建设任务全部纳入"质

量管理系统"管理，系统实时监控部门年度任务完成情况。并将任务完成情况纳入部门年度考核，有效推动了任务计划的落地。同时各部门根据质控点目标达成度，查找存在的问题，及时调整工作计划，助推工作质量提升。

（二）依托"智能课堂"，推动质量改进螺旋在课程诊改中落地生根

学校制订了各层面自我诊改实施方案，课程团队从三个方面实施课程诊改：一是基于课程建设方案，结合课程建设成效开展诊改；二是基于课程教学大数据，期末结合课程考试开展课程诊改；三是依托"智能课堂"，实施课堂教学实时诊改。

学校在全院推广使用"智能课堂"。"智能课堂"把课前、课中、课后各种课堂过程数据实时采集出来，教师据此对自身的课程教学进行诊断与改进，课程团队据此实施课堂教学质量在线检测和实时跟踪改进，实现了课程教学质量的及时预警和持续改进。同时，学校开展推门听课活动，67名校级教学督导团队成员走进课堂听课评课，通过外力传导，倒逼教师规范教学行为。学校还推出了课堂教学质量奖，为优质高效课堂树立榜样。

（三）依托发展中心，推进专业、教师、学生层面诊改

学校各层面依托发展中心，推进自我诊改。专业诊改主要从以下两个方面实施：一是基于专业教学标准，实施以一个年度为周期的专业教学自我诊改；二是基于专业建设规划，实施三年一轮的专业考核评价，建立动态调整机制。教师诊改从三方面实施，一是依据师资发展规划和教师发展标准，开展教师个人发展自我诊改；二是各系部对本系部教师发展进行会诊；三是学校对全院教师发展进行复诊。学生诊改从三方面实施，一是依据学生发展标准和个人发展规划，开展学生个人发展自我诊改；二是各系部对本系部学生发展进行会诊；三是学校对全院学生发展进行复诊。

质量诊改永远在路上，学校将进一步完善内部质量保证体系，精准发力，扎实推动诊改，为全省高职院校诊改工作提供专业方案。

案例三　湖南水利水电职业技术学院案例

激活主体意识　重建质量秩序
——湖南水利水电职业技术学院质量建设实践

李芳

一、背景

建立内部质量保证体系，推进诊断与改进工作，难点在于思维的转变和理念的确立。

诊改，是一种思维和方式，要用诊改的思维去想事，用诊改的方式去做事；其要义，则在于基于质量主体定位，去自主地谋划发展和推动提升。由于集体主义文化背景，以及职教领域原评估、检查等质量管理方式形成的"被质量"结构影响，质量主体意识模糊的情况普遍存在，尤其是在一线层面，在负责具体落实的层级，质量主体习惯性地等待被安排、被要求、被满足。如何从被动走向主动，是诊改的第一步，也是根本性的一步。

二、主要做法

（一）先僵化，再优化，在碰撞中唤醒质量主体意识

对于不少质量主体来讲，主体意识的建立，并非在白纸上画图，而是要先消除原有痕迹，再重新描绘。年龄越大，资历越老，成绩越大，这种痕迹可能更明显，历史记忆与偶像包袱更重，不敢做主，不敢只做增值评价，习惯性贴金，习惯于从他者(上位者)而非主体本身的角度看问题、做决定。"一个钉子挤掉另一个钉子，习惯要由习惯来取代。"为冲破惯性思维的禁锢，学校采取"先僵化，再优化"的策略，在做好顶层设计的基础上，结合不同层面的特点和实际，先固化模式，提供模板，明确要点和具体参照，要求依葫芦画瓢，先保证知道是什么样子；第二步，组织汇报和讨论，在观点的碰撞中一步步明晰为什么是这个样子；第三步，对诊改的逻辑和原则进行解读，进一步把握诊改的核心要义。深化理解的同时，问题也逐渐浮出水面；解决问题的过程，也是不断优化的过程，质量主体意识不断被唤醒的过程。

（二）建流程，搭平台，在实践中激活质量主体意识

合格的流程，必然体现着清晰的思路和逻辑。将诊改流程通过配套信息化平台固化，流程可给予每个步骤明确引导，平台则予以刚性约束和可视化呈现。遵循诊改逻辑，学校对部门年度考核办法作了重大改革，并建立了成果导向的激励机制；明确了发展目标和标准，对照目标分析差距，以目标指向、问题导向具化任务；将工作任务进行量化，明确任务要点、责任部门、工作标准、完成时限等，植入配套的质量管理平台，平台根据任务完成情况自动生成由完成率、及时率、满意度等数据构成的质量系数，全面记录、全程留痕，实时生成考核分数和诊断报告，实现了对质量行为的透明化、公开化、可视化监测和呈现；同时，辅以通报表扬、通报批评、负面清单通报等途径，增强对质量行为的约束力。在这个体系中，质量主体如果不努力履行主体职责，积极贡献力量、智慧与方案，就会被边缘化，遭遇压力与恐慌。这种"以奋斗者为中心"+"伪主体自然退出"的机制，有效激活了各级质量主体的意识，使工作效能和效率得到显著提升。

（三）共创共享，在共同追求中生成新的质量秩序

在注重质量文化渗透和熏染的同时，秉承"文化不是说出来的，而是做出来的"理念，

通过高质量的具体工作推进,让师生感受到低质行为是最大的相互消耗,其负面影响必阻碍学校发展,并反噬自身;只有共同追求高质量、创造高质量,才能共享高质量的发展成果。创造过、享受过高质量发展成果的质量主体,会对低质行为产生不耐受;质量主体意识的不断强化,对高质量的向往与主动追求,生成了新的质量秩序。在这样的秩序中,每一个质量主体,才有可能实现集体与个人的共同成长。

三、成效

(一)诊改理念融入工作思维,谋划发展更加科学

诊改思维的形成,使各级质量主体谋划发展的思路更清晰,目标制定更明确、科学,既体现共同愿景,又符合自身发展实际。以总体发展目标为牵引,形成了覆盖全主体的贯标系列,指向明确,脉络清晰,为各层级质量主体提供了准确指引和有力导向,使学校发展与个人成长同向同行。

(二)诊改方式用于工作日常,推动发展更加有力

将8字质量螺旋的运行原理广泛应用于工作实践,诊断结果用于集体或个人发展(成长)评价,使发展轨迹更清晰,解决问题路径更具体,提升通道更顺畅,想干事、能干事的越来越有获得感,不干事、干不成事的或被影响一同前进,或被边缘化退出舞台中央。发展动力和压力,层层传递到了各个质量主体,推动发展的效果明显。

(三)质量文化凝聚师生合力,学校发展更为可期

各级质量主体对质量建设的认识更具体、生动、形象,追求高质量、创造高质量、共享高质量获得价值认同,成为师生共识,并外化为自觉追求高质量的发展实践。近三年,学校发展不断提速,学生对学校教书育人、课堂教学、管理服务工作的满意度持续上升,分别从 75.68%、81.8%、76.84%上升到 98.59%、98.98%、97.59%,标志性成果的数量和质量显著提升。

四、改进方向

(1) 进一步完善架构,大整体(学校、二级院等)、小整体(专业、课程等)、个体(教师、学生)诊改更清晰地相对独立又融会贯通。

(2) 找到更好的结合点和平衡点,兼顾最大程度激活质量主体能动性与不断提升规范性、精准性。

(3) 提升数据支持能力,消除信息孤岛,逐步实现分层面、分主体的全量数据采集、共享与对标诊断分析数据支持。

案例四 咸宁职业技术学院案例

建设"四化两督一评"与"四中心一平台"推进常态化诊改保证质量持续提升

石裕勤

咸宁职业技术学院设有招生专业 43 个，在校生 17 869 人。学校 2016 年年底试点推进诊改以来，以"制度、标准、改进、卓越"为质量文化理念，探索体现"8 字形质量改进螺旋"(以下简称"螺旋")特征的"内部自诊＋外部监督"诊改运行方式，运用"数据分析""督查反馈"等主要诊改手段，建立健全"四化两督一评"诊改体制机制，构建运行"四中心一平台"，形成了信息化支撑常态化运行诊改的特色。2020 年学校高质量通过省级诊改抽样复核，得到湖北省教育厅领导和湖北省诊改专家充分认可，在当年接受省级复核的 10 所高职院校通过名单中排在第一。

一、完善体制机制，建设"四化两督一评"

(一) 建立健全"四化"内部质量保证体系

根据教育部、湖北省诊改文件精神，学校顶层设计，探索构建组织体系化、指标系统化、管理程序化、分析数据化的"四化"内部质量保证体系。一是建立体系化组织，形成"学校诊改工作领导小组，专项诊改工作组(考核办、教务处、人事处、学工处)，部门(二级院部)，信息员"四级质量保证组织体系；二是完善系统化指标，明确"两链"管理职责，梳理"学校规划，专项子规划，学校工作报告，部门年度计划，专业、课程、教师等建设计划"，形成五级目标链管理体系，落实目标到部门、个人，制定教学标准、建设标准等相配套的标准链；三是健全程序化管理，明确诊改运行职责，按照"螺旋"运行程序，制定《咸宁职业技术学院内部质量保证体系诊断与改进工作管理规定》，规范目标责任制管理、对标监督反馈管理、考核激励机制管理；四是规范数据化分析，明确数据诊改职责。制定人才培养工作状态数据平台(以下简称"数据平台")管理制度，构建信息化诊改系统，明确数据管理职责，推进数据支撑诊改。

(二) 建立健全"两督一评"诊改运行机制

结合目标责任制考评、教学督导等原有制度，学校建立健全了课堂全面督导、诊改专项督查，部门目标责任制考评的"两督一评"诊改运行机制。一是遵循"螺旋"规范管理，运行常态内部自诊，通过将目标分解落实到部门、责任到个人，实行部门年度工作、专业和课程年度建设、教师学生个人年度发展对标自我诊改；二是强化对标"两督一评"，运行常态外部监管、综合督导办公室、诊改工作办公室、数据中心、绩效考核办公室等职责，对标实行课堂全面督导、诊改专项督查、统一目标考评的"两督一评"诊改运行机制，以督导简讯、诊改简报、诊改卡等方式，强化问题导向的督查反馈改进，形成"对标监督＋目标考评"的外部监管模式。

二、推进常态化诊改，构建"四中心一平台"

以智慧校园建设为契机，在规范数据分析与管理的基础上，学校充分应用各类系统、平台数据，对接诊改构建"四中心一平台"，推进常态化诊改。

（一）多层面分析应用学校状态数据平台

多层面分析应用学校数据平台，将学校状态数据与国家办学政策指标作比较，与全国骨干示范、省示范平均状态数据做比较，与学校往年状态作比较；分专题进行"专业、课程、师资队伍、校企合作、实训基地"等数据分析，形成各层面数据分析报告，以诊改简报的形式发布各部门支撑本部门自我诊改，支撑专业、课程、教师诊改情况。

（二）全方位构建应用"四中心一平台"

对接诊改五横层面，学校构建了"四中心一平台"诊改系统，包括专业、课程、教师、学生四个发展中心和内部质量管理平台。通过内部质量管理平台对各部门年度工作目标，学校、二级院部观测点对标实施工作状态的监测、管控、自我诊改；通过四个发展中心对各专业、课程、教师、学生对标实施建设发展情况进行监测、管控、自我诊改，并生成一个周期的诊断分析报告，指导下一周期工作。

三、配套诊改举措，引擎驱动推进见成效

学校高度重视诊改工作，确立为"一把手"工程，列为诊改工作办公室工作职能，推行配套举措，推动诊改工作持续推进，成效显著。

（一）开展"两项认证"推动诊改，保证教学建设质量

学校主要领导亲自负责启动"两项认证"工作。学校校长亲自主抓有效教学管理行动，启动了"有效课堂认证"工作。党委书记亲自主抓"专业认证"，聘请职教专家对专业开展课程体系认证。

（二）培育"质量文化"引导诊改，激发师生内生动力

贯彻质量文化理念，学校推进机构人事和绩效分配制度改革，做到人岗相适、人尽其才，鼓励多劳多得、优劳优酬，持续推进规章制度、文明校园、技能工匠、社会服务等建设活动，培育制度、物质、行为、服务等各层面的质量文化，激发并增强了师生工作学习的内生动力。

（三）落实"常态运行"推进诊改，提高学校办学水平

通过扎实推进常态化的诊改工作，学校质量保证主体责任有效落地，内涵建设成绩突出。自 2016 年以来，学校已建设成为全国乡村振兴人才培养优质校推介单位、全国创新创业典型经验高校、教育部第一批示范性职业教育集团(联盟)培育单位、全国高职院校服务贡献 100 强、全国职业院校产教融合 50 强、全国职业教育示范性虚拟仿真实训基地培育项目、省级优质高职院校等，在国家、省内办学知名度，以及在政府、行业企业、群众中的社会声誉度不断提高，诊改阶段性工作目标全面达成，也为后续持续诊改提升质量提供了不竭动力。

案例五　山东劳动职业技术学院案例

技术驱动管理体制改革　　数据赋能高质量发展
以内部质量保证体系建设推动职业院校现代化治理

丁宁　王华莲

一、案例主题与背景

学校自 2018 年启动内部质量保证体系建设以来，围绕学校发展目标不科学，质量标准不清晰，组织运转不高效，内生活力不充沛，治理能力不均衡五方面的痛点、难点问题，以内部质量保证体系建设作为推动管理体制改革的着力点和先手棋，将现代管理学和现代信息技术成果在构建管理新体制的应用方面作为贯彻新发展理念、构建新发展格局的牵引力和突破口，探索出"OKR 目标管理＋动态业绩评价"的治理模式，此举与习近平总书记关于"深入推进职业院校管理体制改革"的指示批示相一致，与全国职业教育大会的精神内涵相吻合，已成为学校推动各项事业高质量发展的新动能。

二、典型做法与经验

（一）运用现代管理学成果，科学谋划发展目标

系统梳理职业院校在人才培养、产教融合、师资队伍、社会服务、国际合作交流等各个方面所反映的办学质量的显性成果和隐性指标，对照成果和指标盘点"家底"，搞清楚自己"有什么""缺什么"，弄明白国家和社会"想什么""要什么"，解放思想，开阔视野，吸收、借鉴现代管理学的先进成果和工具，运用目标与关键成果法，也称之为 OKR 工作法，来科学谋划高质量发展的目标体系，将反映和影响学校办学质量的显性成果和隐性指标转化成提升办学质量的年度达标工作、培优工作和培育工作，"不捡软柿子，只挑硬骨头。"

管理体制改革后的学校发展目标生成方式模型如图 8-1 所示。

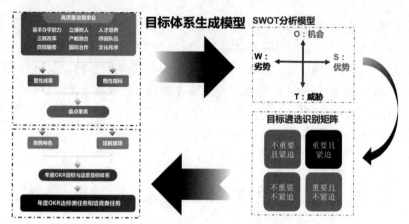

图 8-1　管理体制改革后的学校发展目标生成方式模型

(二) 运用公共数据资源，精准设置任务标准

对照国家和山东省在职业院校教学条件、专业建设、师资队伍等业务领域制定的办学标准，收集、梳理人才培养状态数据平台、高职质量年报量表等职业教育公共数据资源，挖掘学校办学历史数据和兄弟院校项目遴选数据，提炼、形成具有导向性、强制性和规范性的质量标准。围绕目标任务体系，在目标任务和质量标准之间建立映射关系，各项达标工作和培育工作遵循"四个明确"原则设置，即工作目标明确、完成标准明确、关键成果明确、责任单位明确，把目标标准定在事前，成果成效跟在事后，人情世故抛在事外，不掺水分、不留空子，指导各项战略目标任务和各级质量主体遵标实施，依标观测，对标评价。

运用公共数据资源设置发展目标标准如图 8-2 所示，应届毕业生创业率如图 8-3 所示。

指标面向	任务编号	目标任务	任务设置依据	目标值	目标设置依据	概率测算	分值	类型	目标类型	验收要点	是否分解	贡献度类别	增旅考核赋分	牵头部门
立德树人	1	获批具有职业教育特点的课程思政教育案例7个或大于遴选总量的0.07%	提质培优	7	提质培优项目群，全国总量10000个；	96.14%	40		培优	1.培育典型案例的实施方案；2.调查研究工作的证明材料，如通知、会议照片等；3.获评通知（公布结果）或工作完成证明材料（未公布结果）。	分解	G1	是	教务处
人才培养	9	本年度，2022届毕业生职业资格证书获取率不少于70%	办学质量	≥70%	预估应届毕业生3877，取得职业资格证2298，取得率59.27%；取得职业技能等级证书人数242，6.24%，当前合计65.51%	—	35		达标	1.2020届毕业生职业资格鉴定人员名册2.2021届毕业生职业资格鉴定人员名册	分解	G2	是	继续教育中心
	10	本年度，2021届毕业生职业技能等级证书取得350人，2022届毕业生职业技能等级证书取得35%	办学质量	350/35%	预估应届毕业生3877，取得职业资格证2298，取得率59.27%；取得职业技能等级证书人数242，6.24%，当前合计65.51%。	—	35		达标	1.2020届毕业生职业技能等级证书汇总表2.2021届毕业生职业技能等级证书汇总表	分解	G2	是	教务处
	18	确保在2021年办学质量数据采集时，毕业生创业率达到1.62%	办学质量	1.62%	参照2020年次底数据中办学质量考核排名前九位学校的创业率加权平均；排分公式：	—	35		达标	办学质量考核提交的相关佐证材料表。	分解	G2	是	大学生创新创业中心
产教融合	32	优化配置实训资源，本学校新建实训基地工位数，本年度生均新建共享生产性实训基地工位数不少于0.64以上；	办学质量	0.64	办学质量考核定量指标，状态数据显示：6019个，现届平均生均数为9006个，校企共建12489，生均0.72；潍坊实训基地工位1.9万个，生均1个；	—	20	C	达标	1.实训基地工位数明细表；2.校企建设证材料。	分解	G2	否	生产实训中心
	33	订单培养学生数1300人；	办学质量	1300人	办学质量考核定量指标，状态数据平台显示：骨干订单培养学生比例为10.47%，平均校生为12489，订单培养学生量为1307人。	—	20		达标	1.与企业订单培养协议；2.各企业订单培养学生名单。	分解	G2	是	教务处
课程建设	36	2019年1月1日－2021年12月15日期间，校企合作开发课程数205个；	办学质量	205	办学质量考核指标，状态数据显示：骨干校企合作开发课程开设课程门数比例为23.65%，我校现有课程总数为1234门，则需校企合作开发课程数为205；	—	40		达标	1.校企合作开发课程表；2.能证明为校企合作开发的材料。	分解	G2	是	教务处
师资队伍	48	"双师型"持证教师数由262人增加至312人；	办学质量	312	2020年双师总数262人，专业教师为420人，双师型占比62.38%，校考本年度预计新增专业教师12人，专业师总数为432，则双师型持证教师达到人数上升至70%，需评定教师增加312人。	—	30		达标	"双师型"持证教师名单	分解	G2	是	人事处
社会服务	63	技术服务到款额完成500万；	办学质量	500	2020年校审计，技术服务到款额为469.59万元，其中240万为横向课题，专报排名第五位2020年为724.77万元。	—	40		达标	项目表及到款额。	分解	G2	是	科研规划处
国际交流	67	新增中外合作办学项目2项，合作办学项目2项增至4项；	办学质量	4	办学质量考核定量指标，2020年潍3个，青岛6个，山东工业3个。	—	40		培优	合作协议。	分解	G1	是	国际交流合作处

图 8-2　运用公共数据资源设置发展目标标准节选

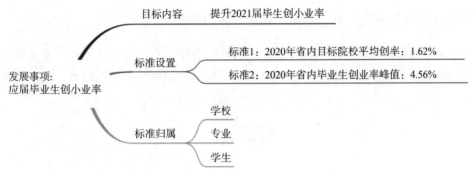

图 8-3 运用公共数据资源设置发展目标标准——以毕业生创业率指标为例

(三) 运用诊改工作原理，实施绩效考核改革

聚焦传统考核机制中工作质量难评价、工作过程难监测等问题，运用诊改的工作原理和方法持续改进考核机制。设计三类考核任务：

(1) 从职责出发明确常规性工作，设统一分值上限，作为职责履行类纳入考核；

(2) 年初制定的达标工作、培优工作和培育工作，根据任务难度和基础设定分值，作为目标任务类纳入考核；

(3) 教育教学成果与表彰获奖，按照考核办法审核计分，作为成效贡献类纳入考核；不断优化目标任务构成，构建负面清单目录，形成目标体系构建、目标任务分解、任务过程监测、绩效动态排名的完整考核机制链条。

动态绩效考核内容构成如图 8-4 所示。

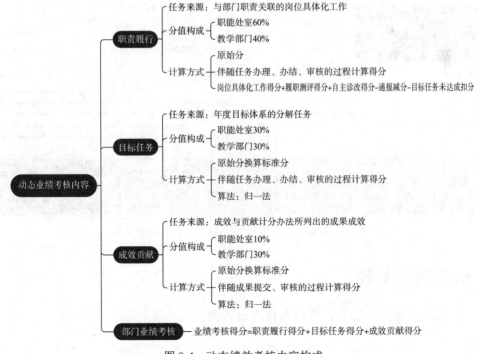

图 8-4 动态绩效考核内容构成

(四)运用数学建模工具,创新构建质量评价模型

以任务过程化监测为基础,设计基于任务行为数据的质量评价模型,将任务及时率、退改率、满意度作为质量评价模型的评价要素,三要素构成三维坐标模型,独立测量、相互关联、整体测算,实现面向任务的过程性质量评价,如图8-5所示。

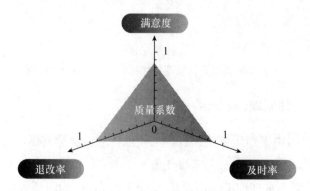

图8-5 面向任务的质量评价数学模型

(五)运用现代信息技术,设计开发质量管理信息化系统

聚焦传统考核机制中难以克服的任务难监测、过程不透明的问题,运用现代信息技术,设计、开发具有采集、分析、监测、反馈功能的大数据、智能化"质量管理平台",为管理体制改革的常态化运行提供现代化治理手段。质量管理信息化系统如图8-6所示。

图8-6 质量管理平台2020年度目标任务监测页面

三、改革成果与成效

(一)办学质量显著提升,绩效考核连获优秀

实施管理体制改革以来,学校在内部质量保证体系建设的驱动下,提质培优成效显著,

重点领域取得突破，创新发展成果丰硕。学校 2019 年、2020 年两个年度在省属事业单位绩效考核中连续获评优秀，其中在 2020 年省属职业院校绩效考核中位列第 4，在山东省教育厅公示的山东省高等职业院校办学质量年度考核中获评 A 等，整体办学水平迈入了省内十强。图 8-7 为质量考核情况。

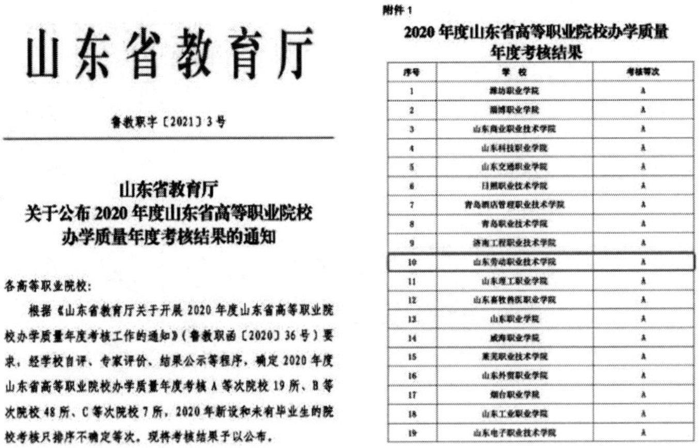

山东省教育厅

鲁教职字〔2021〕3号

山东省教育厅
关于公布 2020 年度山东省高等职业院校
办学质量年度考核结果的通知

各高等职业院校：

根据《山东省教育厅关于开展 2020 年度山东省高等职业院校办学质量年度考核工作的通知》（鲁教职函〔2020〕36 号）要求，经学校自评、专家评价、结果公示等程序，确定 2020 年度山东省高等职业院校办学质量年度考核 A 等次院校 19 所、B 等次院校 48 所、C 等次院校 7 所，2020 年新设和未有毕业生的院校考核只排序不确定等次，现将考核结果予以公布。

附件 1

2020 年度山东省高等职业院校办学质量年度考核结果

序号	学校	考核等次
1	潍坊职业学院	A
2	淄博职业学院	A
3	山东商业职业技术学院	A
4	山东科技职业学院	A
5	山东交通职业学院	A
6	日照职业技术学院	A
7	青岛酒店管理职业技术学院	A
8	青岛职业技术学院	A
9	济南工程职业技术学院	A
10	山东劳动职业技术学院	A
11	山东理工职业学院	A
12	山东畜牧兽医职业学院	A
13	山东职业学院	A
14	威海职业学院	A
15	莱芜职业技术学院	A
16	山东外贸职业学院	A
17	烟台职业学院	A
18	山东工业职业学院	A
19	山东电子职业技术学院	A

图 8-7　典型做法推广应用的佐证材料

（二）质保体系建设成果入选全国诊改制度建设优秀案例单位

学校“发挥考核引擎驱动作用，促进内部质量保证体系落地生效”的诊改建设案例入选全国职业院校教学工作诊断与改进制度建设优秀案例，是省内唯一一所入选优秀案例的非试点院校。图 8-8 为学校入选全国诊改制度建设优秀案例单位的情况。

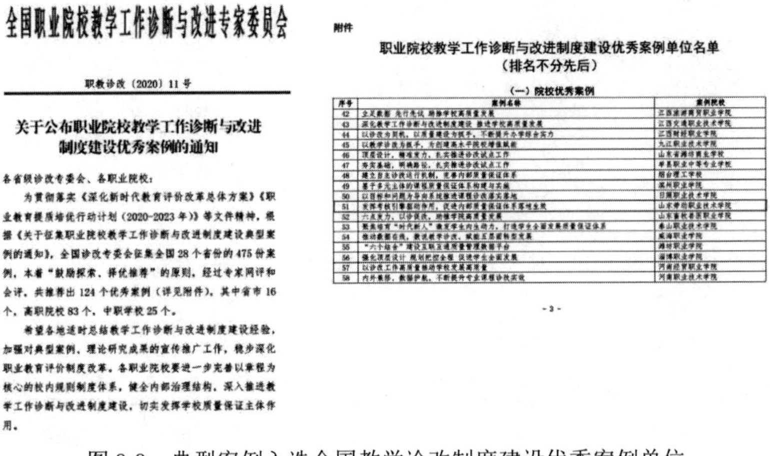

全国职业院校教学工作诊断与改进专家委员会

职教诊改〔2020〕11 号

关于公布职业院校教学工作诊断与改进制度建设优秀案例的通知

各省级诊改专委会、各职业院校：

为贯彻落实《深化新时代教育评价改革总体方案》《职业教育提质培优行动计划（2020-2023 年）》等文件精神，根据《关于征集职业院校教学工作诊断与改进制度建设典型案例的通知》，全国诊改专委会征集全国 28 个省份的 475 份案例，本着“鼓励探索、择优推荐”的原则，经过专家网评和会评，共推荐出 124 个优秀案例（详见附件），其中省市 16 个，高职院校 83 个，中职学校 25 个。

希望各地适时总结教学工作诊断与改进制度建设经验，加强对典型案例、理论研究成果的宣传推广工作，稳步深化职业教育评价制度改革。各职业院校要进一步完善以章程为核心的校内规则制度体系，健全内部治理结构，深入推进教学工作诊断与改进制度建设，切实发挥学校质量保证主体作用。

附件

职业院校教学工作诊断与改进制度建设优秀案例单位名单
（排名不分先后）

（一）院校优秀案例

序号	案例名称	案例院校
42	立足数据 先行先试 助推学校高质量发展	江西旅游商贸职业学院
43	深化教学工作诊断与改进制度建设 推进学校高质量发展	江西交通职业技术学院
44	以诊改为契机，以质量建设为抓手，不断提升办学综合实力	江西财经职业学院
45	以教学诊改为抓手，为创建高水平院校增值赋能	九江职业技术学院
46	顶层设计，精准发力，扎实推进诊改试点工作	山东省潍坊商业学校
47	夯实基础，明确路径，扎实推进诊改试点工作	单县职业中等专业学校
48	建立自主诊改运行机制，完善内部质量保证体系	烟台理工学校
49	基于多元主体的课程质量保证体系构建与实施	滨州职业学院
50	以目标和问题为导向系统推进课程诊改落实落地	日照职业技术学院
51	发挥考核引擎驱动作用，促进内部质量保证体系落地生效	山东劳动职业技术学院
52	六点发力，以诊促改，助推学院高质量发展	山东畜牧兽医职业学院
53	聚焦培育“时代新人”激发学生内生动力，打造学生全面发展质量保证体系	泰山职业技术学院
54	推动数据在线，激活教学诊改，赋能五层面转型发展	威海职业学院
55	“六个结合”建设互联互通质量管理数据平台	潍坊职业学院
56	强化顶层设计 规划把控全程 促进学生全面发展	淄博职业学院
57	以诊改工作高质量推动学校发展高质量	河南经贸职业学院
58	内外兼修，数据护航，不断提升专业课程诊改实效	河南职业技术学院

- 3 -

图 8-8　典型案例入选全国教学诊改制度建设优秀案例单位

（三）立足区域，辐射全国，广泛输出建设经验

经过近三年的建设，学校的内部质量保证体系诊断与改进制度形成了一套与职业教育改革风向相一致，与学校发展基础相适配的治理模式和实践路径。近两年，学校管理体制

改革案例受邀在齐鲁校长联席会议上做典型发言，受到与会专家的高度好评，被学习强国等媒体广泛报道；体系建设主持人先后13次受省内外兄弟院校邀请开展专题讲座，累计接待20余所兄弟院校、100余人来访，交流改革经验，对推动高职院校管理体制改革、输出山东建设模式发挥了积极作用。图8-9和图8-10为推广典型做法和交流经验情况。

图8-9　典型做法推广应用的佐证材料——邀请函

图8-10　典型做法推广应用的佐证材料——考察函

案例六　内蒙古电子信息职业技术学院案例

以质量提升为导向　促学生全面健康发展

张学敏

学校2019年引进内部质量管理平台，搭建内部质量保证体系建设"五纵五横一平台"

体系架构,从学校、专业、课程、教师、学生五个层面实施诊断与改进。在内部质量保证体系诊断与改进过程中,为促进学生培养质量不断提升,推动学校学生管理能力和管理质量的变革,学生层面以智慧学工系统建设为支撑,推进学生内部质量保证体系建设不断完善。

一、诊改工作,设计为先

我校注重顶层设计,成立了质量保证领导小组和5个专项工作组,学生全面发展工作组由学校学生工作处牵头。为推动学生层面诊断与改进,学生工作处组建了学生层面诊改设计小组,以学校《学生综合素质测评实施办法》为基础,将原有的学生各项考核标准和测评点进行科学的拆分、归类和整理,选取学生的思想政治素质、科学文化素质、身心健康素质和实践能力素质等四个维度作为设计标准。其中,思想政治素质正向观测点35个,负向观测点52个;科学文化素质正向观测点36个,负向观测点11个;身心健康素质正向观测点36个,负向观测点11个;实践能力素质正向观测点36个,负向观测点11个。所有观测点均在原有的学生综合素质评价体系中产生,做到建设指标体系有依据、实施测评体系可落地、智慧学工平台可支撑,逐步推进学生质量诊改与智慧学工建设相融合,共同促进学生服务质量的提升。

二、建设标准,质量为纲

根据学生质量体系建设的四个维度进行目标任务设计和分解,建立起了一套科学的学生发展质量评价体系模型,包括学生发展的优秀标准、良好标准及合格标准。学生可结合自己的实际情况设计自己的质量达标标准,填写学生个人成长成才规划书,以整个大学时期为一个大的诊改周期,以一个学期为一个小的诊改循环,通过自我设计起点、可度量标准、过程监控预警、成果数据和闭环运行,呈现出"8"字螺旋循环改进,在诊改小循环结束后系统自动生成学生诊改报告,促进学生自我目标诊断与改进,体现了现代质量文化的特征。

三、数据互通,信息为王

学校确立了基于信息中心为支撑的智慧校园建设方案,智慧学工系统建设作为其中的重点建设项目,在建设过程中将学生的日常管理、奖助补贷、评奖评优、公寓管理、心理服务等方方面面的信息融入其中,化繁为简,在为师生提供便捷的信息化服务中生成数据、生成质量,提升师生体验和获得感。同时,通过链接终端管理端口,结合学生常用的易班APP和微信等新媒体拓展业务受理范围,实现校园数据互通互联,让"信息多跑路,学生少跑腿"成为常态,促进校园数据质量的价值闭环,提升学校学生管理的服务效能和服务水平。

四、全面提升，发展为本

通过诊改，全校学生人人树立了主人翁意识，成为了学校学生管理的主人，通过自我诊改螺旋的循环改进和引擎驱动，增加了学生自我发展的内生动力，促进学生健康、全面发展。同时，在诊改过程中，学校各项学生管理规章制度也在不断修订和完善，通过科学规划，完善工作过程事前、事中、事后的管理，为学校科学决策提供了依据，成为学校依法治校的保证。通过学生层面的诊断与改进，我校逐步实现了学生工作管理的规范化、决策的科学化和服务的智能化，学校工作治理水平和治理能力明显提升。

案例七　广西水利电力职业技术学院案例

聚力"四个坚定"扎实推进诊改工作，形成"目标化、特色化、信息化、常态化"的特色诊改文化

尤艳红　黄小娥

自2015年，教育部倡导开展职业院校内部质量保证体系诊断与改进工作以来，在经历了试行、修偏、再运行等往复探索后，实践证明：制定一套适切学校发展需要的诊改体系、找准一个符合体系要求的质量工具、"上线"一个保障质量工具高效运行的信息平台，是实现学校常态化、高效率开展诊改工作的关键。

广西水利电力职业技术学院是国家示范(骨干)职业院校，学校自2017年开展内部质量保证体系建设及运行工作。工作之初，与多数初涉诊改的职业院校相似，学校存在"诊改形式化、目标无传导、标准不细化"等思路不清晰的情况。

经过三年不懈探索与实践，学校已构建了适切自身需求的、可有效提升学校办学水平的内部质量保证体系，即以"一页纸"质量工具为抓手，以"8字形"质量改进螺旋，建立"人人积极参与"的KPI绩效考核指标体系，利用各级目标相关联、预警、监控智能化的"一页纸项目管理"信息化平台，构建了目标可传导、标准可执行、进度可监控的内部质量保障"网"，形成了"目标化、特色化、信息化、常态化"的特色诊改文化。学校诊改案例入选2020年全国职业院校教学工作诊断与改进制度建设优秀案例。

学校诊改成效的取得源于"四个坚定"。

一、坚定"目标层层传导到人"的决心，实现个人目标达成助力学校发展目标达成的目的

学校党委深刻认识到建立环环相扣、上下呼应的目标链既是诊改工作的起点，又是核

心，目标是否可达关键要看传导是否彻底。为此，学校坚定了目标必须传导到个人的决心，明确了"下一级关键指标数≥上一级关键指标数，同一指标的下一级目标值总和≥上一级目标值总和"的目标链构建原则。教会教师、学生运用关联分析法参照上一级目标值，制定切合自身发展需要的、"跳一跳够得着"的目标，最终形成了"校→处→系→人"四级目标链。

通过目标层层传导到人，学校"以人为中心"的内涵建设导向更加明确，努力帮助教师、学生达成目标，从而自下而上助推各级目标达成，最终实现学院年度目标。图8-11为目标链关系，图8-12为"一页纸"项目管理时间安排情况。

图8-11　目标链关系

图8-12　"一页纸"项目管理时间安排

二、坚定"一页纸项目管理"为抓手的信心，形成"目标化、特色化、信息化、常态化"的质量文化

好的质量工具，能实现诊改工作规范推进和全面监控。为了让全体教职员工熟悉并掌握"一页纸项目管理"的使用方法，学校针对性开展了学校领导、中层领导、教学团队负责人、教师个人等不同人员培训37次，"一页纸项目管理"理念深入人心。各部门、教师个人不仅将"一页纸项目管理法"运用在目标制定中，还创新性地用在了自治区"双高"建设项目管理、国家现代学徒制试点工作中，全院形成了"目标化、特色化、信息化、常态化"的特色质量文化。内部质量保证体系诊断与培训情况如图8-13所示，图8-14为"一

页纸"检查汇报现场。

图 8-13　内部质量保证体系诊断与改进工作培训现场

图 8-14　"一页纸"中期检查汇报会现场

三、坚定将"诊改工作融入日常工作"的初心，提升教师和学生个人目标达成的获得感和幸福感

为避免诊改工作与日常工作"两张皮"等形式化现象出现，学校党委坚定了将"诊改工作融入日常工作"的初心。

在各项事业推进过程中，学校要求各部门将"一页纸项目报表"上墙，各部门、教师、学生要按计划进度监控各项工作完成情况，在预定时间未完成既定目标的工作(诊改平台将会预警)，要学会分析原因、制订诊改方案并做好落实。

年终时(一年为一个诊改周期)，各部门、教师和学生个人 对照年初时的目标，结合目标达成度，分析未达成原因并做好下一步改进计划。

例如：水利工程系作为学院"双高"建设计划的重点专业所在的教学系，通过和 2021 年重点工作任务分解表对照，承担创新团队建设、名师工作室及技能大师工作室建设等"双高"建设任务。并进一步分解到专业、课程、教学团队，直至每位教师、每个班级。图 8-15 为水利工程系"一页纸"目标传导路径。

图 8-15 水利工程系"一页纸"目标传导路径

教学团队负责人利用 SWOT 分析法,分析教学团队优势、劣势、机遇和挑战,针对如何"增优补劣"提出了措施、办法,并利用"一页纸项目报表"明确相关责任人和时间进度。图 8-16 为教师发展"一页纸"工作计划。

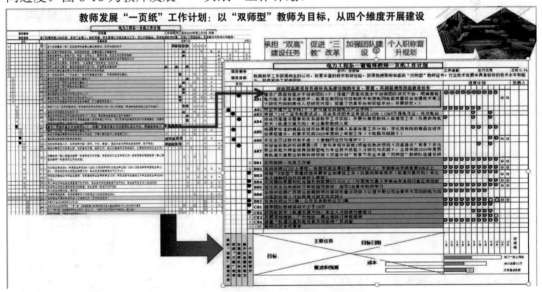

图 8-16 教师发展"一页纸"工作计划

学生个人则在辅导员指导下,按学生发展需求,建立自身的"一页纸项目报表"。图 8-17 为学生发展"一页纸"学习计划。

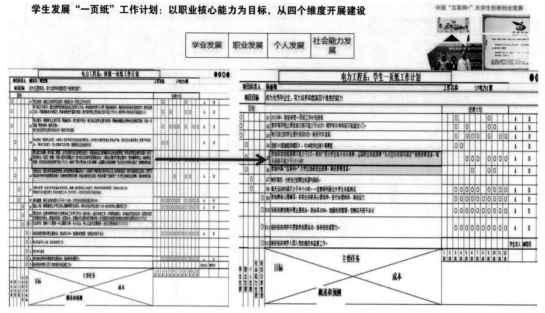

图 8-17 学生发展"一页纸"学习计划

四、坚定诊改工作动态监控、按需预警、常态化运行的恒心,保障学校各项事业持续改进提升

学校坚定诊改工作动态监控、按需预警常态化运行的恒心,选择塔易公司为战略合作伙伴,结合学校推进诊改工作要求,与塔易公司开发具有水电特色、符合学校发展需求的"一页纸项目管理"平台。图 8-18 为诊改工作信息化平台,图 8-19 为诊断与改进螺旋。

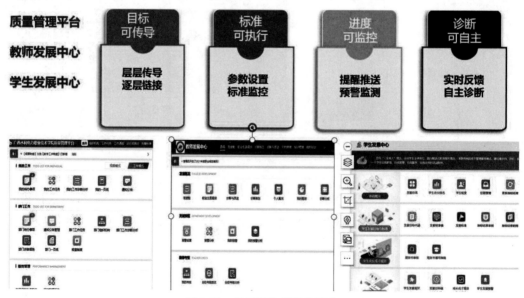

图 8-18 各层面的信息化平台

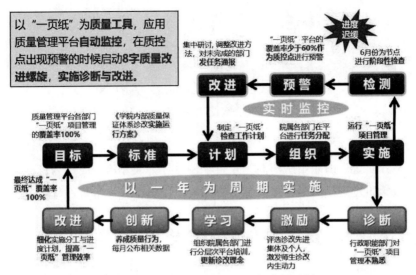

图 8-19　学校层面诊断与改进螺旋图示例

通过"一页纸"项目管理的运行及创新内部质量管理模式，学校实现了诊改工作的智能化、常态化运行，学校重点工作完成度逐年提升，标志性成果逐年增加，取得了"国家教材成果奖""国家级课程思政示范课""全国职业院校技能大赛一等奖"等一系列标志性国家级成果；学校通过辐射带动形成可复制、可推广的诊改经验，广西交通职业技术学院、广西生态职业技术学院等 15 所职业院校到学校考察学习，交流人数达 200 多人次。

学校先后 21 次受邀到兄弟院校开展专题培训，参加了"桂台高等教育高峰论坛""全国高职院校质量管理论坛"等重要会议并做了主题演讲，有效提升了学校质量文化的对外影响力。

《光明日报》《中国科技报》《职业技术教育》《中国高职高专网》重点刊登和报道了学校相关做法。图 8-20 为诊改经验推广情况。

图 8-20　重要推广截图

案例八 山东中医药高等专科学校案例一

实施课程诊改，保证教学质量

张钦德　李朋

课程是人才培养的核心要素，是影响学生发展最直接的中介和变量，课程质量直接决定着人才的培养质量。山东中医药高等专科学校以提升人才培养质量为目标，以提升课程建设和课程教学质量为核心，打造课程两链，搭建教学平台，推进课程诊改工作。

一、明确目标标准，找准课程诊改的起点

学校制定了"十三五"发展总规划、11个分规划和6个系部规划，形成了目标体系；专业建设团队根据系部规划，结合专业行业企业调研，明确了专业建设目标，制定了专业发展规划；课程建设团队紧扣专业发展规划，结合课程现有基础，明确了课程建设目标，制订了课程建设方案。

学校制定了国家级在线开放课程、省级精品资源共享课程、校级精品资源共享课程、校级需求课程等四类课程建设标准，每门课程根据课程建设目标和分类标准，明确了课程具体建设标准。根据专业人才培养目标，确定学生毕业能力要求，分解到每门课程形成课程教学目标，再细化分解为每个项目或任务的教学目标，并制定学生学习合格标准，形成课程教学标准。

二、搭建信息平台，推动课程诊改的运行

课程团队依据《课程诊断与改进运行办法》等制度和专业建设方案，围绕课程建设方案和课程建设标准，依托课程发展中心进行课程建设诊改，从课程建设基本情况、课程团队、支撑服务等维度，每学期对课程建设中存在的突出问题进行预警，每年度对课程建设情况进行诊断。

学校围绕学生课程学习目标的达成度、课程教学过程中学生的参与度、教师课程教学投入等主要质量指标，在原有职教云和优慕课的基础上又建设了智慧课堂，学校全体任课老师通过智慧课堂实现了教学全过程记录和留痕。课前，教师通过智慧课堂上传资源、发布预习任务、检查预习成效、考勤等；课中，教师通过智慧课堂"即时问答""头脑风暴""投票问卷""课堂表现"等活动功能，激发学生的学习兴趣和参与教学活动的积极性；课后，教师通过智慧课堂及时与学生沟通，对学生尚未完全掌握的内容进行辅导答疑，及时批阅学生提交的在线作业，智慧课堂可以自动记录学生作业提交、教师辅导答疑和作业批阅等情况。依托智慧课堂，实现了对所有学生学习目标达成度的过程监测，教师可以根据

平台数据和课堂教学报告对教学方法和手段等进行每月预警和每学期诊断。图 8-21、图 8-22 为智慧课堂情况。

目前学校优慕课、职教云、智慧课堂等教学平台建课总量达 345 门，素材总量 5 万条以上，近三年教学活动讨论＋作业＋测试等日志总量达 9 000 万篇，覆盖全体学生和教师。

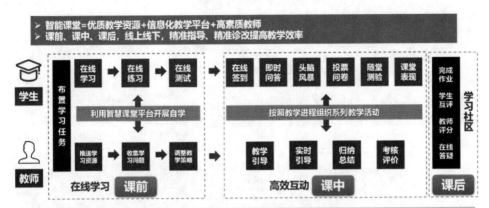

图 8-21　依托智慧课堂开展课堂教学

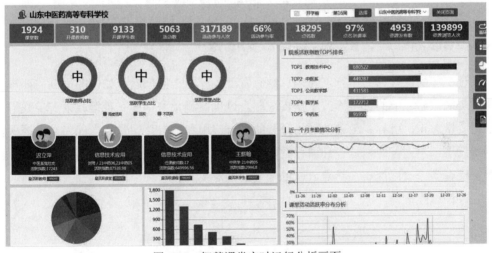

图 8-22　智慧课堂实时运行分析画面

三、借助视频监控，强化对课堂教学的督导

学校所有多媒体教室均配备有视频监控系统，可以为老师提供视频录制服务，也为教学督导提供了"无感知听课"和及时反馈与评价途径。学校建立了教学督导专家组，定期组织督导专家以视频监控室集中督导和在线分散督导的方式，对所有任课教师进行课堂教学督导评价，并将督导评价意见及时反馈给系部或教师个人，帮助教师改进教学方法和问题，也将督导评价作为教师教学评价和职称评审的部分依据。近一年来，学校组织督导专

家组 137 人次，通过视频监控开展集中督导听课 217 场次，在线分散督导听课 702 场次，共计评价教师 334 人，覆盖授课教师的 98%，有效提升了课堂教学督导评价效果，辅助推动了课程诊改实施落地。督导专家利用监控室督导见图 8-23。

图 8-23　视频监控系统画面

四、总结诊断问题，提升课程诊改的成效

经过三年的课程诊改运行，我们总结时发现还存在一些问题，如诊改周期需要进一步优化，实践教学环节的教学诊改工作较薄弱，过程监测预警不够完善等。下一步我们要继续强化质量意识，引导、激励教师提升智能平台应用和信息化课堂教学能力，根据课程的不同特点进一步完善课程建设和课程教学的诊改周期，提高课程诊改的科学性和覆盖面；完善实践教学诊改标准和诊断点，通过平台加强对实践教学环节的监测预警和诊断，进一步提升课程诊改成效。

案例九　山东中医药高等专科学校案例二

以诊改促质量，推动学校"五个转变"

张钦德　李朋

山东中医药高等专科学校坚持"需求导向、自我保证，多元诊断、重在改进"的工作理念，以提升人才培养质量为目标，积极探索并实践内部质量保证体系建设，诊改理念和现代质量意识不断深化，学校的治理体系、治理能力、办学水平和人才培养质量得到了持续提升。

一、工作任务标准化，推动学校由任务管理向过程治理转变

学校制定了"总规划—专项规划—子规划"的规划体系，明确了专业分类发展标准、课程分类建设标准、教师发展标准和学生全面发展标准，引导所有专业、课程、教师、学生明确自身发展的目标和标准，构建了上下贯通、纵横衔接的目标链和标准链。

学校层面梳理了 22 个职能部门和 6 个教学系部的部门职责、106 个内设机构职责、232 个岗位职责，各部门根据学校年度重点工作制定了部门年度常规工作和计划工作，明确了任务时间、责任到人，并通过质量管理平台线上运行；同时"废改立"了 100 余项制度，优化了近 120 项工作流程，建立了较为完善的标准体系和内控体系，使工作任务目标明确、工作质量有据可依，全员、全过程、全方位保证质量，推动学校由任务管理向过程治理转变，大大提升了工作质量。

二、主体责任明确化，推动学校质量由被动向主动转变

明确了学校、专业、课程、教师、学生五个层面的质量主体责任，主体统一、责任明确、自我保证、螺旋运行。学校层面的质量主体是学校各职能部门，依据在纵向五系统中的职责划分和部门内部职责，开展学校重点工作任务的落实和部门工作运行；专业层面的质量主体是专业团队，依据专业建设方案开展专业建设任务，依据专业人才培养方案开展专业教学任务；课程层面的质量主体是课程团队，依据课程建设方案开展课程建设任务，依据课程标准开展课程教学任务；教师层面的质量主体是教师个人，从综合素质、教学工作、科研工作、学生管理服务等方面制定个人职业生涯规划，自我发展；学生层面的质量主体是学生个人，从思想政治素质、科学文化素质、身心健康素质、实践创新素质等维度制定个人成长成才规划，进行专业学习和个性化成长。五个层面质量主体责任明确，自立目标、自定标准、自主实施、自我诊改，推动学校质量由被动发展向主动发展转变。

三、质量保证制度化，推动由零散向系统转变

学校制定了"十三五"事业发展规划，建立了涵盖专业发展、课程建设、师资队伍建设、学生全面发展、信息化建设等方面的 11 个专项规划和 6 个系部子规划的规划体系，目标层层分解到专业、课程、教师和学生，总目标统领子目标，所有工作与总目标衔接契合。学校层面制定了《学校内部质量保证体系诊断与改进工作实施办法》《学校质量管理办法(试行)》《部门工作考核办法(试行)》等质量保证制度，坚持诊改工作与常规工作、绩效考核相结合，确保教学诊改工作有据可依、实施落地；专业、课程、教师、学生层面也分别制定了《诊断运行实施办法》《人才培养方案制修订意见》《课程标准制修订管理办法》等系列制度，基本涵盖各层面 8 字形质量螺旋。

质量螺旋运行的各个环节。目标的层层分解和各层面各环节制度的有据可依，推动诊

改工作由零散化向系统化转变。

四、诊改运行数据化，推动诊改工作由主观向客观转变

学校近三年投入了 3 000 余万元建设智慧校园，先后完成了内部质量管理平台、4 个发展中心、智慧课堂、相关业务系统等平台，进一步完善了以"四平台、一工程"为基本框架的中医药职业教育智慧校园；通过内部质量管理平台、专业发展中心、课程发展中心、教师发展中心、学生发展中心等平台，可以全面监测学校各个层面的运行数据，对各层面目标达成度和运行数据进行实时监测和大数据分析；各平台与人事管理系统、科研管理系统、智慧课堂等业务系统打通，打破数据孤岛，实现数据共建共享。目前系统已实现上千个数据的采集、分析、预警等功能，为学校发展决策和人才培养质量改进提供数据支撑，以数据为依据，靠数据做决策，推动诊改工作由主观向客观转变。

五、运行机制常态化，推动由一时向常态转变

学校建立了常态化的内部质量保证机制，将日常工作与诊改工作相结合，把重点工作、常规工作、计划工作分解为具体任务并在线上运行，实时监测任务进度，预警诊断问题，持续改进；明确了"内涵发展、仁和精诚、持续改进、追求卓越"的质量方针和"增强质量意识，严格质量标准，创建质量品牌"的质量口号，在全校形成了日渐浓厚的质量文化氛围，使质量意识内化为师生的价值观和行为表现，各主体实时自主保证质量，推动学校由一时诊改向常态化质量管理转变。

参考文献

[1] 中共中央办公厅、国务院办公厅. 关于推动现代职业教育高质量发展的意见[Z]. 2021-10-12.

[2] 教育部办公厅. 关于建立职业院校教学工作诊断与改进制度的通知(教职成厅〔2015〕2号)[Z]. 2015-06-23.

[3] 教育部职业教育、成人教育司. 关于印发〈高等职业院校内部质量保证体系诊断与改进指导方案(试行)〉启动相关工作的通知(教职成司函〔2015〕168号)[Z]. 2015-12-30.

[4] 教育部职业教育与成人教育司. 关于全面推进职业院校教学工作诊断与改进制度建设的通知(教职成司函〔2017〕56号)[Z]. 2017-06-13.

[5] 全国职业院校教学工作诊断与改进专家委员会. 高等职业院校教学工作诊断与改进文件选编与实践研究[M]. 北京：高等教育出版社，2018.

[6] 王克胜，欧文·鲁斯通·耶莫维克，伯恩特·布雷姆道尔，著. 知识管理导论——原理与实践[M]. 杨应崧，潘向翀，译. 北京：高等教育出版社，2004.

[7] 袁洪志. 高等职业院校内部质量保证体系建立与运行实务[M]. 南京：南京大学出版社，2017.

[8] 姚伟. 知识管理.[M]. 北京：清华大学出版社，2020.

[9] 龚益鸣. 现代质量管理学[M]. 北京：清华大学出版社，2007.

[10] 张坚. 质量管理实战[M]. 北京：人民邮电出版社，2021.

[11] 郭彬. 创造价值的质量管理[M]. 北京：机械工业出版社，2020.

[12] 孙绵涛. 教育管理哲学：现代教育管理观引论[M]. 武汉：武汉工业大学出版社，1997.

[13] 郑家刚. 高职院校思想政治教育多样化与发展趋势探索[M]. 北京：九州出版有限公司，2018.

[14] 张立新等. 职业生涯规划[M]. 北京：清华大学出版社，2021.

[15] 杜秀芳. 教师职业生涯规划与发展[M]. 上海：华东师范大学出版社有限公司，2015.

[16] IT架构设计研究组. 大数据时代的IT架构设计[M]. 北京：电子工业出版社有限公司，2014.

[17] 唐斯斯等. 智慧教育与大数据[M]. 北京：中国科技出版传媒股份有限公司，2015.

[18] 殷复莲. 数据分析与数据挖掘实用教程[M]. 北京：中国传媒大学出版社，2017.

[19] 任占营. 职业院校教学工作诊断与改进制度建设的思考[J]. 国家教育行政学院学报，2017(3).

[20] 杨应崧. 打造"两链"，找准诊改的起点[N]. 中国教育报，2017-09-26.

[21] 胡展飞. 教学诊改：高职院校治理范式的改革[N]. 中国教育报，2017-12-18.

[22] 周建松. 精准把握中国特色高水平高职学校和专业建设的要义[J]. 中国高等教育，2020(12)：3.

[23] 周健. 职业教育课程设置的基本原则分析[J]. 现代职业教育，2020(13)：2.

[24] 李建国. 融入诊改理念的高职院校信息化建设思考[J]. 中国职业技术教育，2019(24)：69-72，96.

[25] 王志国，李雁行. 大数据时代高职院校教学诊改工作信息化建设的探索[J]. 信息技术与信息化，2017(12)：119-121.

[26] 张晞. 高职院校人才培养工作状态数据采集与管理策略分析[J]. 中国教育信息化，2016(1)：25-28.

[27] 许刘英. 大数据背景下的高职教学诊改：内涵、理念及策略[J]. 职教论坛，2019(02)：28-32.

[28] 吴菁，王苹. 诊改背景下高职院校课堂教学评价大数据的挖掘与分析[J]. 宁波职业技术学院学报，2018(6)：23-26.

[29] 汪建云. 培育"8字螺旋"夯实诊改基础[N]. 中国教育报，2017-11-08(11).